有效教学的管理与实践

郑霞 编著

中国书籍出版社
China Book Press

图书在版编目（CIP）数据

有效教学的管理与实践 / 郑霞编著 . -- 北京：中国书籍出版社，2019.4

ISBN 978 - 7 - 5068 - 7264 - 5

Ⅰ.①有… Ⅱ.①郑… Ⅲ.①小学教育—教育管理—研究 Ⅳ.① G622.0

中国版本图书馆 CIP 数据核字（2019）第 065138 号

有效教学的管理与实践

郑 霞 编著

责任编辑	周 鑫 李雯璐
责任印制	孙马飞 马 芝
封面设计	中联华文
出版发行	中国书籍出版社
地 址	北京市丰台区三路居路 97 号（邮编：100073）
电 话	（010）52257143（总编室） （010）52257140（发行部）
电子邮箱	eo@chinabp.com.cn
经 销	全国新华书店
印 刷	三河市华东印刷有限公司
开 本	710 毫米 × 1000 毫米
字 数	292 千字
印 张	17.5
版 次	2019 年 4 月第 1 版 2019 年 4 月第 1 次印刷
书 号	ISBN 978 - 7 - 5068 - 7264 - 5
定 价	58.00 元

目 录
CONTENTS

第一篇　学校文化

第二篇　学校队伍建设

第三篇　有效教学

第四篇　有效作业

引　言

在辽宁东部一万多平方公里的广袤土地上，有一座历史悠久，风光秀丽的文化古城。七千年历史孕育了它璀璨的人文景观，中温带大陆季风气候形成了它独特的自然风光。那里山清水秀，四季分明。春夏，河流两岸青翠欲滴，万仞青山草木葱茏；入秋，红叶满山，绵延百里；至冬，白雪皑皑，天地一色。古朴凝重的赫图阿拉城记载着满族文化的崛起与兴衰，巍然屹立的高尔山辽塔见证着这座城市千百年来的历史变迁。它就是清王朝的发祥地，雷锋的第二故乡——抚顺。

在这座"抚绥边疆，顺导夷民"的古城中心，有一所以坚守六十余年养成教育办学特色而闻名全国的小学——辽宁省抚顺市新抚区北台小学。它像一颗璀璨的明珠镶嵌在浑河南畔风景旖旎的西公园山上。在占地一万三千六百多平方米的方圆中，环境典雅，设施齐全，青砖与理石辉映，长廊与凉亭遥对，绿树与粉墙错落，碧草与鲜花交艳，是孩子们健康成长的苗圃与乐园。

六十余年薪火传衍，六十余年教泽绵绵，自强不息的北台小学在历史的轨迹上留下了一串串坚实的足迹：全国校园文化建设先进单位；全国素质教育理论与实践研究先进学校；辽宁省精神文明单位标兵；辽宁省基础教育课程改革先进单位；辽宁省美育名校……，教育部原副部长鲁昕曾到这里指导工作，抚顺市原副市长王宁曾在这里学习生活。是什么铸就了这所学校的辉煌？是什么让这所学校托起了一代代莘莘学子的梦想与希望？

北台小学自主养成教育的起源与发展

时光追溯到20世纪50年代中叶，新中国成立不久，百废待兴，全国孕育着大发展的势头，教育事业也随之蓬勃发展起来。当时的永安台地区只有一所小学，学额庞大，校舍面积严重不足。抚顺市政府决定在永安台北面的西公园山上再建一所小学，满足永安台地区学龄儿童上学需要。1957年9月，北台小学正式落成，校园占地2076平方米，教师52人，学生980名。为保证教学质量，当时新抚区教育局从周围各学校抽调骨干教师，在师范学校挑选优秀毕业生，使学校教师中师以上文化程度占80%，保障了学校良好的师资基础。

建校伊始，北台小学就非常注重全面贯彻党的教育方针，积极有效地促进教学工作和思想教育工作的有序深入开展。遵守纪律，刻苦读书，热爱劳动，助人为乐的良好风气在学校中开始形成。1958年，学校各项工作全面走向正轨。当年，学生期末考试语文、数学及格率为100%，位居全区榜首，北台小学成为抚顺教坛一颗冉冉升起的新星。

1960年，北台小学在全面贯彻党的教育方针上取得良好成绩，被评为"全国教育战线先进单位"。第一任校长郑玉理出席了在人民大会堂召开的"全国文教群英会"，荣获了周恩来总理亲笔题写的"先进单位"的奖状，北台小学进入了历史上第一个黄金时代。

如何贯彻毛泽东同志提出的"使受教育者在德育、智育、体育几方面都得到发展，成为有社会主义觉悟的、有文化的劳动者"这一教育方针，巩固和发展北台小学已经形成的良好校风？北台小学第二任校长陈丕模组织全体教师进行了"小学生德、智、体综合训练"实验研究。他把教师们提出的建议收集到一起，从品德、学习、生活等多个方面，归纳整理出了《小学生基本训练60条》，陈丕模校长亲自组织实施，坚持逐条落实。经过三年扎实训练，北台学生德、智、体、美、劳均得到全面发展。与此同时，"求真务实、规范严谨、刻苦钻研、勇于创新"的老北台精神悄然形成。

一次偶然的机会，当时的辽宁省文教部副部长张立达来到"文明有礼，整洁有序"的北台校园，对受到基础训练的北台学生表现非常满意。在他的指导下，市、区教育局派出专家徐长贵等，与校长陈丕模、教导主任金桂云一起对北台小学的"基本训练条例"重新进行细化和归类，总结出《德、智、体综合基本训练52条》。1963年，陈丕模校长在辽宁省教育工作会议上作《小学生德、智、体综合训练》经验介绍，北台小学育人举措在全省推广。

就在北台小学教育事业走向良好发展态势的关键时期，"文革"不幸降临。其间，陈丕模、金桂云等老一辈教育者因"德、智、体综合基本训练"被定为大毒草而受到残酷迫害，学校教学工作几度终止。1968年，北台小学改名为育红小学，后又改为抚顺市第六十七中学。

1977年8月，中共中央召开了科学和教育工作会议，教育事业又迎来了大发展的春天。1978年2月，北台小学重新被列为省首批重点小学，有着丰富教学管理经验的于振东校长被委以重任。于振东大力收集在"文革"中失散的《德、智、体综合基本训练52条》有关材料，并组织全校师生讨论综合训练的必要性，脚踏实地地推广"52条"经验，使"综合基本训练"重新成为北台小学的一面旗帜。1979年，在全省普教工作会议上，于振东校长作了《加强基本训练，培养一代新人》的经验介绍，名校又一次焕发了青春。

如果说北台小学养成教育1960年发源，1963年推广，1978年恢复，到了80年代后期至90年代初，北台小学第四任校长王启文又把这一经验提升到一个全新的高度。王启文校长带领教师准确把握了北台小学的优良传统，在"综合基本训练"的基础上，他主持制订了《小学生行为规范》《小学生礼仪教育常规》《综合素质养成教育细则》等一系列小学生行为规范的教育方法，并为原国家教委制定的《小学生日常行为规范》提供基础理论素材，在国家、省、市教育系统内受到高度赞誉。在王启文校长的带领下，北台小学的德育工作也达到了前所未有的高峰。1991年6月6日，全国中小学学雷锋现场会在北台小学召开，当时的国家教委副主任何东昌为北台小学题写校名，国家教委副主任柳斌为北台小学题词"弘扬雷锋精神，促进养成教育，造就一代新人"。当时，北台小学占地面积4930平方米，69名教师，30个班，学生1650名，是抚顺基础教育的一所窗口学校。

眼望新千年的曙光，在经过十几年严格管理的磨砺之后，马云昌、李威两位校长"宽而有序"的管理思路，"尊重知识、尊重教育"的办学理念应运而生，他们把"以人为本"的德育和传统的养成教育相结合，以"导学案"改革和"取消老三好"学生评价改革为切入点，大力推进课堂教学改革，使"教"与"学"，"知"与"行"在课堂上真正融合起来。北台小学的课堂发生了质的变化，关注双基训练，提高思维水平，培养综合能力，在历次全市统考中，北台小学成绩始终名列前茅。

良好的社会声望为北台小学迎来全新的发展机遇，在马云昌校长的努力下，学校改扩建工作得到市、区两级政府的高度重视。2002年，市政府将原抚顺市信访局所在地划拨北台小学，短短五个月，一座现代化的五层教学楼拔地而起，图书馆、实验室、操作室、微机室、多功能会议室等现代化教学设施一应俱全，北台小学成为名副其实的全国现代化教育技术实验校。当时，北台小学占地面积9043平方米，129名教师，53个班，学生2920名。

六十余载光阴如梭，北台小学办学思想经历了一次次历史性的蜕变、提升和发展。2009年，以郑霞校长为核心的北台小学新一任领导班子组成。尊重教育规律、尊重人格特点、尊重学习兴趣、尊重个性发展、郑霞校长提出了以"自主"为核心理念的"好习惯养成教育"。现在的北台小学不再把目光单纯聚焦在文化课辅导和学生学业成绩上，而是高举起减负大旗，采取多种途径和方式全面推进素质教育，探究有效学习，拓宽学生的认知视野，提高学生的综合素养，锻炼和培养学生从小就具有生存的本领、创造的激情、团队合作能力和社会责任感。2013年9月，《中国教育报》以一整版篇幅刊登了北台小学新时期养成教育的新思路，北台经验在全国传播。

2011年5月，是抚顺市原市长王桂芬到任后的第八个月份，她慕名来到美丽典雅的北台校园。当她看到两千多孩子生活在狭小的空间，人均占地面积不足两平方米，严重制约了名校未来发展时，当即决定将学校东侧闲置多年的室外游泳池土地划拨北台小学做操场。2012年10月，新操场落成，宽阔的塑胶跑道，别致的风景绿化带，清新的书香环境，温馨整洁的教室，北台小学成为孩子们放飞童年，追逐梦想的精神家园。现在的北台小学占地13635平方米，有41个教学班，1856名乐于阅读、人格健全、讲究尊严的学生，128位健康、快乐、善良的教师。

有效学习研究与实施自主养成教育的必要性和紧迫性

新时期的北台小学为什么要把办学目标锁定在减轻学生过重课业负担，多渠道探究有效学习，提高学生四基水平，培养多元人才上来？这要从过重课业负担的现状和成因谈起。

1. 小学生过重课业负担的现状与成因

首先来看国家统计局的一组调查数据，按照"中小学生每天需要9小时睡眠"的标准，目前，我国72.8%的中小学生每天睡眠时间没有达标。24.3%的一至三年级小学生睡眠时间低于8个小时；五、六年级小学生家庭作业总量在1小时以上的占63.4%；73.3%的小学生参加各种课外补习班、培训班。这其中包括乐器班、书画班、棋类班、舞蹈班、体育班等各种培训辅导，五花八门。参加语、数、外学科中某一门课或某几门科目补习的孩子占37.3%。

从表面上看教材偏难、教师素质差、家长望子成龙心切是造成学生负担过重的直接原因。进一步分析，我们不容回避的是中、高考人才选拔制度。只要"千军万马挤独木桥"的局面存在，过重课业负担就不可避免。如果再进一步分析，深层次的原因是"就业形势严峻"带来的负面效应。由于我国近几年经济结构的调整，国有大中型企业暂时还没有走出困境，加上国家机关和企事业单位进行机构精简，客观上造成了社会就业岗位相对不足。现实中，许多用人单位倾向于名牌学校毕业生和高学历者。于是，家长和学生的心目中形成了"好小学—好中学—好大学—好工作"的观念。学校教育不可避免地陷入应试教育的泥潭，走入了"增加学习量——考出高分数——升入好学校"的怪圈，严重违背了教育是培养人的素质与个性的宗旨，违背了全面发展的教育方针。

2. 小学生过重课业负担的严重危害

小学阶段是培养孩子良好学习习惯和学习兴趣的关键时期，也是孩子成长发育的关键时期。过重课业负担严重影响孩子的身心健康成长，必须引起全社会的广泛重视和关注。

过重的课业负担扼杀学生学习的主动性和创造性。它不仅束缚学生的思维，也压制学生的个性，把学生制造成了"标准件"，因而培养出来的学生往往"高分低能"，缺乏实际动手能力，创造力的发展更令人担忧。

过重的课业负担影响学生良好性格的形成。学生为完成作业疲于奔命，失去了在各种有益活动中获得知识、信息和锻炼的机会，错过了特长发展的关键期，导致学生兴趣单一，情感冷漠，意志薄弱。

过重的课业负担影响学生身心健康。童年是天真、快乐、活泼的年龄阶段，一入学就背上了沉重的课业负担。个性被压抑，天性被抹杀，失去了自由和快乐。长此以往，容易造成紧张和焦虑，导致各种身心疾病。心理学的大量研究证明，许多生理和器官的症状，如：气喘病、胃病、高血压等，其病因和心理变量有很高的相关性。

过重的课业负担影响了学生社会适应能力的发展。人的一生不断面临新的情况，必须有较强的社会适应能力，包括生活自理能力、基本劳动能力、从事某种职业能力、社会交往能力、道德约束能力等等。沉重的课业负担使学生按照单一的"应试轨道"运行，这就使学生失去了获得其他生活知识、技能和广泛社会经验的机会和可能。

学业负担过重，给学校教育带来了危害，给学生健康发展带来了伤害，减负刻不容缓。从减负折射出的教育思想观念、教育体制、课程体系、课堂教学模式、课堂教学手段和方法等方面弊端，使我国教育研究者们清醒地意识到了教育改革迫在眉睫。

3. 多个"减负令"的颁布仍难真正实现减负

2013年8月22日，教育部拟定《小学生减负十条规定》公开征求意见，这份被称为"史上最严减负令"引起社会广泛关注。实际上，新中国成立以来，国家教育主管部门曾多次就减轻小学生课业负担发出严令。

1955年7月，新中国发出第一个"减负令"——《关于减轻中小学生过重负担的指示》，学生课业负担过重的现象首次作为一个重要问题，被提升至国家层面解决。

1988年5月，国家教委颁布了《关于减轻小学生课业负担过重问题的若干规定》，十条内容包括一年级不留作业，不购买计划外教辅书籍等，这是改革开放以来可查阅到的最早关于减负的规定。

1990年2月，国家教委相关负责人再次重申《关于减轻小学生课业负担过重问题的若干规定》的相关内容，具体包括：不得随意增减课程设置和教学时数；不得任意增加教学内容；要按教学计划定量布置课外作业；要控制考试次数等。

2000年1月，教育部颁布了《关于在小学减轻学生过重负担的紧急通知》，首次提出小学生学业评价取消百分制，禁止任何部门团体违规举办小学生竞赛活动。

2004年6月，教育部提出新形势下减负的"五坚持，五不准"，在重申先前政策基础上再次明确义务教育阶段公办学校一律实行免试就近入学，不准按照考试成绩排队。

针对升学压力导致中小学生课业负担加重的深层次原因，2010年7月，《国家中长期教育改革和发展规划纲要（2010-2020年）》的颁布对"减轻中小学生课业负担"着墨不少。《纲要》指出，"减轻学生课业负担是全社会的共同责任，政府、学校、家庭社会必须共同努力，标本兼治，综合治理"，将减负工作正式推上日程。《纲要》提出改革措施：不得以升学率对地区和学校进行排名，不得下达升学指标。规范各种社会补习机构和教辅市场。各种等级考试和竞赛成绩不得作为义务教育阶段入学与升学的依据。

几十年来，全国各地的减负令多达上百项，但是中国式减负一直难以实现。对此，抚顺市新抚区北台小学郑霞校长认为，真正的教育应该是人的自我教育，真正的管理应该是人的自我管理。北台小学好习惯自主养成教育发掘人的个体潜能，提升人的生命价值，促进受教育者全面、充分、有个性、可持续地发展，是解决减负难题的一湾源头活水。

4. 北台小学自主养成教育是解决减负难题的源头活水

参与了二十多年养成教育实践的郑霞校长认为，养成教育绝不是空洞说教和盲目训练，它应该是施教者和受教者之间的相互作用与影响，这种作用与影响是建立在相互尊重、相互信任基础上的。在学校，教师是实施养成教育的主体，尊重教师人格是管理者第一要务，它可以化解教师的浮躁、紧张情绪，营造出即有竞争又有互助的工作环境和氛围。因此，善于协作、敢于超越的北台小学新一届领导班子，始终坚守"以人为本"的管理思想，遵循关爱、信任、民主的管理原则。他们懂得"使卵石臻于完美的，并非锤的打击，而是水的载歌载舞"。所以，不提供"压力场"，用心营造"凝聚力场"，不用行政命令"要你做"，精心引导"我要做"的管理策略，让教师们充分感受到制度的严格，运作的规范，又领略到"凝聚人心"与"循循善诱"的温情，极大调动了教师的工作积极性，激发了教师投身教学改革的内动力。

所谓自主养成教育，不是"不管"，而是在不管中"管"，给孩子一个自由自主的空间。北台小学教师坚决反对强制与命令，反对灌输与强化，反对压抑和打骂。反对以分数高低评价学生优劣。他们采用"沟通心灵""营造环境""培养习惯"作为实施自主养成教育的三个重要途径和方法，并采撷"养人养心""养鱼养水""养树养根"这三个文化短语诠释其内涵。蕴意深刻的理石大门是一本翻开的书，告诉孩子这里是学习的乐园；校园文化墙上的"好习惯、好生活"，以及正厅雕塑壁画上那句"有点难，但我快乐地坚持做着"是新一届领导班子对传承和重构北台办学特色，简约而不简单的理解。以"读书习惯、美德习惯、创新习惯、幸福习惯、审美习惯"养成为主题的五个楼层展示版，提醒孩子们养成好习惯在每一个时刻里，每一个细节中；教室墙体上艺术化的学生综合素质评比台，则敦促孩子们养成好习惯，要从我做起，从现在做起。群英荟萃的"艺术长廊"为孩子们的艺术天赋提供了展示的平台；和谐优雅的"音乐天地"则让孩子们感受着艺术的魅力；领操台上生趣盎然的背景墙诠释着北台小学养成教育的深刻内涵；曲曲折折的感恩长廊写满了北台师生对生命的感悟和感动。

置身北台校园，浓郁的文化气息始终飘逸在你左右。角落里那句"楼道行走别着急，心情放松益身体"；洗手间里那句"公共场所，测试美德，不设监考，祝你合格"；草坪标志牌上醒目的"眼中有绿色，心中才快乐"等随处可见的人文提示语，都出自孩子之口，展现了北台小学养成教育的润物无声。

"成长比成绩更重要""眼中只有分数是教育的近视症""小习惯改变大世界"等生动明快的文化短语，诠释了北台小学特有的养成教育文化。关怀人的生命质量，使每位北台教师、学生和家长都拥有经营幸福人生的能力，都涵养成心灵高贵、品格高尚、气质高雅的读书人，成为美好生活的创造者和享用者，是新时期北台小学独特的育人目标。

如今，被养成教育馨香浸染了六十余年的北台小学，已经完全摒弃了"唯分数论"的陈旧教育观念。"乐学求新、诚实为人、良好习惯、自觉养成"的校训是北台学子做人的准则。校风：勤奋、律己、健美、向上；教风：享受育人、享受教书、享受专业发展；学风：习惯读书写日记、习惯倾听会表达、习惯尝试勤体验。在这所学校里，你看不到伏案苦读的学生，听不到训斥责骂的老师，找不到一双忧郁的眼睛，嗅不到一丝浮躁的气息。满眼所见是师生们朝气蓬勃的笑脸，满耳所闻是师生们自信从容的交流。和谐向上的人文氛围萦绕在学校的角角落落，静静演奏着北台小学自主养成教育的主旋律。

将减负增效工作落实在自主养成教育每一环节中

著名教育家乌申斯基有一个精彩的比喻："好习惯是人在精神系统中存放的资本，这个资本会不断地增长，一个人毕生就可以享用它的利息。而坏习惯是道德上无法偿还的债务，这种债务以不断增长的利息折磨人，使他最好的创举失败，并把他引到道德破产的地步。"习惯是养成教育的产物，习惯支配人生，成也习惯，败也习惯。

（一）良好专业习惯为减负增效奠定基础

当教师先进的教育理念、科学的教育方式成为一种良好习惯，教师便会运行在专业成长良性发展的轨道上，自主前行。反之，偏离了自主的轨道，靠外力推动，被动地接受提高和发展，专业成长一定是缓慢而低效的。通过近年来的教育实践，北台小学管理者感到，教师培训工作重在调动内因，良性成长，自主发展。因此，他们以扎扎实实的校本研训为突破口，培养教师良好专业习惯，促进教师自主发展。

1. 北台小学校本研训策略

"骨干教师优先发展学校策略""团队接力式教学研讨策略""青蓝工程帮、带、托策略"，是北台小学坚持多年的三项校本研训策略。他们紧紧围绕"学习为魂、研究为渠、实践为体、反思为智"这十六字校本研训方针，坚持开展了一系列校本研训活动。如：同课异构；"达标杯、优化杯、创新杯"课堂教学观摩；教育名著批注；我与名师赛课；教学反思交流；创新课堂研讨；青蓝工程结对；教学基本功演练等，使教师队伍的专业技能不断提高，孕育出一支具有良好专业习惯的教师团队。他们习惯为自己的专业发展设立阶段目标；习惯读书写作；习惯展示交流；习惯反思；习惯合作，具有广阔的可持续发展潜力。

2. 北台小学校本研训成果

北台小学现有128名教师，具有中学高级职称的教师有4名，小学高级教师有96名；95%的教师获得本科以上学历。有4人曾被命名为国家级教学骨干，8人被推荐为辽宁省"十二五"教学骨干，六十余人曾获得过市、区级骨干教师称号，三十余人次获得过省级以上优秀课，百余人次获得过市、区级优秀课，6位老师在全国首届新课程案例大赛上获奖。学校先后培养出7位抚顺市学科教学状元，9位新抚区学科教学状元。

扎实的校本研训活动，为探究新课程背景下减负增效课堂教学改革奠定了坚实的基础，而优秀的教师团队则为减负增效工作的顺利实施提供了充足的人力资源。

（二）课堂教学改革为减负增效提供动能

目前，我国的中小学教学有一个非常突出的问题，即教师很辛苦，学生很痛苦，然而我们的学生却没有得到应有的发展。新课程倡导有效教学。何谓有效，主要是指通过教师在一段时间的教学后，学生所获得的具体进步或发展。如果学生不想学或者学了没有收获，即使教师教得再辛苦也是无效教学。

1. 实施活页作业改革

作业是延伸课堂教学的一个重要环节，是检验课堂教学是否有效的一个重要渠道。如何推进课改？2004年，北台小学开始尝试以作业改革为落脚点，从评价和测量入手，推进课堂教学改革。几经研讨，北台小学确立了作业改革的指导思想：以学生主动参与、实践操作、积极探究为主要特征；以体验生活、启迪思维、提高能力、养成良好习惯为核心；以促进创新、提升素养为发展目标，全面革新作业形式和内容，减轻学生课业负担，推进课堂教学改革进程。九年来，北台小学的作业设计坚持体现六个注重：注重学习兴趣的激发、注重学习习惯的养成、注重学习方法的启迪、注重实践创新能力的培养、注重因材施教，注重人文关怀。他们坚持将作业设计和教师集体备课紧密结合起来。每天15：00—16：30分，雷打不动地把年级组教师召集到一起研讨课堂教学与作业设计，从教学目标、重难点的准确定位到教学方法、学习方法的恰当运用，经历了争论、比较、筛选、修改这些环节后，每一道作业题的出炉紧密结合课堂教学的步骤与环节，凸显知识点、重难点，体现着思维训练的层次和梯度，达到举一反三、精讲精练的效果。这一过程凝聚的是教师集体的智慧，体现的是新课改倡导的"顺学而导，以学定教"的教学思想。

2. 构建"以学导教"课堂教学框架

目前，课堂教学中存在着两种倾向：一种是受传统教学的影响，注重教师教的作用，以"教"代"学"，学生处于被动地位，妨碍了学生积极性的发挥；另一种倾向是让学生自己学习或探究，教师不能及时地启发和指导，没有发挥好"教"的作用。这两种片面做法都严重影响了课堂教学效果。

在现代教学理念中，教师是设计者、组织者、引导者和协作者，是"教"的主体；学生是学习者、探索者、创造者和自我身心发展的参与者，是"学"的主体，教师和学生是教学中交互的"双主体"，每个主体都有自己的视界，通过观点交流和思想碰撞，各主体之间实现"视界融合"，达成相互理解。我们不能用一个主体代替另一个主体，尤其是小学生的探究能力还不够强，需要教师的启发和指导。自2004年开始，北台小学就坚持将作业设计和教师集体教研紧密结合起来，把设计作业作为教师集体备课的主要内容，将学生的学和教师的教同步进行研究，通过作业设计反推课堂教学环节设计，在尊重学生认知规律的基础上，形成具有普遍意义的，可操作性强的"以学导教"课堂教学模式，即前置学习——质疑问难——合作探究——整理反馈——课外延伸。

十多年来，北台小学教师深刻感受到，活页作业改革不仅切实减轻了学生过重的课业负担，更促进教师不断地反思课改课堂中出现的"虚假繁荣"的现象。在北台小学的课堂，弄虚作假的教学思想得到制止，哗众取宠的教学手段得到摒弃，可有可无的教学步骤得到删减。远离"作秀课"，北台小学形成了具有特色的常态课教学风格——重基础、启思维、悟方法、养习惯、融生活、扬个性，北台教师称之为"魅力课堂"。

（三）书香校园建设为减负增效拓宽渠道

校园文化就像水，看似柔弱，却"善利万物而不争"，它是一所学校发展的灵魂和血脉、永恒的精神记忆，这是北台师生多年来对校园文化的理解与共识。在北台小学，读书是师生们的挚爱。"培养师生良好读书习惯，营造具有儒雅气息的书香校园，打造学习型家庭"是北台小学校园文化建设五年规划中的一项重要内容。2009年，学校扩建了图书馆，补充了大量课外读物。走廊宽阔地带开辟了8个小书吧，43个教室建成了读书角。清晨、课间、傍晚，随处都能看到驻足小书吧前流连忘返的北台师生，柔美的阳光照射在"北台书虫们"祥和的面庞上，那是北台小学一道最美的风景线。校门前的"关注读书版""新书推荐版"总能让师生第一时间阅读到好书，并分享读书感悟。教导处在教师中开展的经典篇章批注、好书交流，在学生中开展的古诗文诵读、"传递书香"校园广播等一系列读书活动为北台师生们的读书提供了展示平台。丰富多彩的读书活动，让所有的北台师生都明白，"文化美容"是一项慢工细活，它和种稻一样，不见其长、日有所增，时间久了，便能感觉出读书人气质的与众不同。

读书是输入，写作是输出，好比人的呼吸，一吐一纳才能完成整个学习过程。2002年和2007年，北台教师集体编写并出版了两本书——《小学教育教学方法模式积淀》《给养成教育以实效》，这两本书翔实记录了北台小学在以养成教育为特色的办学道路上积累的诸多经验和点滴做法，有较强的借鉴性和可操作性，得到了广大同仁们的高度赞誉。2013年1月，记录北台小学近五年来养成教育办学特色逐步提升过程的第三本书《好习惯自主养成》由光明日报出版社发行。该书收集了大量关于课堂教学、班主任工作、书香校园建设、校园显性和隐性文化、艺术活动、家长学校等诸多教育教学改革举措，理论结合实践地诠释了以"良好习惯，自主养成"为精髓的北台小学新时期特有的养成教育文化。该书的编写与出版，为基础教育阶段养成教育提供新的模式和参考，成为广大中小学教师的良师益友。

早在2004年，学校便成立了校刊编辑部。迄今为止，校刊《源》已经编写了20期。其中的每一篇文字，每一份插图都出自北台师生之手。成立四年的《北台月报》编辑室，已出版三十余期报纸，及时收录学校大事，传播育人经验，搭建师生与家长互动交流的平台。2009年至今，北台小学教师撰写的三十多篇教育教学论文在国家、省、市级刊物上发表。近年来，北台师生纷纷建起了自己的教育博客，记载育人故事，抒发育人感受。截止到目前，北台教师累计发表博文八千余篇，每晚坐在灯下，静心阅读同事们的教育博客，精心写下感悟与评论，陶醉在与心与心的交流中，是北台小学教师最幸福的一件事。生活在浓郁的书香氛围中，北台师生逐渐向他们的育人目标——成为具有儒雅书生气息的北台人靠近。

读书活动的开展，把北台师生从繁重的课业负担中解放出来，他们的想象力得以开启，创造力得到激发，认知社会的能力获得全面提升，孩子们在书中畅想未来，在书中遨游世界，不拘泥于文本，敢于挑战权威，孩子们的个性特长在读书中得到全面发展。

经过几代人的努力，北台小学以自己独特而切实可行的实践，述说着校园文化丰富而意义深远的内涵。新时期的北台人渴望能够完成一种自我发展的超越，积淀并坚守这份独特的校园文化，完善养成教育办学特色，永葆名校本色。

（四）好习惯多元评价为减负增效提供保障

加德纳指出，人有多种智能，除了语言和数理逻辑智能以外，至少还有"空间智能""音乐智能""人际智能""内省智能""身体运动智能"等多种智能。长期以来，我们的教育以培养传统的学业智能为中心，导致其他智能的评价方式过于僵化。新课改理念下的教学评价，强调过程性，关注个性差异，注重以发展的眼光看待学生，激励学生主动、健康、全面、和谐地发展，使学生学会做人、学会做事、学会合作、学会学习，成为一个有能力追求幸福生活的个体。

1. 构建学生"好习惯多元评价体系"

习惯决定品格，品格决定命运。每一个好习惯的背后是一种好的品质在支撑，通过好习惯培养，塑造好品格是我们实施养成教育的最终目标。2010年，以"好学生好习惯"为特色的北台学生评价体系，经过反复实践研讨后应运而生。学校确定了持之以恒、知错就改、言而有信、做事严谨等12个好品格为小学阶段重点养成内容。然后选取12种好习惯作为行为训练点。为了浅显易懂，便于学生操作，学校将这12个好习惯行为训练点按照学习、做人、做事进行了分类。根据不同年级孩子的特点，学校德育处组织有经验的班主任将12个好习惯养成要求和目标进行分解，采取递进的方式，随着年级升高，逐步增加好习惯养成的难度，直至最后升华为好品质。（详见第一章）

学校每月利用一次班队课组织学生进行阶段性评价，学期末组织学生开展总结性评价，将过程性评价与终结性评价有机结合。每名同学在自评的基础上，吸纳同学、家长和科任教师参与到评价中来，给自己进行全方位、多角度的综合评定。评价采用形式新颖的"标点符号"方式，调动孩子的积极性，确保孩子在成长的道路上始终保持不畏困难，积极进取的状态。其中"！"表示做得很出色；"。"表示做到了；"，"表示做得不够好；"？"表示还没有做到。具有北台养成教育特色的《好习惯评价手册》已成为北台小学专利。

2. 构建教师"好习惯多元评价体系"

在教育中，人们特别注重培养学生良好的学习习惯、生活习惯。但一个同等重要的问题被忽略了，那就是教师良好习惯养成问题。身为教师，在教育学生养成良好习惯去获取成功的同时，自身也会在良好的教育习惯中培养出教师良好的教育性格，从而实现人生追求，提高生活幸福度。

伴随养成教育理念的不断提升，北台小学教师评价机制也随之发生着改变，它已经完全由原来简单的，仅以学生考试成绩作为评价指标的单一奖优功能，逐渐转化为有利于教师专业成长的导向功能。2012年，北台小学根据学校实际和发展方向，从育人、教书、生活三个角度研发了教师12个好习惯100个行为训练点，引导教师自觉涵养良好的职业习惯。这12个好习惯分别是：做阳光教师，习惯悦纳他人，习惯平等对话，习惯等待成长，习惯感恩生命；做智慧教师，习惯设立目标，习惯研究创新，习惯展示交流，习惯积累反思；做雅致教师，习惯博览群书，习惯充满情趣，习惯运动健身，习惯健康饮食。每学期末，校党支部利用民主生活会契机，组织教师开展自评和他评活动，结合教师日常工作表现，给予一定的物质刺激和精神奖励，促进教师在涵养良好习惯过程中，调整不当教育行为，提高生活品位，提升工作成就感。（详见第二章）

多元评价机制的建立为有效减轻学生过重课业负担提供了心理支撑和保障。现在的北台小学，无论教师还是家长，再也不会把目光单一地锁定在学生分数上，更多的是关注孩子成长过程中自身价值的实现，综合素养提升，创造一切机会让孩子拥有一个阳光快乐的童年。

（五）社会实践活动为减负增效搭建平台

过重的课业负担让孩子失去了接触社会、亲近自然的机会和能力。北台小学郑霞校长认为，学校应当把加强社会实践活动课作为减轻学生课业负担的突破口，将学生从家庭、课堂两点一线的学习环境中解放出来，使他们走向社会深入了解国情、民情，在实践体验中印证从书本上、课堂上学到的知识，提高学生观察、分析问题的能力，促进学生的全面发展。

1. 在实践活动中运用所学

北台小学成立了"环保协会"，学生们自己设计会徽，编写会报、会刊。到社区开展手拉手减碳活动，到乡镇街道宣讲环保知识，到公路上认养树木。孩子们多次自发组织起来，为濒临灭绝的黑熊开展募捐活动，先后筹集资金30331元，全部捐献给四川龙桥黑熊保护中心。在环保热潮中，很多班级组织起来，走出校园开展社会实践活动：参观三宝屯污水处理厂；到海新河复兴生态园实地考察；收集雪糕棍制作出四米多长的环保竹简，写下每个人的环保宣言；利用废旧盒子制作精美的工艺品；收集抚顺各地的水样开展调查研究；开通绿色家庭课堂，回家宣传环保，让自己的父母也加入环保行列中来；还有的学生调查市中心垃圾桶的分布，并且把调查结果写成了给市长的一封信……

这些走出课堂，走入家庭，走向社会的实践活动不仅增强了孩子们的公民意识，使他们树立起社会责任感，同时，还全面提高了学生综合运用所学知识的能力，使课堂与课外有机结合，调动了学习兴趣，巩固了所学知识，为学生的健康成长和可持续发展提供了平台。

2. 在发展特长中提升素养

大雕塑家罗丹有一句不朽的名言："生活中并不缺少美，而是缺少发现美的眼睛。"艺术修养，是现代文明社会中公民应该具备的基本素质。北台小学减负工作的有效开展，为学生发展特长提供了时间和空间上的保障。2010年，学校组建了管弦乐队、合唱队、舞蹈队、点墨画室、书法小组等艺术团体。"小蓓蕾广播站""小蓓蕾电视台"以及每年一次的校园科技节、艺术节、合唱节、舞蹈节等系列活动的开展，为学生创造才能和个性特长的发挥提供展示的机会和平台。学生不再沉迷于书本，而是投入到艺术这个大舞台中去感受世界，感受生活。

每天锻炼一小时，幸福生活一辈子。北台小学时刻牢记教育部关于学生体育锻炼的要求，以"十一五"省级科研课题"大课间活动的探索与研究"为切入点，有效开展大课间活动。北台小学的大课间活动丰富多彩，除了学校自编的一套韵律操外，还增设了基本体能训练和班级特色活动环节，不断激发学生的运动兴趣，提高学生体能。每年一次的田径运动会、趣味运动会、跳绳比赛、汇操比赛、拔河比赛、冬季长跑比赛，以及羽毛球、跳绳、踢毽的个人擂台赛异彩纷呈。这些活动的开展，营造了良好的校园运动氛围，强健了学生的体魄。保障学生以最佳的体能状态投入到学习中，为提升学习质量，提高学习效率打下坚实的基础。

实施养成教育的最终目的：一是通过养成良好习惯，解放学生的大脑，以便学生学会学习，学会创造，提高成绩；二是健全人格，以便学生学会做人，健全心理，建立良好的自我概念。这同时也是素质教育的两大任务。从某种意义上说，一切教育都将归结为养成教育。真正的教育，绝不仅仅是讲道理，传授知识，更不是开发孩子的智力，而是维护孩子的心力。就是用施教者精神的力量去温暖、滋润孩子的心灵，自觉引爆孩子大脑的潜能，使孩子爱学习，会学习，学习好。继承与创新一直是推动北台小学着力奋进的双轮，从思维角度、方式方法上更新养成教育的传统模式，以主动、自主的人性化意识来充实养成教育的基本内涵，养成教育没有僵化落伍，相反，由于与时俱进的丰富而得到更大的发展。

六十余载峥嵘岁月，六十余载风雨兼程，六十余载艰辛探索，六十余载跋涉前行，北台小学凭着自强不息的品质在历史的更替中尽显英雄本色，在岁月的历练中尽显别样风流。如今，郑霞校长更是以"长风破浪会有时，直挂云帆济沧海"的豪情壮志带领北台小学全体师生大踏步行进在更高、更快、更新的现代化教育发展征程上。北台小学，这所经历半个世纪风雨的名校，如今在新一届领导班子的带领下，正散发着蓬勃的活力，在素质教育的大潮中昂首前行，成为孩子们创造梦想，放飞希望的理想家园。

第一篇　学校文化

北师大石中英教授说：学校文化是以学校价值观念为核心的，是学校生活一整套的观念体系、制度安排、行为方式、语言符号、风俗习惯以及环境建设的有机体。深化教育改革的今天，在社会、学生、家长、老师迫切期盼素质教育的今天，一所学校的文化积淀对学生的思维方式、行为方式，乃至情感价值的认知取向都产生着极大影响。当学校、老师、家长为学生减轻了他们一肩挑的学业负担时，厚重的学校文化必将如正能量一般涌入学生的成长血液，必将调动起学生的感官与心智的多元发育，引领着学生在情感、态度、认知等多方面获得丰富的体验，而这些才是减负不减成才质量的根本保证。北台小学把养成教育作为学校文化追求的一个着力点，也是学校文化建设的落脚点，更是学校实行改革创新的切入点。

第一章　北台小学养成教育文化内涵

学校文化概念的基本内涵是，学校经过其内在系统（管理、教育、教学、科研、经营、生活）的维持与外在环境变化的互动，共同创造、继承和不断更新的假设、信念、价值观念、规范、道德准则等意识形态产物。学校文化不仅是当代文化思潮与学校管理方式交叉的结晶、组织文化的个性化，也是整个社会文化的一个组成部分，具有文化的精神性、社会性、集合性、独特性和一致性的特征。

学校文化具有管理功能，如规范、凝聚、控制、激励、组织等功能，同时具有一种强势的教育功能。学校文化是生长、发育在学校教育环境中的一种文化现象，所以，必然具有强烈的教育功能。学校文化是为实现管理功能服务的，所以，只有那些关心人、尊重人，促进管理资源融合、管理目标达成，并为大家共享的文化才可称之为学校文化。学校文化建设的基本内容包括学校观念文化、制度文化、行为文化和物质文化，学校观念文化是学校文化的中心内容。

第一节　北台小学养成教育文化核心要素

（1）办学理念：以人为本，和谐发展
（2）办学宗旨：让每一位师生都精彩
（3）办学目标：涵养好习惯，使每位师生都具备持续增长的经营幸福人生的能力，成为美好生活的创造者和享用者。

目标分解：

学校目标：打造学区内人人长时期、全方位满意的魅力学校。

教师目标：拥有良好专业习惯，尽情享受职业尊严、成就和幸福。

学生目标：成为心灵高贵、行为高尚、气质高雅的读书人。

家长目标：做孩子形成良好习惯的楷模。

（4）学校核心价值观：倡导文明与和谐，倡导平等与公正，涵养好习惯，抵制坏习惯。

（5）学校精神：弘扬才气、浩气和正气。

（读书涵养才气，博爱涵养浩气，担当涵养正气。）

（6）管理策略：理性思路，刚性管理，柔性服务，和谐激励；

（7）校风：好习惯，有点难，我会快乐坚持做。

（8）教风：习惯蹲下身子看学生，习惯站直身子教书。

（9）学风：习惯阅读，习惯表达，习惯体验，习惯创新。

（10）校训：良好习惯，自主养成。

第二节　北台小学章程

第一章　总则

为全面贯彻党的教育方针，全力推进素质教育，全方位推进民主与法治建设进程，进一步积淀名校文化、完成学校自我发展的超越，依据《中华人民共和国教育法》《小学管理规程》及相关法律法规，制定本章程。

第一条　学校名称、地址

抚顺市新抚区北台小学

抚顺市新抚区永安路11号

第二条　学校性质及办学规模

属全民所有制事业单位，隶属抚顺市新抚区教育局，举办者是新抚区人民政府。1957年经上级主管部门批准注册并成立，是独立事业法人单位，受国家法律保护。学校实行校长负责制、教师聘任制和岗位责任制。维护教职工、学生的合法权益，充分尊重教职工的民主权利，实行统一领导、民主办学是学校的责任、义务和天职。学校是全日制六年制小学。曾被任命为辽宁省首批重点小学，是抚顺地区"窗口学校"。

学校占地面积9235平方米，建筑面积8983平方米，普通教室41间，专业教室20个，可容纳学生1920人。

第三条 办学宗旨

（一）学校发展目标：北台小学是学生、教师、家长共同成长的"乐土"。

（二）学生培养目标：北台学生对学习、对生活应有越来越浓厚的兴趣，乐于阅读，养成更多好习惯，人格健全、讲究尊严，有悟性、有可持续发展潜力，都能尽快找到值得尊重的小主人的感觉。

（三）教师培养目标：北台教师能将教师职业不仅仅当作谋生的手段，让它成为生活本身，并看作是生命历程中的重要部分，育人、教书的本事，一个都不少，注重育人声望，自主涵养更多教育教学好习惯，专注于专业的可持续发展，要有生存压力，但不压抑，在学生、家长和家人眼里是心身健康的、快乐的、善良的和有审美品位的人。

（四）家长素养标准：北台学生家长，能有科学的家教理念，理智、积极、不盲从，与学校一道实践"好习惯比分数更重要"的办学思想，能在孩子做人、好习惯养成上做永远的榜样，能和孩子一起建设学习型家庭，能为班级、学校提供非物质的教育资源、教育服务。

"以人为本"的北台小学就是：让北台学生、教师、家长，分别能在北台小学找到好孩子的感觉、好教师的感觉、好家长的感觉，都涵养成气质高雅、健康快乐的美好生活的创造者和享用者。

第四条 学校风格

校训：良好习惯，自主养成。

校风：好习惯，有点难，我会快乐坚持做。

教风：习惯蹲下身子看学生，习惯站直身子教书。

学风：习惯阅读，习惯表达，习惯体验，习惯创新。

第五条 办学特色

养成教育。良好而持久的小学生综合素质养成教育。

第六条 《北台小学校歌》 李威 词 王爽 曲

老师同学可爱的校园，可爱的校园。牵着梦的衣角来到你面前。乐学求新诚实为人诚实守。品尝知识的甘甜知识的甘甜。

课堂操场熟悉的校园，熟悉的校园。沐浴爱的温暖开始人生的登攀。良好习惯自觉养成。扬起理想的风帆理想的风帆。

啦啦啦，啦啦啦，北台小学，满载着收获的喜悦，啦啦啦，健康成长在北台校园。

第二章　管理体制及运行机制

第七条　行政管理

学校实行"中心点、一条线、八个面"管理模式。形成以校长负责制下的"中心点"、以学校行政、年级组长、学科教研组长三级责任纵抓一条线。设立党支部、工会、教导处、德育处、科研处、总务处、少先队、共青团、民主促进会，是学校日常管理工作的职能部门，分别横管一个面。分工合作、各司其职、各负其责。实行校长负责制，保证党对行政工作的监督，充分发挥工会、教代会的民主权利。校长在管理学校的过程中，依照国家有关规定，享有行政决策权、工作指挥权、人事财务管理权。

第八条　党的监督

学校党支部积极发挥旨在贯彻执行教育方针和组织教学过程中的核心、监督和保证作用，除完成好上级党组织交给的各项任务外，在学校的任务主要包括：

（一）建立党组织统一领导的党、政、工、队齐抓共管的思想政治工作体制，充分发挥党组织的战斗堡垒作用。

（二）加强对学校干部的培养、教育、管理和监督。

（三）对学校发展规划、重大的改革方案和工作安排中涉及方向、政策、全局性的重大问题参与决策。

（四）主抓依法治校工作，制定依法制校实施方案，关注相关的宣传、教育活动，张扬学法、用法、依法办事的良好风气，体现党政领导对此项工作的重视。

（五）参与教师子女的教育。引导教师树立科学理智的育子观，认清母（父）子同校的利与弊，确保教师子女健康成长。规范教师子女在校言行，制订相关制度，确保学校秩序和办学声誉。

第九条　民主管理

教代会是民主管理学校的一种基本方式（工会为教代会常设机构），应按照党的方针、政策、法律、法规行使职权，建立由工会主席主持的教职工代表大会制度，充分发挥教代会的民主管理和民主监督作用，具体职能：

（一）听取校长的述职报告，讨论审议学校的办学思想、发展规划、改革方案、财务预决算重大问题，提出建议。

（二）评议监督学校的领导干部。有权建议校长或上级主管部门，对教职工予以记功、晋升或处分、免职。根据区教育工会委员会的统一部署，参与民主推荐学校行政领导人选。

（三）审议学校岗位责任制方案、考核方案、奖惩条例及各项制度。

第十条　校内申诉与调解

保护师生合法权益，设立隶属于教代会的校内教师申诉小组，由党、政、工、团等有关人员和教职工代表组成，负责日常师生在校内的申诉与调解工作。学校建立校内师生申诉制度，建立群众性民主举报信箱，公布举报电话，自觉接受社会有关方面的监督。

第十一条　决策程序

学校通过建立行政例会制度，重大问题须经民主集中制由领导班子集体讨论决定；建立社区和家长委员会制度，定期听取社区和家长对学校建设的意见和建议；建立领导班子学习制度，提高学校领导班子成员的理论水平和业务能力，成为营造"书香校园"的主力军，确保真正意义上的民主管理和依法治校。

各部门工作承诺誓言：

1. 党支部：思想教育为先，监督保证为本。

2. 校长室：不提供"压力场"，用心营造"凝聚力场"；不用行政命令"要你做"，精心引导"我要做"。作为一校之长，我会善待这所学校、这些教师、这群孩子！

3. 教导处：上对校长负责、下对师生负责。人本服务胜于规范化管理。把领导没想到地想出来，把老师没看到的看出来，把学生没做到的点出来。强项：每位成员都是校内认同的学科带头人！

4. 总务处：眼里有的首先是人，然后才是物。

5. 科研处：靠科研独有的魅力聚集科研志愿者。

6. 共青团：进取创新，青春无悔。

7. 少先队：成长比分数重要。永远的少先队。

8. 工会：我爱我家。

9. 德育处：让美德也成为一种习惯。养成教育，仅有训练是不够的。

10. 民进支部：在北台，有我的声音！

第三章　教育教学工作

第十二条　德育工作

（一）依据《中小学德育工作指南》《中小学生守则》《小学生日常行为规范》和《中共中央、国务院关于加强和改进未成年人思想道德建设的意见》，从事学校德育工作。

（二）学校坚持德育为首。强化全员德育，建立健全德育机构及工作网络，育人教书、教书育人；人性化管理、管理育人；人本服务、服务育人。学校德育工作要有计划、有主题、有措施、有创新，确保德育有实效。

（三）继续钟情于养成教育。

1.北台小学几十年养成教育实践感悟：基础教育在很大程度上可理解为良好而持久的养成教育。教育就是帮助人培养好习惯。功到自然成，习惯在其中。

2.我校养成教育理念及养成原则简述：

养成教育是使学生在人文阳光照耀下形成良好德行、养成诸多好习惯、滋生幸福生活的过程，它是一个基础性的工程，它孕育在学校生活的每一个环节、每一个时刻、每一个细节中。

好习惯、好生活；

好习惯比分数更重要；

有点难，但我快乐地坚持做着；

重在自主养成、成在反复训练、练在体悟内化；

有趣、有情、有理、有度、有序、有恒。

3.坚持在自主养成中重构学校特色德育：

（1）注重养成教育目标体系的吐故纳新，不断完善、循序渐进，更趋于人性化，要遵循科学的层次目标体系，要向学生开放，接受理性和实践的检验。要分三个层次设立养成目标，即必需的层次（遵守社会基本公德是道德的底线）、弘扬的层次（以社会主义核心价值观为基本内容的德育目标）和追求的层次（以马克思主义世界观为基础，以共产主义理想为目标的德育体系）。

（2）继续将探究重点放在如何选择适当的养成载体、构建养成情境，追求最佳养成效果上。经我校养成实践检验的四种有效载体是：在校园文化的积淀中自主养成（加强环境建设、营造书香校园、不折不扣讲"三风"）；在活动中自主养成（倡导"生活德育"追求"无痕"教育、建立少先队预备队、成立社区中队）；在学科教学中自主养成（校本课程开发、充分享用思品课）；在评价改革中自主养成（作业布置批改的改革、小干部轮流制、取消"三好学生"评选）。以改革周三政治学习形式入手，着力探究德育工作艺术化。

（3）要在实践中坚守重要的养成原则，即养成教育仅有训练是不够的。要认同"整个心灵的和谐就是德行"，做人性的养成教育，将"养成教育实施与学生个性发展"作为每位教师的研究专题。切记,德育是一种心灵的触动和感动。强调自主,重视体验、体悟、经历、建构和内化。建立义利平衡的养成价值观。关注学生涵养道德免疫力,以布置感恩作业等传统主题活动为有效途径,引导学生养成德育反思习惯。

(四)学校贯彻实施《国旗法》,每周一早晨全体师生集中,进行规范化升旗仪式,接受爱国主义教育。

(五)设置学校心理辅导教室,设立"心雨"信箱,开设"小蓓蕾"心理热线广播,鼓励教师参加心理咨询专业培训,从对学生人生负责的高度重视学生的心身健康。

(六)要依法保护学生的生存权,切忌在崇高的名义下鼓励儿童主动放弃生命权,要实施理性的德育。实施终极关怀教育。全员重视学生安全,学校要与班级、学生签订安全责任状,寒暑假和重大节日、休假前的安全教育要及时、到位。要建立和实施学生安全和伤害等事故应急处理程序和报告制度。要建立校园安全隐患定期自查制度,相关责任落实到部门和责任人。

(七)引导师生员工追求健康、文明的生活方式,树立正确的人生观、价值观,确保师生员工不参与邪教活动,确保师生员工中无严重违纪行为和刑事犯罪行为。

(八)继续执行体罚、变相体罚"一票否决"制度。教育的秘诀是"真爱",教育拒绝"做秀",倡导赏识教育、张扬人文关怀,提倡用多元智能理论多几把"尺子"评价学生。善待学困生,讲究奖惩艺术,要有帮扶学困生的具体措施,重视从纠正坏习惯和赢得家庭教育的积极合作入手,要"量体裁衣",要有打"持久战"的恒心和爱心。要坚持面向学生开展学年"师德反馈卡"活动。

(九)要建立并实实在在实行校内学生申诉制度,对学生申诉情况要做登记,同时确保举报、投诉有"回应",切实保证学生合法权益不受侵害。

(十)学校要制订普法责任制,并做到有措施、有落实、有总结。要常年聘请法制副校长,成立独立的依法治校组织机构。要按规定开设法制课,做到计划、课时、教育和师资的"四落实"。要通过参加法制教育学习和活动以及普法知识测试,增强师生的法律意识。

(十一)继续将艺术教育融入教育全过程,坚守融合、渗透、熏陶和润物无声。深刻理解"科学和艺术在山下分手,在山顶汇合",扎实做好基础教育阶段的美育,对学生的未来发展负责。树立大艺术教育观,艺术养成教育观体现以美辅德、以美益智、以美陶情。用美育的思路进行校园环境建设。校园文化建设要有规划和活动方案。确定校训、校歌、校徽、校风、教风、学风和班训、班歌、班徽，突出校园文化景点、厅廊建设和校园文化艺术形象设计，努力使校园环境艺术化。铭记"环境有最大的教育价值"。要让每一面墙壁都劝学、让每一株树木都育心。要充分利用校刊《源》、校园网"梦"工作室、营造"书香校园"和"感恩墙""赏识窗"以及班级"综合素质展板"、学生小报等传统"阵地"和仪式，开展艺术、科技、劳动、体育、普法等社团活动，努力使学生通过艺术教育完善人格，丰富个性，培养情趣，增长知识，健康体格，健全心理，提升艺术品位。引导教师用艺术的眼光审视教育，领悟教育的艺术，让审美成为一种习惯，进而享受教育。

（十二）偏爱班级德育。确定班主任在北台小学优先成长的班主任队伍培养模式。鼓励班主任从积淀班级文化的高度、创造性实施班级德育，将德育贯穿在教育教学和家庭教育全过程。好习惯只能从行为来。班级德育要说了算、定了干，持之以恒，365天做在一点一滴。无论是德育、养成教育还是新课改，最终都要发生在课堂、发生在班集体，都需要一种班级文化来实现。要创设情境，将养成教育量化、细化，让教师、家长好操作，让学生感觉有点难，但能够快乐地坚持做下去。班主任要习惯和擅长与家长做有效的家教沟通，重视与社区的联系，重视为学生创造丰富多彩的社会实践活动。

第十三条　教学工作

（一）全面贯彻国家教育方针，实施素质教育，依据国家或各级教育行政部门颁布的课程计划、课程标准、新课程改革纲要进行教学活动。

（二）开足、开全课时、课程。使用各级统一规定教材。严格执行省、市教育行政部门关于小学生在校时间的规定。不补课，不按学习成绩排座位、不排名次。扎扎实实实践"成长比分数重要""好习惯比分数更重要"办学理念，不追求短期效应，不急功近利，要对学生的终生发展负责任。

（三）依据国家、省、市教委《课程教学计划》实施教学活动。严格执行教学标准和教学计划，维护课程表操作的严肃性，任何班级不得擅自停课。停课半天需经校长批准，并报上级教育主管部门，停课一天或一天以上需报上级教育主管部门批准。不组织学生参与任何性质的商业演出活动。

（四）开发校本课程，树立长远、超前的课程意识，以校本课程开发促教师专业发展、创学校教学改革特色，确保北台小学可持续发展潜力和空间。继续探讨北台小学特色的《口语交际训练课》和《良好习惯养成训练课》，要出成型的教材、要有成型的教学模式、要积累成熟的案例、要能在学生身上反映突出的训练成果。要鼓励有专业特长的教师独立研发校本课程，教师全员开发，学生多元受益。

（五）继续实施北台小学特色的教师培养模式，即骨干教师优先发展学校。结合自身实际，确立骨干教师优先发展学校的教学管理思路，期待借此优势，能把学校真正建设成学习型团队，一个开放的学习化社会，一个教师发展的场所，确保北台小学成为师生共同成长的"乐土"。

骨干教师优先发展学校总体思路：

1. 积淀名校文化，骨干教师优先发展学校成为可能。

准确界定办学理念（科学理解"以人为本"）。

审慎定位骨干标准（附：北台小学骨干教师十条标准）。

名校文化的传承与创新（奖励、关爱、制度、榜样作为传统的开掘骨干潜能的"利器"；尊重、信任、自主的民主、人本管理）。

2. 构建学习型骨干教师队伍，确保骨干教师优先发展学校。

改善骨干教师心智模式，率先感悟课堂教学的生机活力（认同：本领是身价，学习是最好的福利）；

善于不断学习，让骨干拥有持久的竞争优势（养成终身学习的习惯、全过程学习的习惯、合作学习的习惯。向课堂教学学习、向问题学习、向案例学习、向教训学习、向学生学习、向生活学习）；

立足校本的教研实现骨干教师的自我发展（实践学校即研究中心、教室即研究室、教师即研究者、骨干是研究中心的研究员。刻意营造一种追求自由与开放式的追问风气）。

3. 德才兼备德为先，骨干教师优先发展学校的关键。

师品即人品。

一切彻底的成功都是做人的成功，一切彻底的失败都是做人的失败。

教学骨干首先是育人专家。

（六）加强计划管理，重视过程管理，落实检查管理。继续保持抚顺市规范化教导处殊荣。与时俱进，不断完善教师教学"流程量化考核"工作。

（七）继续开展学期末"快乐教师""资源教师""学习型教研组"评选活动。引导教师重视团队精神、重视合作、重视学习、关注心身健康。群体认同"给别人理由，让人家认可你、欢迎你、尊重你"。

（八）重视教师专业发展。重视教师继续教育。以"教师良好教学习惯养成与教师专业发展"作为研究专题，寻找教师继续教育和教师专业发展的切入点和突破口。

（九）建立各层次的教研组织，充分利用好教研组长和校内名师的优质资源，立足校本教研，推动教师专业发展和教学质量的提高。

（十）坚持开展好传统的"三课"活动，即新教师"达标课"、青年教师"教研课"和骨干教师"开放课"。

（十一）继续履行《北台小学减轻学生过重课业负担的十项承诺》，继续探讨学生活页作业改革和期末操行评价改革，保证减负不减质，确保学生综合素养的全面提升。

（十二）继续改进教师活页导学案，继续将课改关注的焦点锁定在课堂教学的优化。引导教师重"引导"，重构建，重学生良好学习习惯的自主养成。要抓住课改良机，复兴艺术教育，让课堂教学真正焕发生机与活力，并借此丰富教师的生命历程。树立小艺术教学观，关注学科美育资源的生成和使用。以美育引领课改，以课改引领德育。以探究用美育的思路理解语文和语文教育作为突破口，坚持经典诵读，全方位落实"优化学科性艺术教学"。

（十三）着力探究小学生良好学习习惯的构成与自主养成研究。加强学法指导，给学生终身受益的学习方法和学习习惯。

（十四）全力营建"书香校园"，让北台人拥有浓浓的书卷气。让更多的北台师生养成读书的习惯、写日记的习惯、说普通话的习惯、书写规范汉字的习惯。

（十五）要有北台小学自己的教师教学质量评估标准和办法。不以分数论"成败"，要以教风、学风和好习惯的自主养成论"英雄"。关注"合格率""优秀率"。关注轻负担前提下、在学生原有质量基础上教学质量的提升。关注教师教学声望的社会、同行、家长和学生的认同。对毕业班教师除坚持上述标准外，还鼓励教师培养学生良好的应试能力，包括应试心理的训练。重视期末复习，避免违背科学规律、以学生心身健康和丧失学习兴趣为代价，进行大量重复的、枯燥的综合复习，不要这样的"好分数"。建立全面评价教学质量的科学标准，按有关规定举行考试和考察，通过各种形式评测教学质量。

（十六）改进和加强外语教学。知难而进，整体性构建活力英语教学。针对英语教学的"三难"，即语言环境缺乏、教学方法低效、教师"教学本领恐慌"，分别找寻科学有效的应对措施，即文化的力量（学生英语环境的养成式共建、学校英文环境的活动化创设、外教口语环境的营造、多媒体与网络教学资源的有效利用）；养成与互动产生效益（看似精致的教学不能激活课堂，互动是关键、集中关注学生好习惯的自主养成）；发展是硬道理（英语教师尤其要走好教师专业发展之路，前提是对职业有珍视和热爱的情感。要有细化的北台英语教师良好教学习惯标准。要给足教师进修学习的优惠政策和时间）。

（十七）课堂教学要从实际出发，有效利用现代化教育技术，扎实提高教学质量。

（十八）学校对学生实行综合素质等级考核制度。要百分制和等级制并用。期末操行评定，要有学生良好学习习惯的评价。

（十九）加强学籍管理，健全学籍档案，对转学、休学、借读、复学等严格手续程序。严肃招生、学生档案管理等项纪律制度。

（二十）教务处、图书室、档案室要认真管理和积极使用教学设施、仪器设备、文体器材、图书资料，尤其要注重发挥现代化教学设备的使用效益，同时，做好各类教育教学资料的收集和归档。全员都要树立档案意识。

第四章　教科研工作

第十四条　教研与科研结合

"教不研则浅，研不教则空"。北台人应该铭记，几十年坚守"科研兴校"治校理念，是北台小学"长盛不衰"的"秘密武器"，是北台部分教师率先成为骨干、名师、优秀教师、特级教师的主要理由。真正促进教师专业发展的，是教科研的实力。

第十五条　专题研究促专业发展

教师专业发展必走科研之路。每位教师都要有专题研究课题，都要有立足校本的科研行动。没有专题研究的教师不得推荐成为各级骨干教师、不得参加区以上的优秀课评选活动。

第十六条　规范课题管理

科研处要靠科研本身的魅力成为聚集对教育有激情、对科研有热情的骨干教师的场所。引领教师科研圆梦，摘掉科研神秘"面纱"，在民主、互动的氛围中人人享受科研独有的魅力。要有科研规划、计划和切实可行的制度，确立了就"雷打不动"。所有的课题组成员构成都要遵循"自愿申报、优势申报、公平竞争"的原则。北台小学科研拒绝"免费午餐"，课题组成员要严格履行相关责任和义务，否则科研处将有权终止其课题组成员资格。要扎扎实实做真正的科研。养成良好的积累习惯，建立规范的科研档案。

第十七条 养成科研习惯

全体教师都应该尽早意识到抓紧养成良好的教科研习惯，对自身专业发展及未来生存发展的意义。培养良好的教科研习惯就是要习惯用研究的眼睛观察身边的教育教学现象（敏感）；习惯积累（勤快）；习惯个案研究（执着）；习惯对研究现象进行个性化和科学化的表述（会倾诉）；习惯有勇气推广教科研成果（乐展示）。"教书匠"和骨干、名师、教育家的区别在此。

第十八条 选题基础

科研课题的确立，要优先关注我校的养成教育。在素质教育背景下，结合北台小学实际，只有深入到学习习惯的构建和自主养成层面才算是真正进入养成教育攻坚阶段。

第五章 体育卫生工作

第十九条 体育卫生工作管理

学校按国务院颁发的《中小学体育、卫生工作条例》及有关法规、政策，建立、健全学校体育卫生工作制度。体育组在教导处指挥下，完成训练及教育教学活动。学校设有卫生室和专职卫生教师主管学校卫生工作，全面实施师生保健、预防、体检，进行青春期教育、良好卫生习惯教育等工作。卫生室按卫生部门的规定设置配备，健全卫生资料档案，包括统计、报表、卫生工作手册、健康教育。体育卫生工作有计划、总结等，按规范程序收集整理入档。

第二十条 养成健身习惯

严格执行《学生体质健康标准》，落实国家推行的体育锻炼标准和我校"爱运动爱生活"的健康理念。提供师生每日、每周运动"小处方"，通过体育课及其他形式的体育活动促进学生心身健康成长，保证学生每天有一小时体育活动时间，让学生养成经常锻炼的习惯，充分享受运动的快乐，展示北台人热爱生活、乐于运动、心身健康的良好生存状态。

第二十一条 弘扬体育精神

充分利用现有资源，开展强身健体活动。确定学校传统体育项目和活动，组建学校运动队，并积极参加区、市、省级各项比赛。认真做好广播操，开展好各项体育活动，充分挖掘和利用体育竞技包含的丰富的育人资源，张扬快乐参与、拼搏、克服困难的意志勇气、合作与互助等学校体育精神。

第二十二条　体育达标

每学年学校对学生进行《学生体质健康标准》考核，力争优秀达到30%，良好达40%，合格达99%。

第二十三条　养成良好卫生习惯

严格执行《学校卫生工作条例》，对学生进行健康教育，从认知和行为方面提高学生的卫生意识和养成良好的卫生习惯。培养学生良好的卫生习惯，改善学校环境卫生和教学卫生条件，加强对传染病、常见病、食物中毒的控制、预防和治疗，定期为学生体检，提高学生的健康水平。

第二十四条　卫生保障

从生理卫生、饮食卫生和环境卫生三方面将工作做细做好，确保学生的健康和安全，杜绝因管理不当而造成的各类事故。加强安全工作，开展安全教育，保障师生安全。

第二十五条　食品卫生

学校应加强饮食卫生的管理，配备的炊事人员要每年进行体检，符合上岗条件方能在规定有关程序中制作食物。厨房、膳堂的规范要求与布局要按上级部门意见进行合理整改。

防止肠道传染病及食物中毒事故发生。

第六章　干部教师的聘任工作

第二十六条　干部管理

学校内部实行干部聘任，每三年一次。校务委员会根据上级规定的干部指数，根据学校的实际需要，聘请副校级干部，聘任各处室主任及主任助理，聘期为1—3年。对年终考核不合格或严重违纪的干部，学校有权中止聘任或改做其他工作。

第二十七条　教职工管理

学校实行教职工全员岗位聘任制。学校各职能部门负责人聘任、聘用教师和职工，对教职工进行考核、评估，组织实施学校教职工的继续教育。

（一）维护学校教职工的合法权益，在人格上充分尊重教师；在政治上充分信任教师；在思想上严格要求教师；在工作上大胆依靠教师；在生活上热情关心帮助教师。

（二）建立、完善教师工作的各种考核制度，对教师的考核、评价制度化、规范化，科学化。实行流程量化考核。

第二十八条　提高全员业务水平

学校鼓励教师业务进修继续教育，40岁以下教师要在相应的时间内陆续取得本科学历，并会操作计算机。学校鼓励教师不断提高教育教学水平，在实际工作中鼓励争先创优。

第七章　财务、后勤工作

第二十九条　服务意识

学校后勤、财务部门要牢固树立为教育教学第一线服务的人本思想，认真履行服务项目的承诺，不断扩大服务范围，提高办事效率，让教师、学生及家长满意。

第三十条　建制

学校严格执行国家财务法规以及财政部、原国家教委颁发的《学校财务管理制度》，并以此建立本校的财务、会计制度。

第三十一条　创收

学校经费来源，以财政按规定拨给学校经费，在不违背国家利益的前提下，学校应多渠道创收用于弥补学校经费不足，保证教育教学和学校发展需要。

第三十二条　理财

后勤部门应降低成本，节约开支，集中相应的资金，用于学校办学条件和环境的改善，并不断提高教职工的福利待遇，按时、按规定申请拨款。

第三十三条　收费

学校严格执行国家各部门的规定，按照上级教育、物价、财政部门确定的收费项目和标准，依法向学生收取费用，代办代收项目需经校长批准。学校的一切财务在校长的领导下，由总务处统一管理。

第三十四条　监督

严格遵守国家财经制度，接受国家物价、审计部门、上级教育行政部门，学校教代会的监督、审查，定期向教代会进行财务公开。建立健全财务制度，管好用好经费。搞好年度经费预、决算。

第三十五条　管物

学校资产属于国家所有，学校不得随意转让、拍卖，切实加强固定资产管理，每学期对固定资产进行一次清查盘点，做到账卡、物相符。严防国家财产流失和浪费，切实加强借物、领物制度的执行，保证物尽所需。加强校园和教育教学设备的维护和更新。

<h2 style="text-align:center">第八章 附 则</h2>

第三十六条 监督机制保证

（一）充分发挥党支部的监督保证作用。

（二）充分发挥工会组织，教代会的民主监督作用。

（三）充分发挥家长和各级家委会的监督作用。

（四）定期听取学生对学校工作的意见和建议，发挥小主人的作用。

（五）倾听社区的反映，发挥社区的监督作用。

第三十七条 规章制度保证

（一）《北台小学内部管理体制综合改革实验方案》；

（二）《北台小学各部门岗位职责》；

（三）《北台小学重大活动的若干规定》；

（四）《北台小学各项管理制度》；

（五）《北台小学校内津贴分配制实施细则》；

第三十八条 使用、修改

本章程未尽事宜，经校务会研究后处理。本章程每学年经职工代表大会修改并完善。

第三十九条 批准、备案

本章程经新抚区教育局批准后执行，并上报有关部门一式多份备案。

第二章 北台小学养成教育精神文化

苏州大学博导朱永新有一首诗《享受教育》，其中写道："你如何理解生活，你就将拥有怎样的生活；你如何理解教育，你就将拥有怎样的教育。"养成教育在核心素养背景下的有效实施，教育者共识的一种科学的大养成教育观，显得尤为重要。叶圣陶先生就十分重视儿童少年良好习惯的培养。他认为，教育就是养成良好的习惯。孩子的生物基因是天生就已经决定了的，孩子的智商也是天生就已经大致确定了的，有关孩子的一切素养当中的50%是你无法决定的。但是你有一生的机会去改变孩子的另外的50%，那"另外的50%"就是习惯。"好习惯、好生活"是北台人经历六十余年养成教育实践对育人目标的由衷感悟；"重在自主养成，成在反复训练，练在体悟内化"是现今学校对特色养成教育实践模式的积淀概括；"有点难，但我快乐地坚持做着"是对自主养成原则的形象表述；"有趣、有情、有理、有度、有序、有恒"则是老师们总结出的实施养成教育的基本原则。

第一节 北台小学学生好习惯目标体系

（一）勤奋进取，养成良好的学习习惯

1. 养成认真写字的好习惯

写字可以锻炼孩子多方面的素质，指导孩子养成认真写字的习惯很重要。写一手好字是一个优秀人才应具备的素质之一。手写汉字所特有的艺术性、创造性是任何机器都无法做到的。

（1）低年级写字习惯目标：

①写字坐姿要端正，执笔姿势要正确，努力做到"三个一"。

②能按笔画、笔顺规则一笔一画书写汉字，把字写得端正、美观。

③写字前动脑筋想好再落笔，少用或不用橡皮擦。

④爱惜书本、不在书本上乱涂乱画。

（2）中年级写字习惯目标：

①能用钢笔规范书写汉字，坐姿端正、执笔正确，笔画要流畅，字迹要工整、干净。

②学会运用修改符号修改作业中的错误，不用涂改液和修正纸。

③作业尽量少勾抹，保证作业的美观、整洁。

④爱惜书本、不在书本上乱涂乱画。

（3）高年级写字习惯目标：

①坐姿端正、执笔正确，能用钢笔规范书写楷书，行款整齐。

②汉字的书写要工整、美观，并有一定的速度。

③作业、卷面书写合理，布局整洁美观。

④爱惜书本，不在书本上乱涂乱画。

2. 养成耐心倾听的好习惯

倾听，作为一种获取信息不可或缺的能力，已愈来愈得到教育工作者的重视。有学者明确指出：学生首先要学会"倾听"，然后才能学会独立思考和独立评判。

（1）低年级耐心倾听的好习惯目标：

①倾听时做到安静、盯住对方眼睛、不插话、不打断，并能做到正确判断。

②课堂上把心放在老师的讲解和同学的发言上，边听边思考，能听出问题，并及时补充。

③在重大事情及各类活动之前认真听老师提示、要求。

④当别人提意见时要耐心听完，然后有礼貌地对答。

（2）中年级耐心倾听的好习惯目标：

①倾听时做到安静、盯住对方眼睛、不插话、不打断，尝试做出正确判断。

②课堂上把心放在老师的讲解和同学的发言上，边听边思考，能听出问题，并及时补充。

③在重大事情及各类活动之前认真听老师提示、要求。

④当别人提意见时要耐心听完，然后有礼貌地对答。

（3）高年级耐心倾听的好习惯目标：

①倾听时做到安静、盯住对方眼睛、不插话、不打断，并能做出正确判断。

②课堂上把心放在老师的讲解和同学的发言上，边听边思考，能听出问题，并及时补充。

③在重大事情及各类活动之前认真听老师提示、要求。

④当别人提意见时能耐心听完，然后有礼貌地对答。

⑤关注周围一切事物（如听新闻、听故事），乐于与周围人交流信息。

3.养成主动学习的习惯

（1）低年级主动学习的好习惯目标：

①按时预习，习惯动笔，会在书上圈画。

②上课认真听讲、主动思考，能提不懂的问题。

③能记住并主动完成作业，不用父母陪着做，写作业时注意力集中，不用学习的时间做其他事情。

④发现作业有错，能主动改正，及时找老师复批。

⑤乐于阅读，能在教室内安静读书。

（2）中年级主动学习的好习惯目标：

①按时预习，会在书上圈画，上课认真听讲、主动思考，能提不懂的问题。

②主动完成作业，不用父母督促，写作业时注意力集中，不用学习的时间做其他事情。

③发现作业有错，能主动改正，及时找老师复批。

④每单元学习结束后，主动总结复习，学会用工具书查找资料，解决问题。

⑤经常去图书室、书店，每天保证课外阅读时间不少于半小时，坚持写日记。

（3）高年级主动学习的好习惯目标：

①按时预习能在书上圈画，上课认真听讲、勤思考，善于提出问题、解决问题。

②课上积极参与小组合作学习，课后主动完成作业，写作业时注意力集中，发现作业有错，能主动改正，及时找老师复批。

③经常去图书室、书店，每天保证课外阅读时间不少于半小时。

④每单元学习结束后，主动进行复习总结，有自己的学习方法。

⑤善于运用工具书、网络自愿查阅、整理资料，解决问题。坚持写日记。

4.养成把一件事情做到底的好习惯

（1）低年级养成把一件事情做到底的好习惯目标：

①与父母一起制订一份合理的作息计划，并认真执行下去，不拖拉。

②遇到困难不给自己找借口，而是想办法，坚持做下去。

③坚持做到按时、有质量完成作业，试卷、作业的错误及时纠正。

④确定一项适合自己的特长训练，并快乐地坚持去做。

（2）中年级养成把一件事情做到底的好习惯目标：

①自己制订一份合理的作息计划，并认真执行下去，不拖拉。

②遇到困难不给自己找借口，而是想办法，坚持做下去。

③坚持做到按时、有质量完成作业，试卷、作业的错误及时纠正。

④确定一项适合自己的特长训练，并快乐地坚持去做。

（3）高年级养成把一件事情做到底的好习惯目标：

①制订合理的作息制度、学习计划、炼身计划等，并认真执行下去，不拖拉。

②做事树立信心，坚信自己能做到，遇到困难不找借口，而是想办法，坚持做下去。

③坚持做到按时、有质量完成作业，试卷、作业的错误及时纠正。

④尝试着找一项对自己身心和学习有益的事，并快乐地坚持去做。

（二）自立自强，养成良好的做事习惯

5.养成物放原处的好习惯目标：

（1）低年级养成物放原处好习惯目标：

①脱下的衣物、鞋袜叠放整齐，放到固定位置。

②书籍、玩具或其他生活用品归类摆放，使用后放回原处。

③学习后，主动收拾学具、文具及时放入文具盒或书包，不乱扔乱放，尽量做到不丢失橡皮，铅笔等文具。

④每节课前准备好学具，整齐的摆放在书桌右侧。扫除后，把扫除用具放回原处。

⑤放学后桌椅摆放整齐，椅子归位。

（2）中年级物放原处的好习惯目标：

①脱下的衣物、鞋袜叠放整齐，放到固定位置。

②书籍及其他生活用品归类摆放，使用后放回原处。

③学习后主动收拾学具，每节课前准备好学具，整齐的摆放在书桌右侧。

④放学后桌椅摆放整齐，椅子归位，扫除后，把扫除用具放回原处。

（3）高年级物放原处的好习惯目标：

①脱下的衣物、鞋袜叠放整齐，放到固定位置。

②书籍、玩具或其他生活用品归类摆放，使用后放回原处。

③学习后，主动收拾学具、文具及时放入文具盒或书包，不乱扔乱放，尽量做到不丢失橡皮、铅笔等文具。

④放学后桌椅摆放整齐，椅子归位，扫除后，把扫除用具放回原处。

⑤借阅图书或其他物品及时返还，放回原处。

6. 养成坚持每天锻炼身体的好习惯目标：

（1）低年级坚持每天锻炼身体的好习惯目标：

①按时参加早间操和眼操，动作准确到位。

②下课不在教室里逗留，主动到户外做健康的游戏或健身活动，注意游戏过程中保护好自己的身体。

③每天坚持一项体育锻炼，如：跳绳2~3分钟等，户外活动不少于半小时。

④多吃蔬菜水果、多喝水、不喝饮料、少吃快餐食品，尽量多走路少坐车。

（2）中年级坚持每天锻炼身体的好习惯目标：

①按时参加早间操和眼操，动作准确到位，能享受运动的快乐。

②下课不在教室里逗留，主动到户外做健康的游戏或健身活动，注意游戏过程中保护好自己的身体。

③有自己喜欢的运动项目，每天坚持一项体育锻炼，如：跳绳、球类等，户外活动不少于半小时。

④多吃蔬菜水果，多喝水不喝饮料，少吃快餐食品，尽量多走路少坐车。

（3）高年级坚持每天锻炼身体的好习惯目标：

①按时参加早间操和眼操，动作准确到位，享受运动的快乐。

②下课不在教室里逗留，主动到户外做健康的游戏或健身运动，注意游戏过程中保护自己的身体。

③有自己喜欢的运动项目，每天坚持一项体育锻炼，如：跳绳、球类等，户外活动不少于半小时。

④多吃蔬菜水果、多喝水、不喝饮料、少吃快餐食品，尽量多走路少坐车，掌握一些健康小常识。

7. 养成讲卫生（干干净净迎接每一天）的好习惯目标：

（1）低年级养成讲卫生（干干净净迎接每一天）的好习惯目标：

①讲究个人卫生，知道干干净净是文明的表现，做到勤剪指甲、勤洗澡，早晚刷牙，饭前便后要洗手。

②服装整洁，按照学校要求着装，佩戴红领巾。

③爱护班级、校园环境卫生，不乱涂乱画、乱扔脏物，不在校园吃口香糖，不随地吐痰。

④保持书本、书桌整洁干净，不残留食物。每周五准时将桌布带回家清洗，周一及时带回学校。

（2）中年级养成讲卫生（干干净净迎接每一天）的好习惯目标：

①讲究个人卫生，做到勤剪指甲、勤洗澡，早晚刷牙，饭前便后要洗手，服装整洁，按照学校要求着装，佩戴红领巾。

②保持书本、书桌整洁干净，不残留食物。每周五准时将桌布带回家清洗，周一及时带回学校。

③爱护班级、校园环境卫生，不乱涂乱画、不乱扔脏物，不随地吐痰，在校园内，见到脏物主动拾起。

④认真做值日生，主动学习保洁方法，喜欢整洁有序的环境，对讲究卫生的人有敬意，见到脏物主动拾起。

（3）高年级养成讲卫生（干干净净迎接每一天）的好习惯目标：

①讲究个人卫生，勤剪指甲、勤洗澡，早晚刷牙，饭前便后要洗手，服装整洁，按照学校要求着装，佩戴红领巾。

②保持书本、书桌整洁干净，每周清洗桌布，及时铺好桌布和椅背套。

③爱护班级、校园环境卫生，不乱涂乱画、乱扔脏物，不在校园吃口香糖，不随地吐痰。

④认真做值日生，主动学习保洁方法，喜欢整洁有序的环境，对讲究卫生的人有敬意，见到脏物主动拾起。

8. 养成自己的事情自己做的好习惯目标：

（1）低年级自己的事情自己做的好习惯目标：

①坚持每天自己刷牙、洗脸、穿衣服，学会系鞋带。

②能记住老师的要求，会用记事本，按课表独立整理书包，物放有序不落学具。

③吃完午餐后能够把餐具刷洗干净，会使用抹布。

④不赖床，自己独立睡觉，上学不迟到。

（2）中年级自己的事情自己做的好习惯目标：

①学习时不用父母陪伴，能独立完成作业。

②按课表独立整理书包，物放有序，不落学具。

③按时上学不迟到，作息有规律。

④能整理自己的书桌，自己叠被子，尽量不让父母、老师操心。

（3）高年级自己的事情自己做的好习惯目标：

①学习时不用父母督促，主动、独立完成作业。

②不忘记学校要求，如穿校服、交费等事情。按课表独立整理书包，物放有序，不落学具。

③能洗自己的小物件，能自己整理房间。

④合理使用网络，能独立上网查阅、整理资料。

（三）与人为善，养成良好的做人习惯

9.养成微笑待人的好习惯目标：

（1）低年级养成微笑待人的好习惯目标：

①每天第一次见到老师能面带微笑主动问好，敬队礼；见到他人主动让路，微笑敬礼，放学时与老师同学微笑道别。

②离开家或回到家中能主动微笑与家人打招呼。

③得到别人的帮助时，能微笑致谢。

④喜欢微笑，不给同学脸色看，能帮助别人，给他人带来快乐。

（2）中年级养成微笑待人的好习惯目标：

①每天见到老师、同学主动问好，能微笑、礼貌地问候他人。

②得到别人的帮助时，能微笑致谢。

③喜欢微笑，不给同学脸色看，能主动帮助别人，给他人带来快乐。

④乐于交朋友，不要小脾气，自己不高兴时不影响别人，能原谅别人的过错，遇到困难和批评勇敢地面对，保持乐观的心态。

（3）高年级养成微笑待人的好习惯目标：

①见到认识的人主动打招呼，能微笑礼貌地问候他人。

②得到别人的帮助要微笑致谢，不小心打扰别人能微笑致歉。

③看到别人的优点善于用微笑表达敬意。

④做事不以自我为中心，不为小事斤斤计较，学会享受合作乐趣。

10. 养成孝敬父母的好习惯目标：

（1）低年级孝敬父母的好习惯目标：

①听父母说话时，眼睛要看着父母，礼貌回答父母的问题，不顶嘴。

②父母离开家时主动热情地打招呼或道别。

③吃东西时，先礼让父母。

④父母生病时能给父母倒水拿药，能帮助父母做力所能及的小事情。

（2）中年级孝敬父母的好习惯目标：

①当父母身体或心情不好时，学会适当地询问、关心。

②乐于将自己的收获和烦恼与父母一道分享。

③知道父母的生日，并能送上一句祝福。

④能帮助父母做简单的家务，如洗小件衣服、袜子、毛巾等。

（3）高年级孝敬父母的好习惯目标：

①当父母身体或心情不好时，适时的询问与关心，知道父母的生日，并能送上一句祝福。

②外出活动要让父母知道自己的活动情况，遇到变故及时与父母沟通。

③听取父母的意见，学会与父母礼貌沟通，重要的事情要请父母发表意见。

④帮助父母做力所能及的家务，如：打扫卫生、购买简单的生活必需品等。

11. 养成说了就努力去做的好习惯目标：

（1）低年级说了就努力去做得好习惯目标：

①答应别人的事情要尽快做到，做事要守时、守信。

②如果答应别人的事情没做到，必须陈恳地说明原因，对做不到的事情不要逞强答应。

③按时完成老师布置的学习任务，不抄袭，不作弊。

④做到老师在与不在一个样，校内、校外一个样，不欺骗老师、家长。

（2）中年级说了就努力去做的好习惯目标：

①答应别人的事情要尽快做到，做事要守时、守信。

②不要为了面子说大话，不要轻易承诺。

③承担任务能克服困难努力去完成。遇到困难要请大家帮忙，做不好要道歉。

④借他人钱、物要及时归还，不说谎，不骗人。

（3）高年级说了就努力去做的好习惯目标：

①答应别人的要求之前认真想一想，自己是否有能力做到，不要轻易承诺。

②凡是已经答应做的事情，就要努力去做。遇到困难，不轻易放弃，可寻求他人帮助，把事情做好。

③不随便拿别人东西，不因物件微小而忽视规则。

④借别人的钱或物要按期归还，要守时守信，言而有信。

12. 养成在错误中反思自己的好习惯目标：

（1）低年级在错误中反思自己的好习惯目标：

①犯了错误，要勇于承认。

②与他人闹矛盾时，能从自己身上找不足。

③看到别人犯错误，自己能引以为戒，不再犯类似的错误。

④每天睡觉前能想一想一天经历的事情，学会总结经验与教训。

（2）中年级在错误中反思自己的好习惯目标：

①犯了错误，要勇于承认。

②与他人闹矛盾时，能从自己身上找不足，试着换位思考。

③看到别人犯错误能加以借鉴，不犯此类的错误。

④每天睡觉前能想一想一天经历的事情，学会总结经验与教训，努力使自己做到先思考，后行动。

（3）高年级在错误中反思自己的好习惯目标：

①敢于面对错误，认识问题，凡事知错就改。

②与他人闹矛盾时，能从自己身上找不足，试着换位思考。

③每天反思自己的行为，努力使自己做到先思考，后行动。

④看到别人犯错误，能加以借鉴，不犯类似的错误。

"好习惯，好生活"。良好而持久的养成教育的有效实施，我们任重道远。但我们坚信：养成教育应该是使学生在人文阳光的照耀下形成良好德行、养成诸多好习惯、滋长幸福生活的过程，它是一个基础性的工程，它孕育在学校生活的每一个环节、每一个时刻、每一个细节中。北台小学可以快乐地坚持做下去，并且越做越好。

第二节　北台小学教师好习惯目标体系

随着北台小学对养成教育的深入探索，教师良好行为习惯对养成教育不容忽视的影响和制约作用日渐引起北台小学的重视。一个成功的教师不仅具备厚重的专业知识和专业技能，还需要具备良好的行为习惯。

翻开文明的古籍，孔子游学的身影浸润了中华千年的文明；朱熹研究的触角延伸到东亚旷远的大地；蔡元培自由的思想引领着革命滚滚的洪流。历数教育史上这些名家典范，他们在社会和国家发展中都占有着重要的地位。这不仅源于他们自身缜密深邃的思想，更源于他们都是教师，具备着社会的规范、道德的化身、人类的楷模、父母的替身等教师的鲜明特征，而且做到了凭借良好的教育习惯献身于这个阳光下最崇高的职业，因此才会名垂青史、万世敬仰。

"善之本在教，教之本在师"，教师作为知识文化的传播者，肩负着育民兴国的重任。虽然没有华丽的舞台，没有簇拥的鲜花，然而三尺讲台、一块黑板就是教师挥洒人生的天地，面对几十双迷茫而渴求的眼睛，教师义无反顾地用自己的声音，播散爱的阳光、智慧的甘霖。伴着教师声音的旋律，学生学会了用灵魂去歌唱，用真诚去追求。教师的一生是平凡的，但平凡不等于平淡，教师用智慧和汗水谱写春华秋实的动人篇章。

在教师潜心于教育事业的时候，每一位受教育者都被教师身上的一种隐性教育因素塑造着、改变着、影响着，这就是习惯。有人说，习惯成就人生；也有人说，习惯决定成败。习惯是一种惯性的行为、惯常的行为、常见的行为。习惯如自然，习以为常，习以为性，说明了习惯的重要性。的确，习惯在一个人一生的生活、工作中的作用太重要了，好习惯提升人的品质和生活品位，坏习惯拉低人的形象和生活层次。因此，在教育中人们特别注重培养学生良好的学习习惯、生活习惯。但一个同等重要的问题被忽略了，那就是教师的习惯养成问题。

教师的习惯是教师个人的教育生活方式，是教师在教育场景中形成的一种相对固定、相对一致的教育行为方式。一个教师如何面对学生、如何处理教材、如何展开教学过程的各个工作环节、如何处理和同事的关系，都存在一个相对稳定的行为方式。当这种行为方式延伸到各种新的教育情境中、延续到各种教育环节中，就变成了一种习惯。当这种行为方式成为一个学校组织大部分教师共有习惯的时候，它就变成了教师一种自在状态的教育生活方式、行为方式，进而成为一种教师文化、校园文化。

连续十八年殊荣"辽宁省文明单位"，北台重视师德建设是关键。我们强调"教师有多少好习惯，学生就受益多少好习惯""学生身上的坏习惯，总能从父母、老师身上找到影子"。大家耳熟能详的是"教书育人"，我们却习惯提倡"育人教书"，同行研究魏书生语文教学模式，我们却执着探究他的育人艺术，结果发现，正如他自己所述"回忆自己走过的语文教改之路，我感觉最满意的一点，就是始终把育人放在首位"。在小学，育人就是帮孩子养成好习惯。

那么，在养成教育的试验进程中，如何培养北台教师良好的教育习惯，使之成为小学生良好行为习惯的真正引领者，成为摆在现任北台小学的领导班子面前的一个课题。以校长郑霞为核心的北台小学德育改革实践小组在反复的钻研教师习惯培养的最新研究成果之后，开始了教师良好行为习惯的探索。

从构建"重基础、启思维、融生活、扬个性"的魅力课堂的角度出发，注重展现北台小学享受育人、享受教书、享受专业发展的教风，以校园文化的落脚点——良好习惯、自主养成为准则，结合北台小学多年来积淀下来的养成教育文化所生成的良好的教育资源，同时，关注每位教师的自身教育需求，从三方面十二条推行北台教师好习惯。

1. 做阳光教师，拥有良好的育人习惯

（1）习惯悦纳他人

生活中有各种各样的人，而这些人会有不同的思想性格、兴趣爱好与生活习惯。有的人热情开朗，有的人沉静稳重，有的人性子急躁，有的人心胸狭窄等。面对这么多不同性格的人，首先就要悦纳！悦纳他人，就要满怀热忱地和他们相处，容忍并且诚心地尊重别人与己不同的性格、兴趣和生活方式，还要主动地了解别人的性格特征，熟悉别人的生活习惯，在这个基础上创造和谐融洽的人机环境。

①用心倾听，不打断他人讲话。

②用宽容的心态看待他人的不足。

②面对他人的优秀能够真诚赞美。

④时刻保持微笑。

⑤接受他人不同方式的建议和意见。

⑥当与他人意见相悖时，能委婉表达自己的观点。

⑦遇事经常换位思考。

（2）习惯平等对话

几千年来，传统的师道尊严在我们的意识中根深蒂固，表现在班级管理上便是班主任可以随性对学生发号施令。这种管理形式忽视学生的主体性，从而挫伤了学生参与班级管理和学习的积极性，影响了教学质量的提高，制约着教育改革的深化。这就需要教师工作时要从"家长式"的发号施令到平等对话的转变。平等对话，充分尊重学生在班级管理中的主体地位，广泛吸纳学生的意见，并以对话的方式解决管理中存在的问题，我们为习惯平等对话总结出以下的行为做法，具有很好的效果。

①记住每一名学生的名字。

②重视学生的感受，从不轻易下结论。

③不当众批评学生。

④和每一名学生成为朋友。

⑤请学生坐下来讲话，与他们平视。

⑥尊重差异，公平公正对待每一名学生。

⑦学生犯错要给予解释的权力。

⑧与学生交流不用命令的口吻，尽量用商量的语气。

⑨敢于向学生认错和道歉。

⑩要遵守对学生说过的每一个承诺。

（3）习惯等待成长

等待不是不管不问，听之任之。等待是一种由耐心、细心、爱心、信心等构建而成的稳定的心理状态。一个合格的教师，必须具备这样的心理状态。等待意味着从事教育就要将自己的整个生命都交给这一批批的学生，在等待中与孩子共同成长，在等待中收获桃李满天下的喜悦。这一群群孩子不正需要我们用爱心和耐心去呵护，去教育吗？再看孩子们，仿佛是生命乐章中的一个个活跃的音符，个个绽放生命的光彩。毕竟学生的培养不同于砖瓦的产生过程。即使砖瓦的形成，也并不是从模具中出来就完了，还得经过炉火的高温煅烧，才"终成正果"。砖瓦的形成尚且需要等待，何况对学生的教育呢！

①能够调整自己的情绪，不以物喜，不以己悲。

②懂得教育是一项慢工细活，给孩子创造成长的时间和空间。

③掌握"冷处理"的技巧和方法。

④不以学习成绩来评价学生的优劣。

⑤对不同程度的学生提出不一样的目标。

⑥让每一名学生每天都得到一次夸奖。

⑦经常对学生说："不要紧，慢慢来。"

⑧引导学生相互欣赏和赞美。

⑨不以爱的名义伤害学生。

（4）习惯感恩生命

一颗感恩之心，是人类心田中最真、最善、最美的种子。它发芽之后，开出爱心之花，结出智慧之果，而你的人生也将由此进入与众不同的新世界。生命是给予，感恩是回赠。上天赋予我们生命，让我们体验人生百态，品味酸甜苦辣，我们会以一颗感恩的心，感谢这一切让我们成长，感恩生命。人的一生漫长而又短暂。学会感恩将在我们的心田开发出一片净土，只要我们悉心浇灌，这里将会变成美丽的花田。

①爱护每一株花草树木，感恩自然的赐予。

②牢记父母的生日，感恩父母的辛劳养育。

③主动拾起校园赃物，感恩工友师傅给我们创设整洁的工作环境。

④每天为学生做一件小事，感恩他们给自己带来充实和快乐。

⑤主动清扫办公室卫生，感谢同事间的互相关心与帮助。

⑥耐心与家长沟通，感恩家长信任、支持、理解。

⑦每月至少与朋友聚会一次，感受友情的醇厚与温暖。

⑧遇到困难不退缩，感恩挫折让自己更坚强。

2.做智慧教师，拥有良好的教书习惯

（1）习惯设立目标

孔子说过，凡事预则立。新生活，是给自己每天从设立目标开始的。设立目标，不一定要是大而不切实际的空想，可以是原本带着自己的爱好，能够带来自己的幸福感，切合个人实际的前进的方向。

①做一份职业生涯规划，善于将目标分解到实际工作中。

②建立个人成长五年计划，按既定方向努力。

③工作中向一位优秀教师看齐。

④不断调整自己的短期目标，逐步提升自我。

⑤为一学期设立目标，让自己有前进的动力。

⑥为一天工作设计目标，让自己不拖拉。

⑦为一堂课设立目标，让学生有所得。

（2）习惯研究创新

教师研究创新就是教师在教学过程中依靠自身素质，在变革教育的过程或实践中，发现和认识有意义的新知识、新思想、新方法、教育规律、教育特点、结构、理论和原理等的高度有组织的，高度完善的知觉和自觉的思维，是教师教育智慧的最高表现形式。美国学者史密斯（R.Smith）认为，所谓创新型教师就是"吸取由教育科学所提供的新知识，在课堂教学中积极的加以运用，并且发现新的切实可行的方法的人"。

①自觉学习学科相关知识，提升教学底蕴。

②每学年至少参加一项科研课题研究。

③建立教育博客，借助网络平台交流工作感悟。

④积极参加教研组活动，敢于发表不同见解。

⑤不重复原来的课堂，常上常新。

⑥不拘泥于课本，善于创造性使用教材。

⑦敢于质疑专家，挑战权威。

（3）习惯展示交流

展示交流是"智力的弹性碰撞"，通过"碰撞"，激发出各种"学术思想火花"；展示交流是"知识的播种机"，通过交流，使新的科学知识得以广泛传播。从而使展示者和观摩者互相启发，共同切磋，活跃教育教学思想，加快研究工作的速度，带动整个教学水平的提升。

①经常与同年级组老师交流上课后的心得。

②主动参与教学观摩研讨活动。

③每学期至少上一节全校规模的观摩课。

④积极在各种展示活动中锻炼自我。

⑤乐于同别人分享自己的教育教学经验。

⑥面对教学竞赛不畏缩，敢于迎接挑战。

⑦欢迎同事和领导走进自己的课堂帮助指导。

（4）习惯积累反思

行成于思而荒于嬉。我们理应让反思成为一种习惯，让自己在反思中不断改进，在反思中不断成长，在反思中不断超越，在反思中不断创新。只有这样，我们才能一步步走近名师，一步步走向成功。反思不是一般意义上的"回顾"，而是反省、思考、探索和解决教育教学过程中各个方面存在的问题，反思后则奋进。通过积累反思来改进教学，提高教育质量，促进学生的学习和发展。

①坚持每课十问，改进课堂教学。

②坚持每日三问，促进专业提高。

③每周撰写一篇教学反思千字文。

④每月撰写一篇教育叙事千字文。

⑤每学期撰写一份教育教学经验论文。

⑥积极向报纸、杂志投稿，公开发表学术观点。

⑦坚持撰写教育日记，记录工作得失。

3. 做雅致教师，拥有良好的生活习惯

（1）习惯博览群书

对于任何人而言，读书最大的好处在于：它让求知的人从中获知，让无知的人变得有知。读书是涵养心智的慢工细活，和种稻子一样，不见其长，日有所增，口子久了，自然能感觉得出来。养成读书习惯，坚持看书的北台人，连气质都与众不同。

①能用渊博的知识丰富自己的课堂教学。

②随身携带一本好书，见缝插针地阅读。

③每天累计阅读时间不少于1小时。

④每月至少光顾一次书店。

⑤每年至少读两本书，写出高质量的读后感。

⑥给自己准备一个经典语段摘录本。

⑦每周与同事交流一次阅读感悟。

⑧经常向身边的人推荐好书。

（2）习惯充满情趣

高雅的情趣体现了一个人对美好生活的追求、乐观的生活态度和健康的心理。心理健康的人总能从日常生活的平凡小事中，发现乐趣，体验情趣；情趣不但能使我们因工作学习紧绷的神经得以放松，疲劳得以解除，还能使我们充分感受到生活中的美，使我们即使在艰苦的环境中也能让生活充满欢乐。

①出门前对镜整衣，保持优雅姿态。

②学会化淡妆，走进课堂精神饱满。

③配饰精致高雅，符合教师身份。

④谈吐优雅大方，幽默得体。

⑤面巾纸或纸巾不离身。

⑥有一项业余爱好，琴棋书画或运动。

⑦关注最新或经典电影、音乐，丰富娱乐生活。

⑧在办公室养一株花草，让生活时刻充满生机。

⑨办公桌物放有序，并以小饰物点缀其间。

⑩关注新闻动态，掌握前沿信息，与他人交流自信不盲从。

（3）习惯运动健身

健身可以让你欢度时光、令你放松自我。不管是什么人，健身都能使您的精神为之一振。一个人身体越健康（包括心理的健康），抵抗疾病和工作、家庭压力的能力越强。

①坚持每天两操。

②每天累计运动时间不少于1小时。

③每周进行一次强度较大的体育运动。

④午餐后不立即投入工作，坚持有氧散步。

⑤早睡早起，保证7小时以上睡眠时间。

⑥每天坚持做两次眼保健操。

⑦有一项体育爱好，并常年坚持。

⑧每天提前一站下车，步行到单位。

⑨遇事不急躁，拥有健康平和的心态。

（4）习惯健康饮食

饮食是人类维持生命的基本条件，合理饮食才能使人生活得健康愉快、充满活力和智慧。它更是积极生活乐观向上的一种生活态度，是对自己生活的一种表述。

①每餐只吃八分饱。

②每天至少喝1000cc水。

③远离垃圾食品。

④两餐之间适当补充水果。

⑤一日三餐定量定时，不暴饮暴食。

⑥不挑食，不偏食，三餐营养均衡。

⑦早餐吃好吃饱。

⑧减少去餐馆吃饭的次数。

⑨戒烟限酒。

⑩每年进行一次全身体检。

第三节　北台小学养成教育引领下的书香文化

1. 北台小学书香文化内涵

（1）为什么倡导书香校园

读书就是在不断地构建和丰富自己的精神世界，读书也是在走进别人的精神世界，读一本好书就是在读一个了不起的灵魂。有了书你才会知道，这个世界上还有着一个又一个无比丰富、无比充实的精神世界，有着在我们物质生活中寻找不到的华丽、尊贵、高雅、圣洁。有了书你才会知道，世界上原来曾经存在着那么多孤独、幸福、寂寞、痴迷、快乐、苦闷……多到让你永远也无法想象的，想象不出人类的灵魂会多么复杂而丰富。

人们往往把学习称为读书，把上学称为读书，那是因为读书是世界上最普遍、最迅速、最节约的学习方式。

人类通过视觉获得的信息占到了总量的80%以上。而人类社会几千年来积累下来最宝贵的文明智慧都以书的形式保存下来。读书让我们迅速掌握人类选择和积累下来的最精华的那部分精神财富。在古代一万个生命，甚至一百万个生命的思考才能够留下来一本书。即便是今天，只要出钱出一本书变得异常容易，中国每天出版的各种图书有上千册，可是平均下来，每一百个人中才有可能出版一本书。无数个生命随风而逝，无数个故事烟消云散，无数个体验无影无踪，最后留下来的，只有那些有幸被书记录下来的东西。一本书的生命远比一个人的生命要长。而一本好书的生命，几乎和人类的生命同样长。

中国的历史就是构筑在书上面的，如果没有《史记》，汉以前的历史很多都会是空白；如果没有《诗经》我们的文学要少开始几百年；如果没有诸子百家的论著，中国的思想和哲学将会如何？如果忽然间我们身边和我们的头脑中所有的书都不见了，那么人类的文明将会倒退到何种地步？真的难以想象。

一个人在世界上受到的局限太多了，与整体相比个体永远是渺小的，但对于一个个体来说他自己的喜怒哀乐才是世界上最重要的东西，别人的一切你怎么能够知道？所以，人就被自身所困，被环境所围，被现实局限，只了解自己一个小小的天地，只生活在一个个人化的世界之中。

社会的发展使距离相对变小，人用速度去超越空间，地球越来越小，人能够接触到的人越来越多。这几年里，北台小学邀请到了童话大王郑渊洁、作家曹文轩、儿童文学作家杨红樱陆续来做讲座。尤其是有了网络，人们可以在电脑边就能够看到各种名人演讲的视频。社会的发展使老师、学生可以超越空间去走进那些人类的精英，但是读书仍然是他们突破个人局限的最好方法。读书不仅仅可以穿越空间，更可以穿越时间，让他们和那些已经离开了的伟人进行智慧的对话。通过读书每个人可以超越个体生命，看到那么多高贵的灵魂，走进了他们构筑的丰富的精神花园，那里面智慧的鲜花因为文字的不朽而永远散发着芳香。

（2）构建书香文化引领教师阅读

构建书香校园，就是培养孩子读书。当代教师本身就是在一个没有阅读环境、缺少阅读材料的课堂中成长起来的，现在他们成了老师、当上了班主任、有了家庭和孩子以后，在工作这么忙碌的同时，在错过了培养阅读的黄金时期以后，再拿出大量的时间去读书，去养成读书习惯，本身就是对教师的苛求。

同样，让学生在繁忙的课业负担下，连玩的时间都很难保证的前提下，让他们去大量阅读，去养成一个读书习惯，对多数学生来说也很不现实。

那么一个教师，一个中小学教师，在繁忙的工作中，是不是就可以不读书了呢？一个教师不一定成为一个读书人，但是要想做一个优秀的老师却离不开读书，即使觉得自己距离优秀还很遥远，即便是从自己的职业出发，也不能一点书都不去读啊！教师可以不去博览群书，可以没有阅读的兴趣和习惯，但是如果连教育方面的书、自己所教的专业上的书都不去读，那还怎么去教书？

全国著名语文老师窦桂梅曾经对薛瑞萍说："你知道我们屯有多穷吗？从小学到初中毕业，除了课本，我就没有读过一本课外书。我是到了师范，才头一次进到阅览室，才头一次见到那些名著的模样！当我如饥似渴地读着它们的时候，我痛苦地感到，自己的黄金时代已经错过。那种欠缺，是一辈子都没法弥补的。学好语文的根本乃在于大量的、高品位的阅读，除此之外，别无二法……"

薛瑞萍也说："说到教学，我有一个固执的想法：中学也好，小学也好，语文的事情哪有那么复杂？教师自己先爱读书读好书了，再使学生爱读书读好书；教师自己先把文章写好了，学生熏呀熏的也能写得不错了；教师上课出口成章了，学生学呀学的，也能意畅辞达，甚至富有文采了——不就得了吗？"

不仅仅是她们，朱永新、李镇西、李希贵、郑杰、万玮……这些都是优秀的教育工作者，他们的成长都离不开读书。北大中文系的教授钱理群在恢复高考以前也是一个中学教师，他看一个学生不看成绩如何，只要是他在读书，就有希望。同样，几乎每一个教育明星都在重复一句话：让孩子读书吧！让老师去读书吧！为什么会这样说？就是因为老师学生们读的书实在是太少了，如果老师、学生都不去读书，那么，我们的教育就没有了任何希望。

其实，很多教师不是不想读教育方面的书，而是读了一本，没意思；读了一本没有用处；再读一本都是枯燥的理论，时间长了一说教育书就头都疼。一位爱读书的老师说他上班的前十年就是这样的：就是没有找到适合自己的教育书，一说读书首先想到的就是那些教育名著，还有心理学名著。其实，那些名著内容很深奥，并不适合普通老师来读，并且读了名著也不见得就能够理解那些道理，很多名著都是读了以后知道了个大概罢了，很难真的有什么具体的指导和应用。教师读教育方面的书，还是应该从当代的、同龄的那些优秀教师的著作读起，这个方面的书最集中的就是华东师大的大夏教育丛书，作品内容广泛，作者基本上都是30到40岁的教育一线上的优秀教师。就是现在成了教育管理者也都是在教育一线工作了十几年的老教师，他们有很丰富的经验，加上他们对借助网络和读书总是站在教育信息的第一线上，所以，他们能够很快地成长起来。读他们的书，每一个教师都会被他们的爱心所打动，为他们的智慧所征服，被他们和孩子所感动，多少次我被他们感动得热泪盈眶，多少次被他们的智慧引发出会心的微笑。这样的书太多了，比如李玉萍的《一份特别的教案》、万玮的《班主任兵法》、李希贵的《学生第二》、上官子木的《创造力危机》和《教育的国际视野》、郑杰的《给教师的新一百条建议》、李镇西的《爱心与教育》、克拉克的《教育的55个细节》、薛瑞萍的《给我一个班，我就心满意足了》，还有最新出版的《做一个聪明的教师》《叩问课堂》……教育方面的好书近些年层出不穷，他们引领着教育的观念的变化，不用说几年不读书，就是半年不读教育方面的书，教师就会觉得自己教育的观念落伍了。

（3）通过图书馆让学生享受读书的快乐

有教育家说，一个学校可以没有电脑教室，可以没有风雨操场，但不能没有图书馆。学校本来就是一个读书的地方。现在所有的学校都有图书馆，却没有哪个学校能够给孩子提供一个自由的安静的阅读空间。

走进每一所中小学，只要是下课，孩子们所能去的每一个地方都充满了吵闹的声音。的确，玩是孩子的天性，每一个学校里都不缺少孩子们玩的地方，但不管多么小的学校也应该给学生创设一个可以安静读书的空间。

在这里可以让学生享受阅读的乐趣，让孩子的心灵能够沉静下来，让他们知道学校里还可以有一个安静的不被打扰的地方。

这里应该是开放的自由空间，门永远是开着的，能够让任何一个学生自由地走进去。

这里应该有不断更新的最精彩的儿童图书。这里吸引人的因素除了最精彩的图书，还有就是安静的环境，让学生感知当一群孩子在一起的时候，不仅能够吵闹还能够安静，这一点也许比读书更重要。

书可以让孩子安静下来，北台小学学校图书馆刚开始开放的时候，图书馆的阅览室里面充满了吵闹声。可是时间长了，学生变得越来越安静，后来，学生们都悄悄进来，悄悄走到座位上，然后悄悄地读书。每次看到阅览室中坐满了安静的孩子在认真读书，都令人十分感动。学校图书管理员给阅览室起了个名字，叫"慢一点"阅览室。在这个房间里就是要培养孩子们无论做什么都要慢一点，慢一点走路，慢一点推椅子，慢一点拿书，慢一点看书，当你慢下来，自然就安静了下来。当大家都安静了下来，就形成了一种力量，让躁动的你感觉到安静很美好。

2. 北台小学书香文化活动

建校五十年来，北台小学一直在坚持创建书香校园。2008年，北台小学图书馆被授予"职工书屋"的称号，并且成为省级"职工书屋"示范点。十年来，北台小学的书香校园不断取得新的成果。

（1）深挖内力

抚顺市北台小学建校五十年来秉承"建设书香校园"的办学理念，一直非常重视书香校园的建设，尤其是近年来，不断加大对图书馆管基础设施的投入力度。2006年，学校投入一万多元购买安德莱斯图书馆管理系统软件，购买读卡器、刷卡器、条码、磁卡，使图书馆走向现代化的进程。学校聘请专业打字员把图书信息录入到计算机中，北台师生通过一张磁卡就可以实现在图书馆借书和还书。

2008年，北台小学图书馆被命名为"职工书屋"以后，学校又投资十多万元对图书馆和阅览室进行的装修改造。这次改造扩大了图书馆藏书室的规模，并且增加了学生阅览室和教师阅览室。从此，北台小学图书馆全面步入电子化、网络化、标准化、规范化的现代管理模式。由专业人员专门负责图书杂志的订购、整理、录入、上架、借阅，并形成一整套严格而完善的管理系统。同时，坚持每年投入万元以上购买新书，订阅全国最优秀的期刊为广大师生服务。

此外，图书馆也成为读书信息中心。图书馆管理员张立辉老师以网名"抚顺读书人"开设读书博客，每月撰写书评十几份，面向教职员工推荐最新、最好的各类图书。图书馆发现一本好书，很快就会在学校职工中传播开来，如果遇到特别好的书，还会推荐给学生的家长，让更多的人从中受益，图书馆几乎每年都会推荐一两本深受师生家长喜爱的教育类书籍给大家。为了方便大家，图书馆还提供网络订书服务，目前，图书管理员平均每年帮助学校员工在网络中订购图书的花费达三万余元。

北台小学非常支持书香校园的建设，把图书馆作为建设书香校园的主阵地，在经费非常紧张的情况下，每年投入五千余元订阅全国最优秀的期刊。每年平均购买一万元左右的新书，并且常年开展六年级毕业生为母校捐献一本自己读过的好书的活动。毕业生会在所指书的扉页上面写下留给母校和学弟学妹们的真挚话语，激励北台学生好好读书。

同时，学校还特别注重图书的利用。学校领导带头学习，并在校园中广泛开展读书活动。所有的教师都开通了以读书和教育为内容的博客。在北台小学读书成了一种风尚，一种氛围，学校给教师和学生的奖励多数都是以购买图书的方式进行的。师生们还利用图书馆自己创办校园刊物，进一步激发了大家的阅读和创作热情，使读书变成了自觉行为，成为北台教师的一种生活习惯。

此外，学校还利用四月二日"国际儿童图书日"，开展各种活动，举小精美的书签展览，使广大教职员工和学生们开阔了视野，增长了知识，逐渐形成"好读书，读好书，读书好"这样一种浓厚的学校文化氛围。图书馆还让学生参与到学校图书馆的图书管理工作中，设立了学生图书馆馆长和馆员。培养学生的自我管理意识。

学校设立校园图书交流日，让师生把自己不需要的旧书带到学校来，利用中午的时间，在甬路上进行打折销售和交换，很多书都只卖五角、一元钱。每到那天中午，学校就像节日一样，甬路上围得人山人海，几千册图书不到一个小时内都抢购一空。

（2）借助外力

争取上级领导的有力支持，进一步推动书香校园的持续发展壮大。领导的重视和支持是推动北台小学书香校园发展的最强大的力量。

2013年，学校续收到全国总工会、省总工会及市总工会配送的新版图书几千册，极大地丰富了北台小学的藏书种类和数量。市总工会除送去使用书籍外，还为学校配置了一台高性能的电脑，解决了图书馆的燃眉之急，使北台小学的图书管理更加迅捷高效。全总、省总、市总的大力支持为北台小学书香校园的全面建设和未来可持续发展奠定了坚实的基础，提供了必要的物质保障。

市、区总工会还通过电台杂志等多种媒体，对北台小学职工书屋建设情况及图书馆管理员——"抚顺读书人"博客的作者张立辉老师进行了系列宣传报道，《当代工人》《抚顺日报》《抚顺晚报》等报刊媒体对北台小学书香校园建设做了宣传和报道，扩大了学校的影响。

北台小学利用有效的社会资源，积极调动各方力量，多形式地支持书香校园建设。北台小学与北方图书城联合邀请国内著名的作家学者讲学，先后举办了秦文君讲儿童文学、《英才是怎样造就的》作者王金战讲学习方法等讲座，并且邀请著名作家走进北台小学，童话大王郑渊洁、《马小跳》作者杨红樱、动物小说家沈石溪与北台师生面对面交流。北大教授曹文轩也来北台小学讲学，这些活动在广大师生中掀起了一次次读书热潮。

第三章　北台小学养成教育物态文化

　　作为学校视听识别系统的物态文化一直是学校文化建设的一个侧重点。它可以通过静态的折射和渲染呈现出学校核心的教育理念。教学楼的式样，标志性建筑，厅廊文化，甚至每一个石头的摆放、每一个栅栏的样式等等。这些都会影响生活在这里的师生在情感、态度、价值观上的认知与理解。苏霍姆林斯基关于环境建设说过一句最经典的话：让每一个墙壁都说话，让每一株树木都育人。经典在于揭示了环境文化的内涵，环境熏陶人、改造人。当物态文化呈现出学校个性，体现学校核心价值追求时，这种环境文化就可以达到以文化人，以文育人的作用。因此，北台小学始终有一个明确地认识：校园物质环境是学校文化的外在体现，是一门隐性课程，对学生起着潜移默化的教育作用，要从细微处着眼精心设计和布置校园，使整个校园成为一部立体的、多彩的、富有学校个性和吸引力的教科书，使人一走进校园就能感受其独具特色的魅力。

第一节　厅廊文化描绘养成教育的艺苑风景线

1. 厅廊文化的理念与思想

　　良好而持久的小学生综合素质养成教育，是北台小学的教育特色。六十余年的发展与积淀，成就了北台小学"好习惯、好生活"这一独有的办学理念与育人特色。北台小学在养成教育的落实过程中，充分利用物态文化的特色性和熏染性的特征，从厅廊文化和教室文化入手，积极探索了物态文化在育人方面所能实现的最佳育人效果和最优教育效能。

　　校园厅廊文化展现着一所学校的办学理念和精神风貌。它是利用学校所有墙壁为载体，来实现陶冶学生的性情，提升学生的品位，积淀学生的内涵。因此，我们说，学校的门厅、过厅、走廊和回廊就是一幅幅激励成长的画，一首首劝勉努力的诗。

在日常生活中，北台小学致力于养成教育的培养及训练。20世纪80年代，北台小学养成教育经验是八个字"重在养成，成在训练"。这个经验更注重的是学校作为教育主导角色所倡导的教育思想、所要落实的教育理念。当学校作为教育的主导兼主体发挥作用的时候，学生就成了教育的附属品，在被动地接受着教育的打造。学校为了培养学生养成良好的习惯，要求教师对学生的行为习惯进行不断地强化。硬性的管理忽视了学生自由奔放的天性，造成教育的僵化、学生的抵触，教育的实际效能大打折扣。而进入新世纪，北台小学养成教育强调的是"良好习惯，自主养成"，这是对养成教育理念的一次改革、一个提升。不要强化训练，而是将学校养成教育的引领作用发挥到极致，调动学生主观能动性，实现走进学生内心，温暖学生心灵的一种内化体悟。这个内化体悟的过程就是师生间心灵沟通的过程。思想先到位，行动才能跟进。智慧的马云昌校长最先悟出了养人养心这个道理，所以提出来"良好习惯，自主养成"的办学思路。当这样的教育理念一旦生成，校园文化的核心内涵也就应运而生。在进行文明礼仪的教育、行为准则的引导的同时，营造和谐统一地教育氛围，进行"润物细无声"的思想教育就显得尤为重要。物态文化也正是在这样的情况下能够发挥最大效能。学校形成了文明的氛围，知识、道德、习惯等文化因素构筑成一个有机的整体，养成教育的因素无处不在。

2. 主题教学楼外墙文化

叶圣陶说教育就是培养习惯，专家曾经给出过定义，基础教育就是良好而持久的养成教育。在敲定北台小学文化核心的同时，郑霞校长进行了深入的思考。她感到前任校长李威提炼的"好习惯，好生活"六个字是对养成教育中"养成"二字的最好诠释。细分析"养"和"成"两个字，"养"是过程，"成"是结果，历经过程，达到结果。再分析"好习惯，好生活"，"好习惯"是过程，"好生活"是结果，"好习惯"诠释了"养"字，"好生活"诠释了"成"字，培养好习惯，拥有好生活就是养成教育，这是我们对养成教育的理解，而且这六个字比较儿童化，通俗易懂，便于学生接受和理解，所以，北台小学把这几个字装裱在了学校最醒目的地方——主教学楼外墙上，让老师、家长、学生及所有关心北台的人都清楚并认同北台小学的办学理念。

3. 正厅文化

新时期养成教育内涵有三个环节：养人养心、养鱼养水、养树养根。养人养心指的是心灵的沟通。养鱼养水是指环境氛围的创设，光有心灵的默契也是不够的，要不停的营建养成教育的文化氛围，用文化熏陶，这样教育效果才能持久，才能成为定势。养树养根是指好习惯的培养。这是养成教育的灵魂，必须要经过坚持不懈、持之以恒的训练。这三个步骤缺一不可，缺少任何一点，养成教育都不完整。

（1）正厅主题：北台小学教学楼一楼正厅的正前方中心点，一个大大的"养"字诠释北台小学的办学特色、核心教育理念——养成教育。正厅设计是用来诠释新时期北台小学养成教育具体内容和实施步骤的。"养"字揭示主题，但是感觉有些空，涵盖面太广，于是，我们围绕养字设计了三行短语，读书养才气，博爱养浩气，坚韧养正气，分别从学习、做人、做事三个角度诠释北台小学养成教育内容。从三个点辐射养成教育的方方面面，也昭示着北台小学新时期养成教育目标，培养具有完整的，独立人格的人。中间背景墙为了透光，采用剪纸设计，构图是一片茂密的森林，寓意着幼苗在阳光雨露的浇灌下，自由地、苗壮地成长，最后长成参天大树，而一颗颗参天大树组成了北台小学这座茂密的森林。寓意着北台小学是人才成长的沃土。

（2）正厅缓步台：正厅北边是一个缓步台，缓步台的外罩面设计成了四组黑白相间的五线谱造型。北台小学在校园文化构建上有自己的特色。他们认识到教育的终极目标就是人才的培养。面对世界经济一体化和信息技术迅猛发展的时代特点，我们这个社会所要培养的人才就要具备丰富的想象力、坚决的执行力、无穷的创造力。北台小学清醒地认识到人才培养的重点之后，把自身的教育目标定位在关注学生良好习惯养成，进而实现学生综合素质的提升，为学生的终身发展打下良好的基础，使每个学生在北台小学的教育过程中，努力实现心灵高贵、品格高尚、气质高雅。这是一个有魅力、有生命力的学校的立校之本。所以，在校园文化构建中，北台小学注重学生全面发展，着意强调艺术教育的重要性。每年的"小百灵"歌唱大赛、"舞林大会"舞蹈大赛、乐器大赛使北台小学充满馥郁的艺术气息。为了充分体现这种对艺术教育的重视、对人才培养的理念的趋同，在缓步台上又摆放了一架钢琴。这样的一种组合契合了北台小学要给孩子艺术熏陶的教育思想，希望孩子每天生活在欢快的旋律中，感悟艺术带给生命的一份快乐，尽享生命的悦动、心灵的自由。五线谱上附着的音符是学校具体育人目标，这句话是"做心灵高贵、品格高尚、气质高雅的北台人"。

（3）铜塑壁画：好习惯的培养贯穿在北台小学的教育全程之中，从做人到做事，点点滴滴之间都有好习惯的训练。在厅廊文化的建设中，对行为习惯地训练与养成也彰显其间。正厅右侧，是一组铜塑壁画，上面截取了我们学校好习惯菜单中要重点培养学生的五个典型习惯，用美术构图表现出来，配以"有点难，但我快乐坚持做着"。这样的提示语，意在告诉学生，养成教育就是要从身边最小的好习惯做起，学会战胜自己就能拥有快乐人生。

（4）两侧墙面：正厅西北角是一本立放在墙上的线装书。这是在强调他们主张持续推进儿童阅读，倡导小学生养成终生阅读习惯为己任，旨在学生在基础教育阶段大量汲取中外优秀文化营养，形成阅读习惯、能力与品质，打下人生底色，为学生的可持续发展注入核心动能。同时，也是在告诉所有的人，对北台而言，诸多好习惯中最重要的一种习惯是读书习惯的培养，强调师生的终身学习意识。

与线装书遥相辉映的是荣誉墙。五十余年的建校史，五十余年的养成教育探索，积淀了这所学校厚重的文化底蕴。我们说，文化来自一个学校的历史根基，来自一个学校的教育传承。"桃李不言，下自成蹊"，可以说，北台小学培养的学生不计其数，而北台也一直都是抚顺，乃至于辽宁的窗口学校。纷至沓来的荣誉见证着北台的发展，凸显着北台的卓越。虽然荣誉只属于过去，但北台人还是希望借努力的过往为自己前行的脚步增添一份无畏的勇气，就在正厅西南角，他们为自己设立了一个并不引人瞩目的荣誉墙。中间的一架电视，播放着校史及学校简介。

4. 楼层文化

校园环境艺术化、养成化，在 A、B 座的楼层建筑结构中被学校充分地利用了起来。

（1）书吧：一至四楼，书香北台为学生提供了四个造型别致的小书吧，从低层到高层，分别为书吧命名为：萌、芽、邀、游。每个书吧都由学生自己来管理。

（2）二楼台锲而不舍主题：在这里以群星璀璨的茫茫宇宙为背景，喻示着人类在太空留下了越来越多探索的足迹，在不远的将来，鲜艳的五星红旗会在月球上飘扬。台上呈现了用科学家的名字命名的小行星，使学生了解它是用以表彰杰出科学家的突出贡献的永久荣誉。目前，在太空中有几十颗小行星是以中国科学家的名字来命名的，东汉时期的张衡用毕生的精力从事天文研究，成果卓著；南北朝时期的祖冲之是世界上第一位将圆周率值计算到小数第7位的科学家；中国航天科技事业的先驱钱学森被誉为"中国航天之父"……坚持不懈是这些科学家成功的基石，科学家的成功无一例外不是因为具有锲而不舍的精神。锲而不舍就是为了一个明确的目标而努力、永不放弃的执着精神。

（3）三楼台厚积薄发主题：背景上有艺术化的"书"字，令人仿佛闻到书籍所特有的清香，北台校园的剪影和艺术字"书香"寓意着书香北台。台面上呈现了小学阶段的30本必读书目，提示学生们要把这些书读通读透。这30本书以阿基米德曲线、多米诺骨牌的造型摆放，令学生感受"积"与"发"的内在联系。

（4）四楼台源远流长主题：笔、墨、纸、砚，被称为"文房四宝"，是源远流长的中国符号，传承着中国的历史与文化，展现着古人的优雅和浪漫。让传统文化成为教育重要的一部分，让儒雅成为学生生命的一部分。这个展台更是表达出了一个民族的文化需要传承，一所学校也应该在积淀中坚守根基、提升发展的内涵。

（5）五楼台艺美天地主题：一幅精美的壁画高高悬挂，它是学校美术老师把法国19世纪艺术大师马帝斯的多幅作品中的造型元素经过重新组合构建而成的，意在告诉学生艺术之美的真谛——吸纳、创新。同时，启迪学生，生活中处处都有美的真谛，期待学生的审美起点是高雅的，希望学生从小学会敬畏艺术、敬仰大师。

北台小学厅廊的物态文化设计凸显着北台小学养成教育的理念，它是北台小学养成教育的内涵，是随着不断变化的教育观、人才观而不断发展和提升的。它由最初的重在训练到后来的自主养成，现在又提升到学校文化建设的层面上来。将来的养成教育一定会随着物态文化探索的脚步而有更深入、更有意义地改变。

第二节　班级文化泼洒个性张扬的水墨丹青画

1. 班级文化的生成

作为对教育内涵有准确把握的北台小学，在物态文化的形成、发展与积淀的过程中极其注重教育的实效性。不仅在宏观上强调学校整体的物态文化的外显，更重要的是，他们把教育有效性的目光落在了班级管理这个相对微观的层面上，强调班级文化的形成与展示。因为他们知道，班级是学校教育的基本单位，是学生活动的基本场所。可以说，班级就是学生养成习惯、磨炼本领、学会生存、创造人生的"起航驿站"。班级能够实现对学生进行最直接、最直观、最准确的养成教育。由于班级是由不同的主体构成，因此，在养成教育的实践过程中，特别需要针对不同的主体采用不同的教育方法和手段进行有的放矢的落实，而这个过程也就形成了自己班级不同的文化风格、文化要素。所以，北台积极倡导每个班级在北台养成教育这一主题文化背景之下，积极探索建设班级文化的新思路和新举措。为了在真正意义上实现物态文化的教育意义，北台采用了和而不同的班级名片、班级展板的设计与布置的落实工作。每班一块的展板占据了教室的整个后墙面，外观设计为一艘扬帆远航的巨轮。在北台小学浩瀚的知识海洋里，四十二个班级就是乘风破浪的战船。百舸争流之间展现着北台小学如火如荼的养成教育精彩的画面。每一份班级名片或如翻开的书页、或如伫立的小屋，都简洁明快地传达着班级文化的主旨和内涵。

2. 班级文化的构建

（1）班级展板：整个教室的后墙为班级展板区域。它可以强化班级管理工作，加强班级管理力度，促使学生形成良好的行为习惯、学习习惯、道德素养，创设良好的班风、学风。在以评促管中，实现班级管理逐步科学化、规范化、制度化、趣味化、人文化，为班级班主任工作提供量化基础、并以此作为学生评价奖励的依据，促进学生全面发展。各班要结合学生心理特点，寓教于乐，让评比工作有声有色开展，遵循公平、公正、公开的原则，让班级评比更阳光、更透明，使全体学生乐于参与并共同进步，让每名学生实现一个个小愿望、一个个阶段目标不断地超越着自己。

①一年级七班展板：快快乐乐坚持做

希望孩子们能在这个班集体里快乐成长，努力坚持养成好的习惯。面对这些五六岁的小娃娃们，给予不了太多的知识，爱他们，爱看见他们真诚的笑脸，希望他们的每一天每一天都是快乐的。上面有学生的照片，每一个小朋友的照片都贴在一朵花上，花瓣上是学生的得奖小奖贴。花朵又围在一起，表示他们是一个整体，体现了团队精神。当每个栏目积累够10枚粘贴的时候（如：学习习惯是笑脸、行为习惯是五角星、卫生习惯是小红旗、运动习惯是小红花），班主任就会发一张好习惯评比的喜报告知家长，表扬在"爱学习、讲卫生、守纪律、爱运动"方面表现突出的学生，为班级树立可模仿、竞争的榜样。评出本周"学习之星""卫生之星""纪律之星""运动之星"等。

②六年级四班展板：一分耕耘一分收获

班级为每个人都准备了一块肥沃的土地，只要学生注重良好习惯的自主养成，有付出努力、文明守纪等优秀表现，你就一定会收获到累累硕果。每周学生获得的总分即可按分值兑换相应等级的作物，单周为蔬菜作物、双周为水果作物。不足的分值可兑换等值金币（1分—10分）进行累积，直至累计分数可兑换相应等级的作物。以此类推。

作物种类及分值

等级 （分值）	1级 50分	2级 60分	3级 70分	4级 80分	5级 90分	6级 100分
单周 蔬菜作物	白萝卜	白 菜	玉 米	茄 子	西红柿	南 瓜
双周 水果作物	草 莓	香 蕉	水蜜桃	芒 果	西 瓜	火龙果

农场土地升级及奖励：

每块土地够500分还可在换取班币或等值礼品后晋级为红土地，拥有三块红土地的即可获取神秘人礼一份。采取周评比的方式，从早自习、眼操、间操、课间站排、各学科课堂表现、午餐、扫除、自律、突出表现等几个方面进行评比，每天采取加分、减分的方式在班级评比表上进行随时记录，每周五将表格分数累计，共评比十六周，每一周的评比表都需要家长签字，以便家校沟通形成合力，促使孩子不断进步，每名学生要根据一周的积分情况找到自己的不足，从而填写本周反思和下周的目标，班主任实施每周总结，并在此基础上设计了以 QQ 农场为背景的评比台，让每个孩子拥有一块开心农场，根据每周得分开垦自己的农场，种植等值植物，让评比一目了然地呈现在学生面前，以此鼓励学生积极进步。

各班展板中的每一个部分都巧具匠心，无不彰显着中队的特色和队员的智慧，真正在队角里做到了每一个字会说话，每一幅画在育人。相信这些精心布置过的队角文化会在育人路上发挥"润物无声"的功效。

（2）班级名片

每班的教室门口有一个或书型或屋型的班级名片，它们生动地展现了一个班级的班风班貌。大大的班级合影中可以清晰地看到每一张纯真的笑脸，它使班级文化不再空洞，它使班级文化充满了人文关怀的味道。

①一年级七班设计意图：教室前门有班名：向日葵中队。班徽：美丽的向日葵。设计意图是让别人路过一年级七班门口就能感受到他们的快乐和温馨。上面有老师和班级52个同学的合影，象征班级的生活多姿多彩。班级口号是："快乐学习，快乐阅读，文明守纪，锻炼身体"。另外，还有班主任介绍和班级的功课表。

一年级七班就是这样一个充满阳光和智慧的温馨小屋，学生是班级的主人，班级的环境设计充分听取了学生的意见，让学生参与到其中。这样做既可以培养学生的动手能力，也能增强班级的凝聚力，让每位学生为美化自己的教室出一份力，让教室充满人情味，成为学生真正温馨的家园。"让每堵墙、每扇窗都会说话"，是一年级七班师生对班级环境的主要设计理念。这些布置不仅设计漂亮，颜色搭配大方，它让每一个从它面前走过的人对这个班级都有一个感性直观的了解，让学习氛围浓厚的校园又增添了一个新的文化亮点。

②六年级四班设计意图：绿色的背景象征着青春和活力；主要有中队名称小白鸽中队。小白鸽是和平的使者。从小白鸽的身上我们还能看到它勤劳、勇敢、善良、执着的良好品质。这正是六四中队全体队员的精神面貌的最好体现。名片上有一只在阳光下展翅起飞的白鸽，它正奋力地飞翔，去搏击长空，希望每个同学像这只白鸽一样健康快乐，努力向上。飞翔六四中队的班训：讲诚信、喜探索、乐助人。背景图案突出"心"的形状，全班51位同学凝聚在一颗"心"之内，表明小白鸽中队是个融洽的大家庭；也表明51位同学心心相通，心往一处想，劲往一处使；另外还有班主任简单介绍及班主任寄语照片和本学期班级课程表。班级名片内更好地展示了班级文化，彰显了班级特色。

（3）班级环境

班级环境的布置是班级文化建设最基本的内容，它不仅体现了班级的精神风貌，而且直接影响到学生的心理健康。利用好每一个空间，精心布置，使其既温馨舒适，又催人进取。

①一年级七班教室环境：左墙面展区是班级小明星：好习惯之星、读书明星、礼仪明星、团结之星等。右边是作业展示区：该区展示孩子的作业及作品，激励孩子努力学习，天天向上。教室是知识的殿堂，思想的熔炉。教室是

学生学习生活的一个重要组成部分，它不仅仅是学生日常学习的场所，更是一个集体团结奋进的阵地，是同学们交流、互助、活动、发展的平台。

右墙面在三扇窗户之间贴着"静、敬、竞"三个大字。"静"就是让学生静下心来，从容地面对学习、生活，不要心浮气躁，即文明活动，不大吵大闹，以保证一上课就能迅速进入学习状态。"敬"就是学生尊敬师长、尊重同学，教师尊重同学，倡导人人平等。平时多发挥学生的主体作用，激发他们的主动意识，自觉地尊敬师长，友好地对待同学。"竞"就是让学生在竞争中谋发展，在合作中求进步。学生是好胜的，但也是天真的，在正当竞争中，引导学生审视自己与别人的差距，改正自身的缺点。

②六年级三班教室环境：黑板上方张贴着班徽，时刻提醒学生要拼搏向上。周围以弧形张贴了这样一句话：one family one dream! 同一个家园，同一个梦想，提醒孩子们没有优秀的个人，只有优秀的团队，所以要为了一个共同的愿望而努力。教室左墙是班级格言；教室后墙有一块钟表，在表的下方有一本蓝色的书，书上用金字写着这样的两句话：今天所做之事，勿候明天。自己所做之事，勿候他人。告诉孩子们要珍惜时间，要学会独立。教室右墙暖气管用白色百合花来缠绕的，显得很淡雅，旁边是两个条幅，一幅是一诺千金的故事，告诉孩子们要做诚信之人。另一幅是警枕励志的故事，告诉孩子们学习要刻苦，要有毅力。

（3）"角"功能

各班教室环境中各种角可以发挥着完善班级日常制度的职能。图书角的名字是"博览园"，在书橱内是孩子们或捐献或购买的书籍，班级的特色读书格言张贴在显著位置，鼓励孩子们要博览群书，增长见识。每班的博览园都有专门的图书管理员，便于孩子们的随时借阅。卫生角和书橱遥遥相对，上面写着"爱护环境你我他"，是用来警示学生要维护班级和校园的卫生。里面是各班的扫除工具，以2-2-2-1的格局来摆放。

走进北台小学，走进北台小学四十二个班级，你总会被一面墙、一幅画框、一个小手工、一张小照片所吸引，这些看似不经意的环境布置，却真正蕴含着北台小学师生为良好习惯自主养成而付出的努力。正是有了馥郁的校园文化、班级文化，才形成了一幅幅良好习惯自主养成的动人的画面。我们沉醉其中，享受着北台小学养成教育为主题所构筑的物态文化的曼妙景致，感受着北台小学正在充分利用物态文化的外在形式及内在意义对养成教育进行文化探索的不懈的进取之心，期待他们坚实有力的探索脚步为校园文化园地再添奇迹。

第四章 北台小学养成教育制度文化

学校制度文化是学校文化的重要组成部分。制度文化和学校文化是相辅相成的。学校文化的成功与否与其制定的制度的全面、合理性和制度的实施程度有着直接的关系。一所优秀的名校一定有自身一套全面的制度文化伴随，使学校各项工作有条不紊地运行。在制度文化的辅助下，其他校园文化才能得以顺利实施，从而达到进一步的升华，形成良好的教风、学风、校风，逐渐积淀出自己学校独有的、健康的、优秀的校园文化。一所现代化设施齐备、从各个学校调集最好的教师成立的学校不一定就是一所好学校，这个道理大家都明白，因为他缺少在先进的制度文化制约下形成的厚重的校园文化的积淀，最起码在短时间内它不可能是一所优秀的学校。因此，制度文化的制定和形成以及制度执行力度的坚决与否，直接影响着学校文化的建设和发展。

第一节 北台小学制度文化的构建理念

（一）制度文化的理念

学校制度文化要紧紧围绕学校文化的中心和发展来制定实施，要充分体现管理者的管理思想及学校办学的特色。学校制度文化虽说要紧紧围绕管理者的管理思想来制定，但绝不是管理者自己"闭门造车"，想怎么办就怎么办。要依据民主集中制原则，充分发挥"教职工大会制度"，教师们集思广益后交由职大会讨论通过。这样才能形成积极的文化氛围，否则就会有"事不关己，高高挂起"现象发生，制度也将形同虚设。

事无巨细，学校的各部门、各个岗位及各个专业教室的工作制度职责要全面并与管理机构配套，使学校的每项工作都有章可循，有"法"可依。例如总务处管理的"物资采购制度""保洁员管理制度""更夫制度""门卫职责"，教导处管理的"教师考勤制度""教师的流程量化考核制度""教师的集体备课、集体教研制度"，德育处的"班主任的班级管理制度""学生的安全管理制度"等等。学校规章制度的建立健全，让每位管理者及教师的工作不盲从，做到井井有条。

制度一经通过形成，就要严格遵守，不能朝令夕改。在制度执行的过程中如出现令行不遵的情况，学校一定做到公正、公平、公开、赏罚分明，使各项制度高效的运行。让制度文化扎根在每位师生的思想和行动中。

总之，没有坚定地制度文化，就不可能有全面的学校文化的顺利实施，同样，离开不断发展的学校文化，制度文化也不可能彻底、不可能久远。学校要积淀丰厚的文化底蕴，形成良好的校园文化，一定要坚定制度文化，不断革除制度文化的弊端，与时俱进，使制度文化更成熟持久，更好地为学校文化服务。

北台小学从1957年建校以来，几代校长的管理模式都以"孩子的良好习惯培养"为办学目标，为此，制定出"小学生行为规范""小学生文明礼仪规范""十六个单项奖""'四好少年'评选制度"等各种规章制度，随着时代发展，不断地修改和完善，逐渐形成了北台小学的特色文化。用社会人士的话说在众多的孩子中，从孩子的言谈举止就能分辨出哪个是北台小学的学生。在孩子良好习惯形成的过程中，在制度的约束下，孩子们一定有他痛苦和挣扎的一面，就是在这种"硬"的制度下，逐渐地体现出一种无形的价值来，这种无形的价值将使孩子在读书、生活中养成诸多好习惯，这些好习惯将使孩子们受用一生。

（二）北台小学综合体制改革的作用

1. 北台小学综合体制改革从思想上动摇了教师职业是"铁饭碗"，工资是"旱涝保收"的概念。做教师工作如果不讲职业道德，经教育不改的就要被学校解聘回家，如果没有好的劳动态度，没有过硬的教育教学技能，就有可能开不足档案工资。

2. 北台小学综合体制改革改变了学校管理中"太平无事"的思想束缚。实行改革就是要引起人们的思想波动，评价结果公开不怕有麻烦。实践证明，只要改革是本着客观公正的原则，就会给这个群体带来生机和活力。

3. 北台小学综合体制改革彻底改变了学校"有活没人干，有人没活干"的现象。实践证明，愿意多上课的人多了，争当班主任的多了，爱上公开课的人多了，主动承担校务工作和临时工作的人多了。改革调动了教师的积极性和创造性，使学校各项工作生机勃勃。

4.北台小学综合体制改革使教师找到了自己的位置，平稳了心态。量化考核，结果公开，使教师重新认知自己的教育教学能力和水平，知道自己在全体教师中所处的位置，打消了个别教师认为"自己和谁比都不差"的错误思想认识。这样为评选、晋级、提干、聘任工作奠定了基础。

5.北台小学综合体制改革约束了出勤，制约了出工不出力。实践证明，许多教师对可请可不请假的小事小病，都尽可能地不请假，利用业余时间加以解决。在加大评估检查力度的同时，目前，数学作业做到了每天一批改，作文每篇一批改，教案有新意，确保了教育教学质量的稳步提高。

6.北台小学综合体制改革充分强调了教师在学校的主人翁意识和主体地位。通过奖优罚劣，促进了教师自我认识、自我改进、自我提高和自我完善的主动性和积极性。教师的思想工作好做了，教师心理承受能力增强了，优胜劣汰已成为广大教师的共识。

7.北台小学综合体制改革增强了管理人员的后勤保障意识和服务功能。在管理工作中，人的管理是核心，实现每位教师的人生价值。在保证教学需要的财、物和环境外，重点维护师生身心健康，保障师生安全，已成为管理人员的自觉行动。

每一项教育改革，不但要注意改革的方式方法，还要注意改革起步和运行的全过程，更需要注意改革带来的正效应、负效应。俗话说：合理不是绝对的，而是相对的，绝对合理是不可能的。改革只要对整体绝大多数是有益的，那么就一定是合理的。如何让学校内部综合体制改革持久地在学校管理中发挥激励作用，调动群体教师的积极性、主动性和创造性，是北台小学在今后的实践中必须深入研究的一个课题。

第二节　北台小学制度文化的制定和实施

（一）校长负责制

1.校长是学校法人代表，对政府的主管部门承担学校管理的全部责任，对外代表学校，对内实行统一领导。

2. 校长的权力是校长履行职责的重要保证。校长有行政工作的决策指挥权，对中层干部、教职工的聘任权、人事调动权、财务支配权、教育科研和教学改革的决策权。

3. 实行校长负责制，必须充分发挥党支部的政治核心和保证监督作用。党组织的保证监督作用是校长负责制的重要组成部分，保证校长路线、方针、政策在学校的贯彻、落实，保证学校整体改革正常顺利进行。

4. 要充分发挥职工代表大会的作用。加强民主管理，民主监督。校长的决策应吸收群体智慧，才能保证决策的正确性，为此要充分发挥教职工的主人翁的作用。

（二）教职工岗位聘任制

根据学校的教育教学规律，实行教职工岗位聘任制首先实行"四定"（定编、定岗、定量、定责），做到择优聘任、民主聘任，校长和教职工双向选择的实施办法。

1. 聘任原则

（1）对教职工实行聘任，必须有利于全面贯彻教育方针，有利于实现学校的总体目标和推进学校整体改革，有利于启动学校内部活力。引进竞争机制，有利于调动广大教职工的积极性。

（2）对教职工实行聘任，必须促进教师素质的不断提高和整体稳定，形成年龄、学历、学科等结构合理梯队，克服短期行为。

（3）坚持实事求是、尊重人才，做到任人唯贤、唯才是举，实行公开招聘、公平竞争。

2. 聘任条件

（1）定岗和机构设置。学校教师和行政人员的岗位根据区教育局核定数为准，校内机构数、领导职数、教职工人数控制在核定数内，克服人浮于事的现象。

（2）定工作量、定职责。行政人员按照现任岗位确定，教学人员按市区教育局文件规定的中小学教师工作量标准参考执行。

（3）任职条件：①坚持四项基本原则，拥护党的改革开放政策。②忠诚党的教育事业，思想品德、举止、仪表端正、教书育人、为人师表。③必须能胜任本职工作，具备相应的学历、职称、专业知识和业务能力，身体健康能坚持正常工作。④必须努力工作，钻研业务，按期完成岗位责任目标，尽职尽责，博得学生和家长的信赖。

3. 聘任办法

（1）教师的聘任由校长或分管校长提名，征求党支部和职大会意见，最后由校长聘任。

（2）学校行政中层干部由校长提名，支部考核，校长聘任，上报主管部门备案；党群中层干部由党支部任命，按干部管理权限审批备案；年部组长和教研组长由教导处提名，报请校长审定。

（3）聘任在广泛征求各级组织意见的同时，由校长聘任，可能低职高聘，也可能高职低聘。

（4）学校管理人员和专业教师接受聘任后，召开职工大会，公布受聘人员名单，由校长签发聘书。

4. 聘期管理中的若干说明

（1）受聘人员的聘期为1年。

（2）对受聘人员实行考核制度。考核应当客观、公正、充分听取本人和其他教师及学生意见，考核结果作为续聘、解聘、辞退以及职称评定、奖惩的依据。

（3）受聘人员享受本岗位职务的政治、生活、工资、奖金和福利待遇，岗位职务变动时其待遇随之调整。

（4）校长解聘教职工，要征求党支部、职大会的意见，提前打招呼，以便被解聘人员有所准备，在做思想工作的同时，向全校教职工公布。

（5）对新分配的毕业生和新调入的人员，实行见习期一年，见习期满后，符合聘任条件的再正式聘任，不能聘任的按待聘人员管理。

（6）允许待聘人员辞职，可按有关政策发给六个月标准工资。

（7）待聘人员一律不发津贴和奖金，不享受学校自谋福利。

（8）病休和工伤人员按有关文件规定执行。

5. 解聘

若有以下情形之一者予以解聘：①不认真履行聘任职责，年度考核为不称职的；②体罚学生，经教育不改的；③品行不良，侮辱学生，影响恶劣的；④因病（伤）治疗后仍不能坚持正常工作的。

6. 辞聘

对本人工作生活中确有特殊困难不能继续履行职责或本人申请调动组织

批准的。

7. 辞退

对拒聘人员可按国家人力资源和社会保障部《全民所有制事业单位辞退专业技术人员和管理人员暂行规定》予以辞退。

（三）校内绩效工资制

为了保证校长负责制和教职工聘任制的实施，必须进行分配制度的改革，使个人收入与工作量及工作效果挂钩，适当拉开分配档次。强化激励措施，实行校内津贴分配制体现聘任与未聘不一样，干与不干、干多干少、干好干坏不一样，贯彻多劳多得、按质计酬的原则。学校的绩效工资重新组合，结合实际进行合理调配，实行校内津贴分配制。专业教师的津贴分配，以课时津贴和教学质量奖为主。管理人员的津贴分配，根据新教发〔1995〕28号文件精神，以岗位目标管理津贴和领导职务津贴为主。工人以岗位作业津贴为主。

1. 内部津贴分配中的几个具体问题

（1）未聘人员和不服从组织安排人员一律不享受内部津贴。

（2）高职低聘或低职高聘人员，按新聘岗位发给内部津贴。

（3）婚丧产假在国家规定的期间内实行档案工资制，寒暑假期间实行档案工资制。

（4）新参加工作的人员，见习期内不实行绩效工资制。

（5）因公脱产学习津贴照发，因个人脱产学习停发津贴。

此方案经过职工代表大会讨论后，广泛征求各方面意见，认真总结、逐步完善，报主管部门批准后实施。

2. 资金来源

教职工的绩效工资。

3. 津贴种类

（1）课时津贴。附加课时享受津贴。

（2）班主任津贴。班主任教师享受的津贴。

（3）岗位津贴。上岗教职工享受的津贴。

（4）工龄津贴。按参加工作时间所享受的津贴。

（5）领导职务管理津贴。按新抚教发〔1995〕28号文件精神，学校领导享受的津贴。

（6）满勤奖。每月出满勤的教职工享受的资金。

（7）教学质量奖。每学期根据考评结果确定的奖金。

（8）贡献奖。为学校做出特殊贡献所获奖金。

4. 实施办法

（1）课时津贴。根据抚教发〔1995〕28号文件精神，班主任每周工作量定为14–18节，科任每周工作量定为16–20节。学校取下限，确定班主任每周按14节、科任每周按16节工作量计算。分别以班主任8节、科任10为基础课时，不计算课时津贴。班主任超8节以上，科任超10节以上的课时，计算课时津贴。课时津贴计算方法为：M×（周实际课时数–8或10）×4。（注：M为课时费，中高每节4.00元，小高每节3.00元。班主任减8.科任减10，每月按四周计算。代课被代课每节8.00元。公出不扣课时费。）

（2）班主任津贴。按班级管理质量，根据每月考评结果，分为一、二、三等，一等15元、二等10元、三等5元。

（3）岗位津贴。凡上岗人员按职务补贴（除7乘3部分）的50%计算岗位津贴。当事、病假超过两天时，再根据出勤天数平均计算。

（4）工龄津贴。按照个人参加工作年限计算每年补助1.50元。

（5）领导职务和管理津贴。病事假按教师平均工资每天扣除24元。

（6）满勤奖。上岗人员每月出满勤奖励50元，事、病假累计满8小时（1天）每天按每课节8元扣除，（早晨前两小时内不允许请假，特殊情况提前一天请假），当出现负数时按零计算。

（7）教学质量奖。教学质量内容的考核包括学校内部的一切教育教学活动每月确立考核项和考核点。按月根据考核结果，评为一等奖50元、二等奖40元、三等奖30元。

（8）贡献奖。为有才华、有能力、有奉献精神的教师设立，按贡献大小，根据学校财力，最低奖金30元，上不封顶，给予一次性奖励。

第五章　北台小学养成教育动态文化

校园文化活动是学校课堂教学的延伸性活动，是校园文化建设的动态文化。校园文化活动能够进一步深化教育教学改革，是全面实施、推进素质教育的一个重要体现。习近平总书记说："实践是提高本领的途径，学生的素质和本领直接影响着实现中国梦的进程……"小学生的实践是孕育在校园内外的活动中的。通过活动，他们能获得许多在课堂中学不到的知识、技能，有利于激发学生学习兴趣、发展个性特长，促进学生身心健康发展。北台小学正是通过开展丰富多彩的校园文化活动弥补了课堂教学的局限性，塑造着学生的性格、人格与品格。

第一节　校园活动的作用与意义

校园文化活动是物化形态学校文化的动态表现，又是观念形态校园文化的直观反映，校园文化活动的健康发展不仅发挥出独特的育人功能，也构成了学校环境的独特景观。小学生一天中的大部分时间，除按照课程规划规定的科目上课外，仍有许多课余时间由学生自由支配。小学生正处于发育阶段，他们精力充沛、活泼好动、富于幻想，对周围一切都感兴趣。但是，要想满足学生的求知欲和好奇心，仅靠通常为完成教学进度而设置的课堂教学是不够的，而校园活动恰恰就是对课堂教学的有力补充，其发挥的作用与意义更是深远、浑厚。

1. 全方位延伸教育功能。校园的文化活动可以扩大学生视野，丰富学生的文化生活，发展科学、历史、文艺、体育等多方面的兴趣才能，摒弃增强学生的自我教育能力和社会实践能力。如通过各类的社团，运用讲座、报告、展览、科研等形式,激发学生学习、创新的热情。小学的校园文化活动是课堂教学的必要延续补充,起作用不可替代。参与校园文化活动能使相当多的学生从中找到展示、表现、发展自我的领域,从而树立自信心和意志力。参与校园活动能够培养学生丰富的想象力,使想象力成为知识进化的源泉。

2. 拓展德育教育途径。学生的年龄、心理特点决定了他们喜欢从事各种活动,在活动中接受生动形象的思想品德教育,校园文化活动具有浓厚的文化气息,多种活动给学生提供了直接参与的机会,对学生具有较强的吸引力。北台小学养成教育中包含的传统文化素养熏陶和爱国主义素养熏陶,就可以通过举行升旗仪式、参观纪念馆等活动提升学生的思想认知。重大节日、纪念日是现实与历史的交汇点,具有政治文化意义,通过活动,可以使学生抚今追昔,聆听历史之旋律,了解社会的发展,知国耻、惜幸福,向一切先进人物学习,把过去、现在、未来连接起来养成关心时事、关心政治的好习惯,涵养出个人命运与祖国命运相联系的好思想、好品质。

3. 激发学生的创造精神。学生之间存在着不同的个性差异,而校园文化活动具有的多样性和灵活性的特点可以根据学生兴趣爱好自主选择。强调自主、自给、自理,强调发挥学生的个性和特长,才能培养出具有独立活动能力和创造精神的符合复兴之志的新型人才。北台小学通过各种比赛、欣赏、表演活动,使学生感受美、欣赏美、体现美,进而创造美的能力,增进艺术才干,形成健康人格;通过经常性的体育锻炼、竞技比赛,增强学生体格培养,激发学生勇气;通过社会调查、社会服务促进学生思想品德、专业学习、能力和个性诸方面的发展。

4. 强化积极向上的意志品质。中华民族伟大复兴的中国梦对我们的下一代提出了新的要求,未来的他们不仅是各个专业门类的顶尖人才,还应该是"神通广大"的社会活动家,要有挑战自我抗击压力与挫折的勇气与行动。参与校园活动,将大大地拓展了学生的社会活动面、社会知识面和社会交际面,学生可以从中得到社会活动能力的训练,形成积极向上的意志品质,为将来迈入社会奠定基础。

此外,校园活动是学生之间、师生之间有了相互接触、了解的机会和场所,在共同相处、交往和交流中增强了自我批评和自我发展的能力,相互感染、相互补充,从而完善了各自的人格。

第二节　多彩的校园活动

校园文化活动的丰富程度和质量水平是衡量学校减负后是否进行能量转换的重要标志。各项研究表明，现在的小学生课余生活单一，仍以学习为主，自由活动时间较少，同伴间的互动也较少。"减负"后，学生自主支配的时间明显多了，却又容易被网络、游戏、影视剧等充斥其中，如何让他们的课余生活更加充实而富有意义？北台小学调动各方面的有效途径，开展了丰富多彩的特色校园活动来推动学校文化的健康发展，提高了学校减负工作的整体效益。

1. 感恩活动

品味幸福快乐，营造感恩氛围；践行提升感悟，内化行为习惯。幸福是自我的一种感受和体验。保持对生活方式充满感恩的良好心态，在家人平凡琐碎的关怀中，体验家庭的温暖；在班级集体中感受来自师生的关爱。也就是说，在对美好和谐的社会心存期盼之时，更需要首先倡导一种感恩之心地树立。只有有了感恩之心，才会做出感恩的行动，并因此形成一种良好的社会善良的生态。在这种生态氛围熏陶滋养下，才能期待社会整体爱心环境的形成。北台小学就是这样一所努力创设环境，让学生感受幸福、快乐，丰富体验，培养学生的感恩情怀的巴学园。

（1）感恩阵地

走进北台小学的校门映入眼帘的最醒目的就是那面感恩墙。一直以来，同学、老师们自发展示他们的感恩情怀，那里成了学校对学生进行感恩教育的一个窗口，一面特色的文化墙。

（2）感恩指南

"感恩父母，因为他们悉心的呵护，让我们健康成长；感恩我们的师长，因为他们不倦的教诲，让我们学会思考；感恩我们的朋友，因为是他们的友情，让我们看到希望与阳光……"感恩的角度是多元的，学校以自助套餐的形式为队员提供了可供选择的三个方向性的感恩作业。引导学生以邮寄的方式定期为自己的父母、亲人、朋友、伙伴制作感恩卡、写感恩信。他们在写信的过程中进行了自我反思，完成了自我教育。六年级一班的康乐在给奶奶的信中这样写道："奶奶，这么多年来，您为我做的太多了，但我却一直很任性，不乖。因此，我要向您道歉。在父母身在异地时，您曾拥抱了我10年。感谢您这位爱我陪我的人。而今虽不能日日与您相拥，但我会把从您身上得到的与人为善、与人为亲传递给爸爸、妈妈，传递给我周围需要关爱的所有的人。"

（3）感恩储蓄

积少成多，从量变到质变，这是事物发展的规律。感恩情怀也需要感恩行动的积累。学校设计的感恩行动储蓄卡引导着学生积蓄真情与关爱，改变着学生的情感世界观。在感恩行动储蓄卡中，我们为孩子们设计了丰富的储值项目：①我是贴心小暖宝：陪爷爷奶奶聊天，每天二十分钟；②我是社区一分子：扮演社区服务员、社区园艺师、社区宣传员为社区服务，一月两次；③我是爸妈小助手：扮演家庭小管家，挑起购物、做饭、收拾卫生等家务劳动。④我是爱心小天使：走进社区敬老院、福利院为需要关爱的人送去温暖。学生也可以自行设计行动方案，将落实的行动填进"储蓄卡"，通过与学校、家庭、社区、社会的互动评价，积累出感恩他人回报他人的好习惯。

（4）感动评选

进行"感动北台"人物评选活动是北台小学感恩教育中的又一特色活动。在"感动北台"的榜样人物评选活动中，学校分别设置了"感动北台的好教职工""感动北台的好家长"和"感动北台的好学生"三个奖项，并在循序渐进和注重实效的过程中，提高了活动的教育质量。目的是让每位北台人更加能够体味他人的关爱与付出，弘扬真善美的高尚道德情操，进而折射出北台人高尚的精神世界，打造出北台人强大的精神力量，促进师生、家长情感世界的共同成长。

为了增强活动的实效性和突出连续性，本次活动分为三部分进行：

①评审阶段：围绕"感动北台的好家长""感动北台的好学生""感动北台的好教工"公示评审条件，以推荐和自荐的形式开展申报工作。学校评审组要对上报事迹进行深入调查考核后，确立候选人，并在北台小学校园网站上公布候选人名单和事迹材料。学校采编组整理候选人的事迹材料，并把它真实、生动地呈现在了校刊《源》上，供全校师生详细阅读、全面了解。

②票选阶段：下发活动投票，进行学生、家长全员共同参与的投票活动。少先队组织学生代表对投票结果进行现场统计，进而产生10位感动北台好教工、10位感动北台好学生、10位感动北台好家长。

③颁奖活动：筹备颁奖晚会，排练文艺节目，通过一支专业晚会设计团队的打造，隆重举办颁奖典礼。颁奖活动中，以人物的视频事迹展演、现场采访演说、剧情表演等多种形式，将活动推向一个又一个层出不穷的小高潮，并诠释出北台人崇尚奉献、忘我、坚韧、执着、仁爱、乐观、智慧、好学、孝敬、

友善的行为习惯素养和道德情操境界。

北台小学校训中提出：良好习惯自觉养成。北台小学用活动激励着学生快乐地坚持感恩行动。

2. 环保活动

2007年，教育部下发了《关于开展节能减排学校行动》的文件通知，当"节能"还不为人们所熟知时，当"减碳"还是个陌生的名词时，学校就已经认识了对学生开展"节能减碳"教育活动的重要意义，并把它纳入到学校的特色活动中。

（1）活动依据与目标

全球气候变暖是今天世界各国面临的共同挑战。降低能源消耗，减少温室气体排放量不仅是一个环境层面和技术问题，还是一个复杂的经济问题、社会问题和国际关系问题。2007年9月，国家发改委会同中宣部、教育部、科技部、共青团中央、环保部等部委共同制定了《节能减排全民行动实施方案》（本文简称《方案》）。《方案》强调青少年是推动节能减排工作的重要力量，要充分发挥青少年的积极性和创造力，动员全国广大青少年的积极参与。因此，学校将节能减碳活动定位为"重体验，求实效"上，并赋予绿色教育活动新的内涵与思路，提出了打造节能减碳校园文化品牌的总体目标，营造节能减碳教育环境、构建和谐的节能减碳教育文化、开展节能减碳教育体验、全面进行节能减碳教育管理。"北台小学节能减碳拉手行动"旨在推动学生从自然、社会、经济、技术等多维度去关注节能减排问题，增强学生的合作探究能力、可持续发展意识和社会责任感，树立节能环保的观念，关注生活中的节约方式，学习和寻找节能的窍门和方法。引导学生探究"节能减碳"方式，开展节能系列知识普及宣传等活动，展示学校在"节能减碳"领域的发明创造和科技实践活动，推动环境友好的"节能减碳"校园文化建设，同时，对更多社会利益相关群体产生影响，推动全民"节能减碳"行动。

（2）活动方法与过程

学校充分发挥少先队组织体系完整和联系广泛的优势，将减碳活动课程化、趣味化、实践化、社会化，动员组织学生以积极的姿态、科学的认知，投入到日常生活的节能减碳之中。使学生在能够用自身行动影响他人，用知识认知影响生活，使他们了解生态文明，并自觉成为生态文明的受益者和建设者。

节能减排的主要活动包括：

①加强节能减排教育。学校首先充分利用小蓓蕾电台、电视台制作节目，从宣传减碳常识、疏导减碳误区、树立节能意识等多个角度宣传和引导师生投入到"节能减碳"的行列中来。同时，创建红领巾基地，完善环保宣讲团。充分利用这两个学生团体来做活话筒，定期举办宣讲活动。从而将"节能减碳"思想深化人心。其次，充分发挥班队会的渠道，开展"节能减碳"为主题的班队会。有效利用班会及队会课的教育媒介，丰富对自然环境的进一步了解，熟悉目前生态环境面临的实际问题，了解科学的减碳常识，掌握"节能减碳"的基本做法。

②提高节能减排能力。学校主要采用实践探究活动从学生、教师、少先队三个角度切入，并以"健康节能、注重实效"的理念为核心，把关注学生日常行为作为了活动的窗口。在美术教师的指导策划下，全校两千多名学生全员参与的"走进春天"大型节能减碳画展；在科学教师的指导下学生自愿报名进行开展节能减碳课题研究活动，每次活动上交的小论文和小调查报告达千余份；在综合教师的指导下，在学生中推广习惯性的使用"BP碳排放量计算器"用来计算、修正自己和家庭的碳排放量，进行自身的计划性减排行动。

③强化节能减排实践。学校组织开展的"关灯一小时"活动、"公交步行日"活动，中队组织的"城市水样调查""城市车辆调查"等活动，把探究调查、节能实践、对比结果等系统的联系在一起，推动了活动的实效意义。

④培育节能减排文化。学校开展节能减排志愿者活动成立学生宣传社团，组织并开展的环保讲堂定期面向全体学生展开。以学生为主角的节能减排课外讲堂从多方面选材，由学生自主设计，用学生的口，讲述身边的事，用学生的思想唤醒周遭的伙伴。随手关灯，不用电器时要关掉电源，使用26℃空调，循环用水，节约用纸，出门乘坐公共汽车等细节行为正逐渐催生成一种生活的文化态度。

3. 体艺活动

北台小学在几十年养成教育实践过程中，深深领悟到艺术教育对于立德树人具有独特而重要的作用。学校艺术教育是实施美育的最主要的途径和内容。艺术教育能够培养学生感受美、表现美、鉴赏美、创造美的能力，引领学生树立正确的审美观念，陶冶高尚的道德情操，培养深厚的民族情感，激发想象力和创新意识，促进学生的全面发展和健康成长。落实立德树人的根本任务，实现改进美育教学，提高学生审美和人文素养的目标，学校艺术教育承担着重要的使命和责任。遵循"全面育人，特色办学"的理念，北台人提出了"身体是载智之舟，艺术涵养品性"的教育信条，以硬件建设为重点，以强化管理为着力点，以习惯养成为突破口，将体育与艺术教育融入学校教育全过程中。

（1）校园"三大节"活动

为使体艺活动真正地落实到实处，高质量的进行，北台小学认真制订体艺活动方案，除了在时间和课程计划给予保障以外，结合学校数年来坚持举办的校园体育节、艺术节、科技节，提升师生参与活动的积极性，加大对学生喜闻乐见的体艺特长培训、指导、训练，不断丰富特色学校的内涵。

艺术节在每年的5月底，包括声乐、器乐、舞蹈、合唱、课本剧、曲艺、主持人大赛等多个专场的比赛，通过全校性的海选挑选出优秀节目参加六一文艺汇演；美术学科选在六一儿童节和元旦期间开展主题活动，内容包括绘画、书法、剪纸、手工制作等。科技节在每年的4月份举行，赛事涵盖车模、建模、航模飞机模型竞赛等多个项目，并举办各项培训和知识讲座。

2011年七一前夕，作为给党的第九十个生日的最好献礼，北台小学策划了建校以来最大规模的文艺汇报演出，以视频、颁奖和文艺展演相结合的方式，全方位展示北台小学的感恩教育成果。同年，我们举行了校园合唱节比赛，2012年又举行了"北台好声音"比赛，评选出校园十佳；2013年6月，在校内举行了"舞动缤纷梦想 放飞多彩童年"舞林大会，全校42个班级全员参加，经过初赛，19个班级节目入围决赛，多样的舞种、曼妙的舞姿、精彩的演绎赢得与会领导的盛赞，视频资料成为家长们的珍藏；10月28日，校园乐手比赛如期举行，活动分为键盘组、民乐组、管弦乐组，来自南北台两校97名选手角逐了校园十佳、一、二等奖。同时，每学期还举办一次美术书画作品展，艺术学科的展示不仅为孩子们搭建了展示艺术的平台，也培养了学生追求艺术特长的习惯。

（2）优质大课间活动

每天锻炼一小时，幸福生活一辈子，北台小学时刻牢记教育部关于学生体育锻炼的要求，以省级科研课题"大课间活动的探索与研究"为切入点，有效开展大课间活动，保障学生充足的体育锻炼时间。从2009年至2011年，学校全年8个月实施每日两操制，即早操20分钟和间操40分钟。每年12月和3月考虑天气原因只开设40分钟间操，将另外的20分钟调整到下午2：50—3：10，

2012年开始实行上下午两次大课间，上午50分钟，下午25分钟共计一小时十五分钟的活动时间，丝毫未因天气原因减少一分钟的锻炼时间。我校的两次间操除了完成国家规定的广播体操和集体舞外，还自编了一套球操，同时，增设了基本体能训练和班级特色活动环节，不断强化学生的运动兴趣，提高学生体能。

体育竞赛活动是对体育教学工作实效性的最好检验。学校因地制宜，因陋就简，小型多样地开展体育竞赛活动，每学年举办两次大型校园体育节，即春季到雷锋体育场的综合性运动会和秋季校内的足、篮球联赛。每学期举行两项团体体育赛事，如跳大绳比赛、汇操比赛、队列比赛、拔河比赛、冬季队列长跑比赛，每学期羽毛球、跳绳、踢毽的个人擂台赛也异彩纷呈。这些活动的开展锻炼了学生的身体素质，活跃了学生的在校生活，使校园充满了勃勃生机。本校学生曾多次在市、区拔河比赛、跳绳、足球、篮球比赛中获得冠军。

（3）普及足、篮球运动

2010年，国家提出实施"2+1"工程，学校详细解读文件精神，审视自身条件，确定了普及踢毽和跳绳为学生体育两项技能项目，并确定声乐为音乐普及项目。每学期围绕四方面实践：一是每天间操前进行一分钟跳绳训练，每节体育课最后举行一次性踢毽训练，坚持普及；二是每天布置家庭体育作业，继续完成一分钟定额跳绳和定额踢毽，巩固运动技巧；三是每班每月分别进行一次技能竞赛或展示，总结学生常规训练情况，鼓励学生确立新目标；四是每学期学校举行一次擂台赛，促进学生技能的提高。系列活动的渲染，营造了良好的校园运动氛围，激发学生参与热情，使孩子体验到运动的快乐。今年我校又进行了项目的改革，将体育的两项技能更改为1—3年足球，4—6年篮球，受到学生的普遍欢迎，学生的运动激情再次燃起。

体育养身，艺术养心。享受诗意人生是北台师生永远的追求，相信我们，在今后工作中，会加大探索与实践的脚步，让体育与艺术并蒂花开，吟唱出人生最美妙的旋律。

综上所述，校园活动的内容是丰富多彩、形式多样的，其作用和意义是不可低估和巨大的。只要我们把握好校园活动的管理策略，就会促进和提高小学生德、智、体、美、劳的全面发展。只要我们把校园活动与课堂教育一起抓，并且认真地去执行，我们培养出来的学生一定不会是高分低能的书呆子。

第三节　有趣的社团活动

1. 什么是学校社团活动

学校社团活动就是在校园里，由学校组织举办的面向全校师生涉及艺术、科技、体育、素质拓展活动及其他相关活动。校园活动的组织者可以是学校各级组织，但特点必须是面向全校师生，并在全校产生一定的影响。

2. 学校社团活动的作用

学校社团，作为校园文化建设的一个重要组成部分，不但能丰富校园文化，形成良好的校园文化氛围，而且能够活跃师生校园生活，培养自主学习的习惯和自我发展的能力，引导学生树立正确的价值取向和发展目标，增进集体意识，提高道德素养，培养全面发展的社会主义建设者和接班人。

学校社团活动服从并服务于学校的中心工作，为丰富学生课余生活服务，为推动学校校园文化建设的发展服务，为提高广大学生综合素质能力的需要服务。

（1）学生社团对丰富校园文化的作用

校园文化是以学生为主体，以课外文化活动为主要内容，以校园为主要空间，以校园精神为主要特征的一种群体文化。学生课余生活中一切以群体形式出现的文化活动，如合唱团、乐团、诗社、棋牌俱乐部、书社、文学社等社团活动。因此，能够看出学生社团是校园文化建设的不可缺少的组成部分。

学生社团是学生学习的第二课堂，是校园里一朵朵瑰丽的鲜花，它们的形成发展对营造校园的文化氛围，丰富校园文化有着重要的作用。体育类社团有鲜明的群众性特征，组织形式灵活，内容方法多样，学生通过丰富的体育实践活动培养学生体育精神、体育意识和体育素养，从而体验体育文化的魅力。艺术类社团花样繁多，艺术是文化的重要组成部分，是人类宝贵的精神文化遗产和智慧的结晶，艺术类社团的活动能增进学生对世界艺术文化丰富性和多样性的认识和理解，促进人际交往、情感沟通及和谐社会的构建。科技类社团通过科学实验、创新发明等活动让学生懂得人类发展到今天，科学的作用越来越举足轻重，如果没有科技的进步，哪会有今天人类物质文明和精神文明的高度发展，科技的进步关键在于创新。创新是一个民族进步的灵魂，是一个国家发展的不竭动力，如果没有科技的进步，哪会有我们祖国的繁荣昌盛和稳定，科技的进步会大大促进人类的发展。爱心服务类社团在不断传递社会关爱的"正能量"。所有这些社团都会使全校师生身处一种浓厚的"文化场"中，潜移默化地受到了文化的熏陶和感染。

（2）学生社团在学生核心素养培养中的作用

①社团对学生提高道德情操、健全人格起到了潜移默化的作用

优秀的社团能吸引学生积极加入社团并乐于参与社团的活动，认同社团的管理，与社团里的同学老师和谐共处。在社团活动的过程中提高他们的沟通、交际能力。培养学生良好的行为习惯和宽容理解、互相尊重、共同合作的意识，增强集体主义精神。在活动中养成健康向上的生活情趣，从而受到高尚情操的陶冶。

②社团活动能够帮助学生开阔视野、完善知识结构

人的视野开阔，知识面广头脑就比较灵活，学生社团包括了诸多的类别，每个类别都包含了广博的知识和技能。学生根据个人的兴趣爱好参加一个适合自己的社团，可以对自身知识结构的完善起到了重要的作用。每个社团学员自身都有其所长，在社团这样一个具有较强性的组织中，在与同学的交往中会感受到不同的思维方式、不同的学习方式和知识背景，这样交叉的相互影响将使每一个社团学生从中受益。

③社团活动能够促进学生形成一定的技艺、技能

学生加入某一社团，在发展自身爱好的同时，也能够从中学习某一方面的技艺和技能，在实践活动和展示过程中，获得较强的自我认同感，增强了自信心。比如参加合唱团可以提高学生的演唱能力、表演能力和听辨音准、节奏及视唱的能力，同时，在各级各类表演活动中能培养学生集体意识和合作能力，培养其演唱的自信心。如体育类社团活动能够增强学生体质，了解锻炼身体的知识和技能，提高学生运动技术水平。

3. 小学社团活动分类

（1）体育类团体：校足球队、篮球队、田径队、健美操队、花式跳绳队、轮滑队、踢毽子队、羽毛球队、乒乓球队，另外，还有特色体育类活动队，如武术队、跆拳道队、抖空竹队、独轮车队、腰鼓队等团体。体育类社团不但种类丰富多样，而且社团的活动形式更是异彩纷呈，比如各级各类的学生运动会、学生趣味运动会、球赛、健美操比赛、体育表演等等体育类活动。

（2）文化艺术类团体：文化艺术类社团很多，音乐舞蹈艺术方面，如学校的合唱队、管弦乐队、古筝队、管乐团、民乐团、打击乐团、舞蹈队、拉丁舞

团、爵士舞团、曲艺表演团等。美术方面，如动漫画活动组、中国画活动组、书法组、泥塑组、线描画组、剪纸手工制作组、素描组等。其他艺术活动方面，有话剧表演团、诗社、书社、小记者团等。文化艺术活动种类众多，如国家级、省级、市区级、校级的合唱节、舞蹈节、器乐比赛、小歌手比赛、小乐手比赛，朗诵比赛、画展等活动。目前，一些学校还为一部分有艺术专长的学生们举办个人专场表演，如个人美术作品展、个人声乐专场表演、个人器乐专场表演等。

（3）科技类团体：观察实验组、设计制作组、发明创作活动组等。在小学阶段科技类社团活动是丰富多彩的。例如：模型拼装比赛、变废为宝创作大赛、小小建筑师—用纸建房屋比赛、绿色环保调查报告评比、创新小发明比赛、科技幻想画比赛、七巧板比赛、科学展示板比赛、航模比赛、车模比赛、自制风筝比赛、自制乐器比赛、自制模型比赛等等活动。

（4）其他类团体：现在学校社团活动越来越受家长和社会重视，为了更适应学生个性爱好的发展需求，一些新兴的社团组织也层出不穷，比如学生拓展活动小组、社会调查活动小组、保护动物组织、棋牌社、爱心奉献组织等。

4. 北台小学学生社团发展的现状

（1）从学生社团的数量和人数、类别来看，北台小学学生社团发展的速度是较快的，参与社团活动人数较多，社团种类涉及体育、艺术、科技、读书、爱心组织、拓展实践等多个领域，基本形成了"百花齐放，百家争鸣"的繁荣局面。

截至2018年11月，北台小学的学生社团共有20个，所有社团成员总人数已经达到1000名，占全校总人数的50%以上。社团种类也从早年的合唱队、舞蹈队、器乐队、田径队、美术活动小组等艺体社团发展形成到今天的种类繁多的团体。这些团体是：享乐乐团、小提琴队、萨克斯队、冰之韵合唱团、炫舞舞蹈团、拉丁舞团、点墨画室动漫画组、素描小组、书法小组、足球队、篮球队、跳绳队、健美操队、田径队、七巧板活动组、四驱车活动组、航模组、建模组、机器人小组、文学社、保护黑熊环保组织。北台小学的社团组织呈现出百花齐放的繁荣局面。特别是科技类社团和爱心志愿类社团以及拓展实践类社团越来越受到学生们的喜爱，参与的人数也逐年呈上升趋势。这意味着随着教育改革的不断深入，以及素质教育的全面推进，学生社团的数量和社团活动都呈现蓬勃发展的势头。

（2）从学生社团制度建设来看，北台小学社团的管理已经列入了学校常规管理之中，学校将社团的活动纳入了学校的工作计划，计入社团负责人的工作量，并在场地、设备、经费等方面提供支持和保证。良好的管理给予了社团进一步发展的更大保障。学校的20个社团，都有自己的管理条例，活动方案和活动总结。每个社团都有自己的指导教师，个别专业性较强的团队，还面向社会招聘了专职的指导教师，这对于提升社团活动的层次和社团活动的质量都起到了非常重要的作用。许多社团由于吸纳的成员数量有限，还指定了班主任推荐、指导教师选拔的办法。各有关职能部门以及社团内部负责人各尽其职，分工负责。学校由教学校长和教导处专人负责学校社团的宏观管理，定期对社团进行活动检查，负责调控各社团的活动时间、地点，与社团负责人共同协商社团大型活动的组织与策划工作。比如少先队活动日，组织歌咏比赛、文艺汇演、体育节、环保日、画展、爱心捐献、科技节等活动。北台小学随着社团管理制度以及条例的日渐完善，推动了社团建设向着制度化和规范化方向发展，使学校社团管理水平迈上了新台阶。

（3）北台小学社团活动方案范例。

抚顺市北台小学校园科技节活动方案

在科技高速发展的新时代，早日把学生培养成科技型人才，是时代赋予学校重要的使命。科技教育关系到一个学生的发展变化，科技教育应该作为学校教育中的一个重要组成部分。如果科技教育进行好，并且学生也学得很投入的话，良好的科技教育可以让学生的求知欲常青不败。这就对科技教育提出了更高的要求而科技教育资源的利用又起到了举足轻重的作用，离开教育资源，教育就像无本之木。为了更好地开发学校的科技教育资源，我们开展校园科技节活动。

活动目的：21世纪科学技术迅猛发展，世界各国的综合实力越来越体现在科技和教育水平的不断发展，取决于国民科技文化素质的迅速提高。科学思想、科学精神越来越广泛和深刻地影响着人民的世界观与人生观，培养学生具有科学素养就显得极为重要。为了提高学生对科学的兴趣，学校每学期准备开展丰富多彩的科技活动，这些活动以在少年儿童中弘扬科学精神、传播科学思想、普及科学知识、倡导科学方法为宗旨。通过丰富多彩的校园科技活动，全面培养学生们科学思维方式，开发少年儿童创造发明能力，提高动手能力，帮助同学们树立科学意识，主动地关注科学，主动地做科学，玩科学，使学生们科学就在我们的身边。

活动项目：本次活动由六项科技活动组成：科技新书推荐、创新小发明图纸设计比赛、争做环境小卫士活动、科学幻想画比赛、七巧板比赛、科技展板比赛。（略）

5. 当前学校社团活动存在的问题

（1）当社团活动与班级工作安排发生冲突时，个别班主任老师对学生参加活动干涉较多，不希望学生因为参加活动而影响到班级整体安排。特别是学生在学业上没有达到班主任老师和家长期望值的时候，就找到指导教师要求辞退学生，或者当指导教师找到班主任老师表示要重用某个孩子的时候遭到班主任老师的直接拒绝。

（2）社团指导教师在活动设计上没有吸引学生的新内容，有的指导教师只是为了应付学校工作，有的教师则是因为自身专业水平有限，无法达到持续提升社团学生的活动质量，学生在活动中重复着老一套的内容，久而久之，对社团活动失去了最初的激情和兴趣，导致社团成员逐渐流失，社团活动无法持续开展。

（3）一些家长对学校社团活动认识不足，把学生的社团活动当成了课后免费的看护班，家长的想法灌输给了学生，因此，导致了学生想来就来，不想来就不来，给指导教师管理工作造成了很多麻烦。

（4）一些专业性较强的社团，所需要的指导教师也要有其较强的专业知识和专业技能，仅仅靠学校的师资力量来承担这些社团的指导任务是远远不够的，这就需要学校投入资金来聘请社会的教师资源来充实社团活动的指导工作，然而学校在外请教师的经费上还很欠缺，因此，也影响了学校社团活动的发展和进步。比如，北台小学的管弦乐团，指导教师是本校老师，他个人擅长小提琴，因此，他指导弦乐是没有问题的，打击乐和键盘乐本校老师也能够指导，但是管乐部分就指导不了，需要分别聘请木管乐器指导教师和铜管乐器指导教师，然而这部分经费学校承担就有困难，这就给乐团的发展造成了一定的影响。

6. 学生社团未来发展趋势

据网上资料显示，美国校园文化主要通过社团体现，其社团类型和内容丰富，其中，运动、娱乐、表演三类社团占全部数量的1/6还多。美国学校校园文化的研究，为北台小学校园文化和社团建设的蓬勃发展提供一定的参考和借鉴。

（1）根据中国小学生体质健康调查结果分析，学生的体质现状不容乐观，部分体能指标呈下降趋势，超重及肥胖检出率呈上升趋势，近视发生率呈上升趋势。究其原因主要由于学生课业负担重，缺乏充足的运动时间。学校有责任也有义务通过多种渠道培养学生的体育锻炼习惯，激发学生体育锻炼的兴趣，满足学生对各种类体育运动的爱好需求。目前，北台小学的体育类社团的种类还不能满足学生的需求，学校教师要开动脑筋，利用学校的硬件资源和教师资源开发适合小学生特点的体育类社团活动。

（2）科技类社团活动倍受学生的喜爱，但由于场地有限、学校资金有限，实验器材、模型材料用品不足，还不能满足广大学生的需求，因此，学校还要尽可能地加大对学生社团活动经费的投入。

（3）学校社团建设的师资力量和资金保障，仅靠学校来承担是远远不够的，这就需要政府投入资金、场地、设施。在师资方面不能仅依靠本校教师资源，需要开发社会资源，挖掘广大家长资源，聘请有特长、有才能的家长作为学校社团活动的指导教师，拓展学校的社团活动内容，让学校社团真正成为学生们完善自我、认识世界的大课堂。

由此看来，学校文化涵盖了学校方方面面，每一项工作都是文化的体现，都能做出文化的味道来。而在这些文化中，最重要的是学校的精神文化，它是学校所有工作的核心，它是隐形的，是师生共同追求的一种理想的生活状态和生活方式。

第二篇　学校队伍建设

　　队伍建设顾名思义就是培养一个有共同目标的团队，是一种通过成员之间高度积极、自觉的协作来实现队伍统一目标的组织形态。队伍建设由人员、目标、互动、信任、合作、自愿和能力七个核心要素组成。凝聚队伍合力、打造优秀执行力、建立团队归属感是队伍建设的根本任务。人员是队伍组织中最根本的要素，人员素养是队伍发展的内驱力；目标则是将队伍成员的努力聚合在一起的因素，目标凝聚是队伍发展的润滑剂；互动是人与人之间通过信息交流或以其他的交换方式进行的相互作用的过程，互动沟通是队伍发展的速递卡，在互动过程中，人们交换信息、物质、能量、情感，相互影响，互动可能是竞争性的，也可能是合作性的；信任是成员间相信而敢于托付的情感，信任情感是队伍发展的精神支柱；合作就是成员们为达到共同目的，彼此相互配合的一种联合行动、方式，合作融洽是队伍发展的助推器。拥有一支凝聚力强、合作程度高、成员奉献意识强的队伍是高效团队的标志。

　　学校是一个按照一定的程序、有一定的场所和时程，专门用来教育特定对象人民，传授知识和价值体系的地方。从学习者的观点看，学校也是专门用来学习的地方，具有培养中国公民素质的教育特征。学校队伍建设有别其他属性的队伍建设，既要关注每个接受教育的学生个体成长需求，又要关注承载教育使命的教师工作的幸福度以及给予生命关怀的学生父母育子的成才梦想。因此，学校队伍建设的理想境界是精良与精诚，学校队伍建设的理想目标是和顺与和美。

　　北台小学的队伍建设传承养成教育特色，以人文的视野和科学的管理来促进学校队伍的可持续发展。依据成员构成，围绕干部队伍建设、教师队伍建设、家长队伍建设三方面全方位塑造队伍素质。干部队伍建设彰显决策功能和指挥作用，侧重目标为提升干部领导力；教师队伍建设诠释教书育人境界与专业水准，侧重目标为涵养良好专业习惯；家长学校建设凸显家庭教育有效育子策略，侧重目标为学生父母的家教技巧。北台小学系统网络化的队伍建设模式促进了学校教育的良性发展，形成了办学特色，积淀出有利于学校可持续发展的途径和方法。

第一章 领导团队建设

领导力是以个人的人格魅力为基础，以法定的领导职权为条件，对周围的环境、组织的发展和组织成员的成长所产生的一种影响力。领导力是由领导者、追随者、情境和共同目标这四个要素联结在一起所体现的影响力。在学校里，作为学校的重要组织资源和核心竞争力的学校领导力是指学校领导团队，通过一系列外在行为相互协调整合而形成的服务于学校组织目标、确保领导过程顺畅运行的影响力。它具有逐步生成、不断内化的动态特征，能够发挥导向、凝聚、规范、辐射功能。学校领导力直接关系到学校的生存、发展与成功。包含学校管理者办学理念、办学思想、育人目标、学识、人格、情感、意志等综合素质。从策略上看，学校领导力的构建与提升依赖于校长领导能力的提高、领导团队结构的优化、学校管理制度的调整，以及良好组织氛围的营造。

第一节 学校领导力的内涵与功能

一、学校领导力是领导团队的合力、整体动力和影响力

我国中小学所实行的管理体制是校长负责制，即学校工作由校长统一领导和全面负责。长期以来，校长被理解为"一校之长"，甚至是"学校师生的家长"，掌控学校的一切决策，主宰学校的命运。然而，校长负责制不同于"一长制"，校长的决策权只能是在广泛听取"民意"的基础之上把大家的意见集中起来，行使"拍板"的权力，而非"独断专行"。校长负责制必须以民主集中制为基础，通过学校领导团队的分工协作、群策群力才能使校长负责制成为一种完整的体系。对于一所学校的发展来说，能否形成一个为了达成共同目

标、彼此分工协作而又相互依存的领导团队具有重要的意义。由此可见，学校领导力不是单独的个人力量，而是在学校管理体制中产生的合力，是在学校领导团队形成协调一致的凝聚状态中发挥出的整体动力和影响力。因此，学校领导力是在学校组织中，按照校长负责制为主导的领导团队，通过一系列外在行为相互协调整合而形成的服务于学校组织目标、确保领导过程顺畅运行的影响力，具有逐步生成、不断内化的动态特征。

二、学校领导力的导向、凝聚、规范执行和辐射感染功能

1.校长的导向功能

校长对内要对学校进行行政领导和管理，对外代表整个学校。校长在学校中扮演教育者的角色，要具有教育者的情怀，不断探索教育规律，坚持育人为本的教育精神；校长是学校管理者，需要对学校全方位实施科学管理，使之成为合格、规范的学校；校长还是学校建设的领导者，为学校建设提供各项服务，引领学校向着正确的方向发展。

作为学校的领导核心，校长的教育思想、民主意识、团队协作态度直接影响着学校发展的方向。校长的领导能力体现在对学校师生的影响力上，学校中的人都会在不同程度上受到这股无形力量的支配，对学校师生的行为具有导向作用。这种影响力既包含国家和上级教育主管部门授予校长在职务上的责任与权利的刚性影响力，也包含来源于校长的个人品质、知识结构、个性特点、交往方式等方面的柔性影响力，使人们心目中产生一种潜在的说服力，自觉服从和认同组织意志，从而把组织意志转变为人们自觉的行动。

北台小学郑霞校长颇具人格魅力，她拥有聪慧、勤奋、孜孜不倦的精神。这种精神升华为一种文化，引领教师们执着于专业的历练和高尚的职业操守。管理中她倡导不提供"压力场"，用心营造"凝聚力场"，不用行政命令"要你做"，精心引导"我要做"。她演绎的《做风车的故事》《詹天佑》《假如》《一夜的工作》《火烧云》等精彩课例令老师们折服，并从中品味了校长的专业精神，她带头参加基本功竞赛七次，六次获得一等奖，是迄今抚顺市唯一的参赛最多的选手，无数次的荣誉不仅见证了郑校长丰厚的专业底蕴，更是校长精神文化的价值导向。

2.领导团队的凝聚功能

组织群体领导或工作团队领导已成为国外领导理论和研究中最普遍和发展

最快的领域之一，一个组织、一所学校要步入良性发展轨道，必须要有稳定持续的内部合力，这就需要成员具有强烈的归属感和责任感。内部合力的形成有赖于分权、民主决策、参与式管理等方式的推进，进而提高管理效能。团体动力学理论认为，当团队的内聚力增加时，其内在的动力性也在增加。内聚力强的团队对其成员有着较强的影响力，可以最大限度地唤醒每位员工的潜能，实现对人的主观能动性的激发和调动。因为在内聚力强的团队中，团队成员更加倾向于接受其团队的目标、团队的决策和团队的规范等。内聚力强的团队产生的凝聚功能使团队成员团结在群体的目标之下，减少内部摩擦，从而使团队具有高度整体性和战斗力。

北台小学领导团队是一支乐观、上进、执行力强的团队，成员分工明确，职责到位。他们各尽其责，讲究方法，使得学校工作政令畅通，有条不紊。乐于思考、敢于超越是班子成员精神的诠释。他们愿意与书为伴，乐此不疲地汲取知识，积极做好示范，竭力用自己的言行引领教师们涵养教育智慧，砥砺内功，点燃教师工作热情，让每位教师快乐地走好专业发展之路。工作中善于讲究方法，不循规蹈矩，习惯反思并加以总结，勇于超越创新，另辟蹊径，探求学校教学的可持续发展。六年来，班子成员秉持先进的管理理念，创造性开展工作，率先在全市进行"活页作业改革"，此项经验在市级介绍得到推广。"备课制度的改革""教师撰写教学反思""教师专业发展手册""骨干教师评价标准""教师流程量化考核""艺术学科活动制""经典文章推荐品读""期末奖项评比办法"等改革举措，更彰显她们独特的视角，为学校教师队伍的业务素质提升找到了最佳的渠道。优化资源，让教师不仅习惯坚持职业操守，更关注育人的工作，享受育人、享受教书、享受专业发展是北台小学教师的时尚追求，快乐的教师融入智慧激情，演绎成北台每一个充满活力的课堂。

3. 学校组织制度的规范执行功能

"制度由各种认知性的、规范性的和调节性的结构和活动组成，它们为社会行为提供了稳定性和意义。"学校组织是一个多层次、多结构、多因素的复杂综合体，必须通过有序合理的规章制度才能使综合体中的每一个成员产生一致的行动，形成合力，实现教育教学的最优化。但无论一项制度有多完美，如果缺乏执行力也只能是一纸空文，因此就必须严格贯彻和认真执行组织制度，通过一以贯之的执行使学校成员对组织制度进行长期的认知，并不断规范和调节个人行为，最终产生行动上的自觉性。规范执行主要表现为：将决策转化为操作，将计划转化为行动，将目标转化为任务。主要包括：上传下达，对上级的决策政策法规等的执行、贯彻落实；对学校各种决策、各种规章制度的执行，做到有法可依、依法治校、依法治教；要有"多维整合的工作能力"，对于突发事件果断决策的能力。

北台小学始终坚守规范办学，制定了一系列的规章制度，例如：学校职工提案答疑制度、重大活动审议制度、教学常规管理制度、教师流程量化考核制度等。学校每项决策、管理、活动严格规范化执行，以常规见特色，以制度见细化是学校的管理宗旨。每学期初，学校开展重温制度活动，让每一位管理者和教师牢记常规制度，用制度指引工作；各部门围绕学期工作细化具体事项，执行中按制度履职；学期末学校反思制度落实推进情况，各部门汇报开展工作成果，使学校制度具有实效性，促进各部门执行力的提高，使学校工作不盲从，不急功近利，践行按教育规律办学的理念。

4. 学校组织氛围的辐射感染功能

学校组织氛围是一所学校有别于其他学校的独特风格，能够被学校成员感受并影响学校成员的行为。各种研究表明，组织氛围的优劣关系到组织效能的高低，或发挥组织成员的工作潜能，或使组织成员的工作积极性受抑制。良好的学校组织气氛具有强大的感染力，身在其中的人都会受其辐射影响，从而改变自己的观念和行为，在自身改变的同时也对其他成员产生影响。

乐于工作、优势互补是北台小学组织和谐的音符。尽管成员性格、年龄、专长迥异，但是同样都拥有宽容、真诚的为人品质，奉献、乐于合作诠释着他们倾心教育、服务师生的主人意识。工作中是具有执行力的团队，也是积淀校园文化、弘扬校园精神、展示校园办学特色工作的高效团队。承办各级各类的活动：省艺术学科展示现场会、省"减负增效"课堂教学研讨会、市教学现场会、省（市）评优课选拔……无数次成功的，见证的是团队成员高超的管理水平、和谐奋进的风采。营造书香校园活动，团队成员出谋划策、率先垂范、无悔的奉献赢得了老师的赞许。成员们高调做事，低调为人的工作品质感染着身边的同伴，学校形成了浓郁的敬业氛围。

第二节　学校领导力的提升方向

一、提升校长的领导能力

校长是学校的核心人物，一个成功的校长确实需要拥有与众不同的领导能力，这是学校领导力产生的逻辑原点。校长的领导能力是校长为完成其特定职能职责、发挥其特定影响和作用所必须具备的自身条件。既有先天的个性心理基础如秉性、禀赋、智力等心理因素上形成的领导能力，又有通过后天学习与实践有需要、有目的地培养而成的领导能力，并在社会实践中不断得到强化和发展。领导能力通过领导行为展现，领导行为背后的行动导向是领导者的领导观念。伯恩斯根据不同的领导观念将领导者分为"交易型领导"与"变革型领导"。他认为，交易型领导"仅仅激发'低层次'的或人为维持或强化的需要，会使追随者处于被操纵的地位。它对于领导者同样具有严重的后果"。而变革型领导要指向于唤醒追随者高层次的需求，他的假设是"无论个人具有怎样不同的利益，他们会在对'更高'的目标追求中被实现或潜在的团结起来"。校长的领导能力要指向于提高下属独立解决问题的能力，指向于领导者与追随者双方的价值观念与动机的统一，这样才能使"校长领导能力"这一静态的原点不断生成、发展，并扩散为一种较为稳定的影响力，成为高效领导团队形成的基础。

北台小学校长郑霞非常注重终身学习能力的培养，通过多种渠道提升自身领导力：加强业务学习，靠理论指导工作提高领导力；注重言行举止，靠以身作则提高领导力；走进教学一线，靠与教师齐心工作提高领导力；勤于反思总结，靠积累经验教训提高领导力。

二、学校领导力的生成条件：优化领导团队结构

团队是把所有个体聚合成整体的各种协调而有序的关系所组成的群体。团队的结构就是这种关系的表现形式之一，是团队内各种成员的构成比例及其组合方式，包括年龄结构、知识结构、智能结构、心理素质结构等。系统论关于整体效应的原理表明，团队效能并不取决于单个人的力量，而主要在于整体结构。结构合理就能产生整体大于部分之和的效能，结构不合理就会产生内耗，削弱战斗力。优化的领导团队结构应该是由不同年龄结构、知识结构、智能结构、心理素质结构的成员构成的立体组合，从而加强领导团队成员之间的协调

与互补，有利于在领导团队内部明确划分和规定各成员的职责范围，使每个领导成员对自己职责范围以内的事情独立负责，职责与权力相称，做到人各有职、职有专司，能创造性地完成工作。

北台小学领导班子成员共有六位，其中校长负责学校全面工作，书记分管教师思想道德建设，三名副校长分别承担教学、德育管理工作，工会主席主抓教师文体活动和退休教师工作。成员分工明确，各司其职，工作中兼顾独立性与合作性，独立中敢于创新，合作中追求高度默契，市区高效团队的殊荣是领导班子的真实写照。

三、学校领导力的运行保障：构建有效的制度管理

学校领导力在领导活动中生成，有效的管理是支撑其运行的必要保障。有关领导与管理的关系在许多研究中都有详尽的阐述，许多研究者将管理与领导进行严格的区分，而实践中领导与管理具有较强的交叉性与相容性。管理是领导的基础，领导则是管理所追求的较高层次的境界。萨乔万尼指出，领导和管理的不同行为模式应当被看作管理风格上既必要又重要的变化。我们所要做的，不是在领导和管理两者之间择一，而是在两者之间保持平衡。制度管理作为一种"客观管理"，蕴含着某种平等精神，是通过人对"事"的管理实施人对"人"的管理，代替个人之间的直接管理与监督。从而使被管理者保持人格，管理者不再是"一家之长"。管理是领导力得以扩散与发展的必要保障，但管理既可以开发和激活组织内的领导力因素，也可能扼杀领导力的成长。因此，在学校管理中要构建科学民主的管理作风与管理制度，开启制度制订的对话程序，从强制性制度文化走向对话性制度文化，实现学校制度管理文化的转变，从而使领导力的运行得到充分的保障。

倾听来自教师的意见和建议是北台的传统。上学期，郑霞校长作了题为《引领教师专业化成长》的职大会报告，党支部作了《引领教师道德成长》辅导，会后教师共提出合理化建议36条，经过工会的分类整理，学校逐项确定答复时间和落实措施，在全校职工大会上进行了答复。教代会让全体教师真正参与谋划学校的发展，体现了民主执政和对教师的人文关怀，对学校管理制度的规范起到了有效的推动作用。

四、学校领导力持续发挥作用的路径：营造良好的组织气候

组织气候是一个组织有别于其他组织的独特风格，就其性质而言，组织气候是组织内部环境中相当持久的性质，能够被组织成员所体验并影响组织成员的行为。不同的领导风格产生不同的组织气候，不同的组织气候对团体成员以及组织发展产生不同的影响。学校组织气候具体表现在师生员工的生活方式、行为方式、思维方式等方面，对师生员工的心境和工作积极性等都有直接的影响。如果教育行政人员没有能力直接改变和影响组织参与者的内心状态或参与动机，他们却有相当的能力用间接的办法做到这一点。创造一种促进组织成员的个人发展的组织环境——一种支持创造、团体建设和参与解决问题的环境，这样，学校领导者能够触及内在动机力量的强大能源。学校组织气候的营造、维持和完善的过程对学校领导力作用发挥的方向、大小及其过程有着重要的影响。

北台六十多年的发展史，形成了团结和谐，又不乏个性展现的良好的人文环境和校园文化氛围。团结和谐、有前瞻善学习的领导团队，公平大气、有育人智慧的教师团队，乐于阅读、有诸多好习惯的学生团队，理智积极、有科学育子理念的家长团队，再加上和而不同的教学研究氛围等，为北台师生、家长的成长进步提供了良好的氛围和气候。

第三节 学校领导力提升的途径

一、修炼反思能力

反思是一种推理的理智活动，是一种实践思维，是行动后的思考，与实践行动紧密相关。学校领导者领导力的培养并非一蹴而就，必须在生活与工作中学习，在领导学校教育中实践，周而复始，不断提高，逐步完善。不断地总结和反思学校办学和管理实践，是提升学校领导者领导力的重要策略和路径。在学校实践中，领导者认真地、持续不断地总结办学经验，反思以往的工作，敢于批判、否定自己，才可能在新的平台上实现自我超越。反思能力在领导者发展过程中起着基础性的关键作用，没有行动后的思考，没有实践中的反思，领导者就难以自主发展，提高领导力也就是一句空话。如何提高领导者的领导力，做一个反思型的领导者呢？

第一步，要充分认识反思对领导力提升的重要性，逐步养成乐于反思的习

惯。领导者应该从每天的工作实践中充分认识自我，通过博客、纪实、练笔和思考等方式对工作中的得与失包括最细微之处进行反思，给领导者科学认识自我带来益处。

第二步，改善自己的心智模式，促进思维方式上的逐步完善。用整体的全局的思维方式代替个别的局限的思维方式；用发展的动态的思维方式代替静止和孤立的思维方式；用理论思维方式代替纯粹经验的思维方式；用多向的、系统的思维方式代替单向的、线性的思维；用发散性思维代替固定思维。

第三步，善于总结自己和他人的经验，并使经验上升为理性的认识。每天或者固定一段时间进行自我反思，勇于对自我进行深入的剖析，承认自己的错误和不足；要舍得批判和否定自我，从而实现自我发展的跨越。

第四步，在实践中摸索和掌握自我反思方法，从中寻求最适合自己的一种或者几种方法，尝试使用。例如，假定法、举例法、对照法、记录法等。

第五步，反思注重过程，更要注重结果。通过反思要抓住问题的本质，并从反思中得出结论，寻求改进办法，尝试实践操作。

在这一循环往复过程中，将新学的知识和能力逐渐内化，自然融入，最终达到自身领导力的提高。

二、夯实学识底蕴

每位教师都是带着自己的教育哲学思想走进课堂的。同样，每位领导者也需要带着自己的理论素养走进校园。学校能否确立科学的教育理念，具备独到的教育思想，很大程度上取决于领导者的自身理论素养。

一是北台小学领导班子成员养成了良好的学习习惯，储备渊博的科学文化知识。领导班子成员除了掌握教育理论还掌握了管理学、心理学和一定的社会科学理论知识。因为大家清楚，只有具有较高的理论素养才能形成系统的、有见解的办学思想，创建科学的办学模式和管理模式，取得成功的教育效果，提高社会认同度。领导班子每天处理的事物十分繁杂，不论多忙大家都会抽出时间用来读书学习，并养成边读书边思考的习惯。领导班子的学习始终做到了坚守虚心和理性的态度。

二是北台小学领导班子成员善于进行多方面的学习。北台领导班子学习的领域十分宽泛。在学习文化理论知识时，不仅学习本国的，也学习国外的，不仅学习现在的，还要学习以前的。北台领导班子清楚，只有博古通今，看问题才能从全局出发，解决问题才能由浅入深、层次明晰。另外，北台领导班子注重经验学习，帮助自己提高工作效率。

三是北台小学领导班子成员时刻坚守终身学习意识。终身学习已经成为世界范围内的共识，是社会中每个成员实现自我发展的需要，应当贯穿于人的一生当中。学校领导者更需要把终身学习放在重要位置，不仅是对领导者的自身要求，也是时代的要求。另外，为了促进学校更好的可持续发展，北台领导班子在坚守着自身终身学习实践的同时，更注重对教职工树立终身学习理念的引领。

学校领导者的领导力提升，需要教育教学实践活动做出支撑，领导者只有通过实践修为才能转化和提升自己的综合素养和专业技能。学校领导者实践主要体现在教育教学和课程的实践和领导上。实践证明，丰富的教学实践有利于提升校长的教育教学领导能力。

北台小学校领导全部兼任课堂教学工作。因为领导班子成员坚信只有走进课堂，参与教学实践，才能掌握一定的教学技巧，形成独特的教学风格，才能为其他老师的教学起到示范和榜样的引领作用。

北台小学校领导更注重学校课程的设置和课程的改革。学校不仅按照相关规定设置课程，而且要有体现学校特色的校本课程。

三、加强实践修为

学校领导者领导力提升需要教育教学实践活动作出支撑，领导者只有通过实践修为才能转化和提升自己的综合素养和专业技能。学校领导者实践主要体现在教育教学和课程的实践和领导上。实践证明，丰富的教学实践有利于提升校长的教育教学领导能力。

北台小学校领导要进行一定的教学工作。领导者只有走进课堂，参与教学实践，才能掌握一定的教学技巧，形成独特的教学风格，为其他老师的教学起到示范和榜样的引领作用。

北台小学校领导还要经常走进课堂听课，帮助教师改进教学技巧。走进课堂，领导者可以了解教师课堂教学特点和能力，帮助教师分析和总结教学经验，发现教学中存在的不足提升教师的教育能力，而且还能让领导者从教师教学实践中取长补短，不断提高领导团队的教学技巧和对教学工作的指导引领能力。

北台小学校领导更要注重学校课程的设置和课程的改革。学校不仅需要按照相关规定设置课程，而且要有体现学校特色的校本课程。教学风格和特色很多需要课程来实现。领导者要转变自己的课程意识，转变观念，增强课程的自主意识。参与课改实践，提炼课改成果，完善课改评价，引领教师进行课程改革。

四、注重经验积累

对于学校领导者经验积累非常重要，因为教育是一种经验和文化的传承。学校领导者作为学校文化的传承人，如果没有丰富的经验积累，工作将无法顺利开展。另外，经验积累也有助于领导者教育教学水平的提高。学校领导者教育教学经验将决定着学校办学水平的高低。

北台小学校领导时刻树立经验积累意识。经验总是隐藏在个体的日常工作实践当中，具有隐形的特征，这种隐形的可能性将阻碍领导者对自身经历的认识、反思与改进。因此，北台领导班子成员时刻树立经验积累意识，养成了总结日常工作的习惯，并从实践过程中自主进行反思，提炼出了对实践有价值的经验或者教训。

北台小学校领导班子成员注重与他人的交流和同伴互助。领导团队中蕴含着丰富的学校管理经验，这是一笔宝贵的资源。经验的表达与分享比经验本身更加重要，能使经验不断增值和扩容。北台领导班子成员积极参加各种经验交流会、公开课，善于学习他人的经验并与他人分享成果。

北台小学校领导的经验积累更多注意多元化，不仅注重积累本国的教育教学实践经验，还善于学习和借鉴国际型的教育实践经验。中外教育史上有许多经验总结的范例，随着经济全球化和一体化发展，教育也在不断向着国际化的方向发展。北台领导班子总会立足学校现状，开阔视野、放眼于国际，吸收来自各国的先进的教育经验。

北台小学校领导注重将隐形的经验向教育实践行为转化。工作中，不仅运用前人的经验，还在传承中消化，并在传承中整合经验，将经验与自身实际结合起来，形成了具有自身特色的实践方式。不是简单的模仿复制经验，而是将经验内化为自己的教育行动。

五、榜样示范引领

作为学校领导者，其一言一行不仅对教师有着示范作用，对学生也起着榜样的作用。所以，领导者要发挥自己的示范榜样作用。

北台小学校领导注重加强自身的道德修养，使得自己的语言和行为充满德行，使得管理工作具有人性温暖、人文关怀。以此引领和影响广大教师和学生自觉的追求道德上的进步，最终达到提升学校教师职业操守，提升学生思想道德建设的终极目标。

另外，北台小学校领导还坚持做到带头做好学校教研科研工作。教育科研工作是学校教育改革的"润滑油"，对提高教育质量起到关键性的作用。缺乏教研工作的教育就没有发展动力，就没有创新潜力。领导者要对教研工作足够重视，积极带头进行教育科研，努力成为学校教研科研的领头人。

榜样的力量对提高教师工作积极性至关重要。教师工作积极性和学校领导者有直接关系。领导者在工作中应率先垂范，做教师们的榜样，用榜样的力量感召他们，带动他们。因此，北台小学校领导不但经常深入群众，深入班级，督促检查各方面的情况，还经常与教师谈心、交换意见，与学生家长保持密切联系。同时，他们还利用自己的智慧创造性地开展工作，及时解决学校存在的问题。领导者只有以身作则，让教师耳濡目染，才能真正起到榜样示范的作用。

学校领导力是一种影响力，犹如磁场一样对其所覆盖范围中的人和物产生影响。它处在不断提升的动态过程中，仅仅关注领导者个人能力无法使领导力得到提升。学校领导力得以持续发挥作用是有形的流程和制度以及学校组织氛围的无形影响力共同作用的结果。目前，教育领域已从嫁接企业领导力研究成果转向基于学校所承载的教育特殊性的研究；从关注校长个人能力对学校发展的影响，进而关注到领导团队在学校组织中发挥的作用。因此，我们应将研究视野放在组织或群体之中，通过建构基于实地研究的学校领导力理论模型和研究范式，为当前学校管理中存在的问题提供具有操作性的指导，提出有效的解决办法，对学校领导力的研究超越描述的水平，使其更具有现实意义。

第二章　教师队伍建设

　　成就所有的事业都必须有足够的资本。学校第一位的资本是教师。"教师第一"，才有学生为本；善待教师，才有学生的被尊重；关心教师的幸福与发展就是关心学生的幸福与发展。教师发展学校，是20世纪80年代中期首先在美国的教育改革中出现的一种新的教师培养形式，也是新课程背景下提高教育教学质量的根本途径。把教师放在发展第一位是北台小学的管理理念，求真、务实、严谨、创新的教师是成就北台小学的根本。

　　教师个人的发展是与学校的发展密切相关的，北台小学把引导教师养成良好的习惯作为教师专业发展的核心内容。在课程改革的过程中重新审视教师的专业成长，在校本教研中为教师提供了有效的学习环境，用以支持教师主动、自主进行探究与合作性学习，促进其逐渐养成良好的教育教学习惯，将教师个人的专业提升与学校的整体变革融为一体。

第一节　借助专业引领，提升教学理念

　　人的潜能具有多样性，人人皆有智能强项。接受科学的引导和教育，学习者的发展方向会得到改变。在课程改革中，专家的专业引领能有效地提高教师理解和把握新课程理念的能力。"专业引领"通常指的是具有教育教学研究专长的人员通过他们的先进理念、思想方法和先进经验引导和带动第一线教育工作者开展教育实践探索、促进教师专业发展的活动形态。这里的具有教育教学研究专长的人员，既包括教育科研人员、教研人员等专业研究人员，还包括资深的专家型教师，如特级教师、学科带头人等。专业研究人员与专家型教师各有所

长。专业研究人员相对第一线教师而言，他们的长处在于具有较为系统的教育理论、研究方法素养，视野比较开阔，信息量比较大，高屋建瓴。专家型教师的长处主要在于实践经验丰富，在理论联系实际的结合运用上具有明显的优势。

养成教育是北台小学的办学特色，北台小学把确立教师优先发展作为教学管理的一个基本思路，结合学校的实际，通过有计划的"专业引领"有效地促进教师的专业发展。从教师良好习惯养成的角度去思考和探究教师终身学习和专业发展方面的问题，可以发现真正有发展潜力的教师，是热爱学习善于学习的教师。自身良好学习习惯的养成是教师专业发展的有效途径，终身学习为教师的专业发展提供了可能。通过有效的学习促进教师专业发展是一个量变（认知）——质变（形成）——新的量变（巩固发展）循序渐进的过程。这一过程中最初的量变即认知这一环节中专家的引领无疑起到了至关重要的作用。基于这种理解，充分发挥专家的引导和示范作用成为为北台小学促进教师专业成长的一个切入点。

一、专家引领，讲学激发思考

专题讲学有助于教师打开教育的世界之窗，开阔教育的视野，扩大教育的信息量，形成大教育观；有助于教师了解当前教改形势、动态，把握教育改革的热点、难点问题，认清教育发展的潮流和趋势；有助于教师接受新思想，初步树立新理念。

专题讲座学校一般安排在业务学习时举行。在专题讲座中学校能够充分用足专家的资源：一是对感兴趣的问题可以当场提问，请专家当场解答，以获取自己最需要的教育信息；二是讲座报告后，学校组织教师议一议，在教研组、年级组里讨论一下，有效地促进教师进一步了解、吸收、内化讲座内容。在讨论中激发起研究的"冲动"，并愿意在实践中尝试，这是专题讲座最理想的收获。

北台小学的专题讲座如果按照讲座的内容来划分，大致可以分为以下两类：

1. 业务讲座

每月安排一次内容不同的业务专题讲座，紧紧围绕提升教师人生观、育人观及教师修养、教学策略等方面，聘请校内校外可用资源面向全体教师开办讲座。如校内郑校长的《创新意识的培养》《作业改革减负增效》；校外的李晓梅主任的《关于提高课堂教学有效性的思考》；卢喜强老师的《数学美》《小学数学课堂教学如何落实数学"基本思想"的思考》；王伟老师的《如何把握新课程理念》；师专老师的《教师心理自我调控》。电子音像资源:《魏书生教学漫谈》、李振西的《教育随笔》。多元的资源讲座拓宽了教师的视野，点燃了教师的教育激情。

市小学数学教研员卢喜强老师作的《小学数学课堂教学如何落实数学"基本思想"的思考》专题讲座就令北台小学全体数学老师受益匪浅。卢老师从"（2011版）课标"的基本理念、课程设计思路和基本数学思想等方面有重点地进行了阐述。结合对北台小学的调研活动列举了如何在课堂上处理驾驭问题、渗透数学思想、积累数学活动经验等教学策略。通过大量的案例，对数学学科的改革进行了深入的剖析，透彻的解析让老师们有豁然开朗的感觉。

辽宁省基础教育研究中心小学研训部李晓梅主任作的《关于提高课堂教学有效性的思考》的专题讲座高屋建瓴，既有对现实教育状况的反思，又有对教育未来发展方向的指引，理论与实际完美结合，让北台小学全体教师开始重新认识自己在减轻学生负担的过程中所承担的使命。

高质量的专题讲座带给教师的是前瞻的教育理念、独到的教育感悟、敏锐的观察视角，而这些是教师专业成长过程中必需的要素。

2. 非业务讲座

教师的专业发展不仅仅是业务能力的发展，还有人格的健全。完整意义上的专业引领，理应包括专家实践文化的影响，即除了专家的科研素养外，还包括他们的职业道德、科学态度和敬业精神等人格魅力的影响。

北台小学为全体教师准备的《培养好心态，修炼好习惯》专题讲座，旨在告诉每一位老师：一个人良好的心态是获得幸福生活的基础要素，好心态决定好习惯，好习惯养成好性格，好性格拥有好生活。全校教师要积极树立主人翁意识，寻找工作亮点，制定长远规划，用换位思考的方法和全心全意为学生服务的意识来完成自己教书育人的光荣使命，并通过一系列良好职业习惯的养成来练就在工作中寻找快乐、获得幸福的人生技能。

《小学教师形象设计》专题讲座是由北台小学邀请的全国优秀教师、辽宁省名师，抚顺一职专孙素杰主任主讲。讲座从理论到实践，生动、形象、直观地讲解了小学教师形象设计的要点，教师内外形象和谐统一的关键，对于老师们起到了良好的示范和引领作用。全体老师认真倾听，产生了共鸣，受到了启迪，引发了思考……下面是老师在讲座之后的感受：郑霞："喜欢杨澜职业型气质，符合职业需求，同时又不乏个性。我觉得，自然、健康的装束会给孩子带来无限活力。"张雪梅："听了孙老师的讲座我豁然开朗，深感教师形象能够很好展现职业特点——自然、明朗、流畅、典雅端庄、得体大方、温暖……平时好像没有太在意自身形象，总以为自然明朗即可，可我越来越发现，通过自己的装束，展现教师的健康、活力、精气神是多么重要。"刘敏："能在紧张的工作之余伴着音乐享受到如此清新的讲座，给平凡而忙碌的日子平添了色彩，让日子变得美好起来。感谢北台团队给我的幸福体验，感谢充满阳光、健康、向上的生活。"崔静："确实体会到形象设计对每个人的生活质量提升起到很重要的作用。感到了关注形象设计的重要意义，更渴望有机会能够再次走进形象设计。"

二、专家引领，示范促进思考

教师面临着新课程的挑战，先进的理念如何向课堂实践转移，教师需要有以课例为载体的专业引领。

1.精心挑选校内"专家"展示课堂教学，提供范例

北台小学有意识地把目光关注到北台小学的民间教育专家，陆续推出校内的专家。来自北台小学校内的"教学专家"展示课堂教学已经成为学校校本研训的一项常规内容。学习的榜样从遥不可及变为伸手可触，真实的成长就在自己的左右，学习变得更有针对性，更有实效。这些来自北台小学教育教学第一线的民间"专家"最容易引起教师的共鸣，发挥了真正意义上的引领作用。

以北台小学教学校长栾岚为全校数学教师呈现《加法交换律》这节数学课为例，可以感受到校内专家的示范作用。在展示这节课堂教学之前，栾校长首先带领骨干教师和青年教师共同钻研教材，研课磨课，在此基础上公开展示课堂教学，课后组织公开评课。在评课时首先由栾校长进行说课，说明自己在本节课中是如何引导学生通过实例进行猜想，通过验证得出结论的。然后，栾校长结合课后反思和全体数学老师交流了在数学课堂教学中渗透数学思想方法和培养学生积累活动经验的心得。接下来是听课老师谈感受，大家感受到对于老师来说教好基本知识和基本技能固然重要，但更重要的是了解知识的产生过程，知识间的相互联系以及知识体系的框架，只有这样才能帮助学生理解知识本身蕴含的思维形式和方法。最后，由区教研员点评总结。在这样的观摩活动中，无论是上课者还是听课者每位教师都能做到有所思、有所感、有所悟。校

内"专家"的课堂教学真正发挥了示范、启迪的作用。

2. 真诚邀请市区专家指导课堂教学，定向指导

市、区各学科的教育专家对本区的教学现状了解得很清楚，特别对课堂教学中存在的各种问题有着深入的思考。充分发挥他们在课堂教学研究方面的优势，对教师课堂教学能力的提高有着重要的意义。

近两年来，北台小学每个学期都会邀请市区教研员走进校园进行蹲点教学。例如，2013年3月中旬，市教师进修学院小教部的各学科教研员在于伟主任带领下来到北台小学进行了为期半个月的蹲点教研。这次教研活动的主旨是为一线教师服务，不做各项检查，快速走进课堂，围绕主题专门研究课例。在追踪式的听课模式下，为每一位上课教师解决教学实际问题，使每位教师获得教学素养的提升，教学技能的增长。半个月的教研活动中，每一位教研员都先听了一轮上课教师的公开课，再为他们进行一对一地反馈、指导，上课教师修改教案后，教研员再进课堂进行第二次听评课。

在这样的蹲点教研活动中，市区教学专家与一线教师一起对教育教学改革中出现的实际问题进行了深入的探讨，确保了新课改精神的贯彻，真正发挥了研究为教学服务的作用，为提升教育教学质量做出了扎扎实实的努力。蹲点教研是促进教师课堂教学能力提升的一个有效途径。

3. 充分利用随机走进校园的专家，切磋技能

每个学期学校都要迎接有计划和各种临时的检查督导，每一个检查督导都会有教学专家走进校园。每个学期各学科的老师都要参加市区的观摩和评优活动，势必会有学科教研员走进学校来观摩指导。充分地利用这些随机走进校园的教学专家与教师进行切磋，对提升教师的教学技能起到了事半功倍的作用。

例如，进修学院品德学科教研员向老师、区进修学院殷老师到北台小学指导老师上市观摩课。在北台教师上完课之后，向老师有感而发即兴给六年级学生上了一节品德课，课后针对北台老师的教学设计进行了深入探讨。耐心的讲解、精彩的演绎让北台的教师获益匪浅。

多创造机会把专家学者请进来，让老师坐在课堂里就能得到手把手的指导，北台小学教师在专业成长的路上真正迈出了坚实的步伐。

三、专家引领，教研磨砺思考

教师的教育理论素养相对比较薄弱，教师的思维相对比较感性和具体；教

师忙于教学事务，很少有时间和精力投身于系统的理论学习，并且缺少科研方法的掌握和具体运用；教师的实践中蕴藏着许多智慧与经验，却缺少将隐性的经验外显化。教师的实践如果得到专家的引领，就可以更好地将理论内化，以指导自己的实践，减少行动的盲目性，提高实践的有效性，将感性的经验理性化。专家的引领可以帮助教师将宝贵的实践经验转化成能与人共享的宝贵资源，得以在更大的范围传播。

在"专业引领"过程中，专家和教师是互动的。专家引领实际上是由专家与基层教师面对面地深入交谈，以帮助教师解决研究中实际困难的一种方法，是一个通过对话，实现交流、分享和共同提高的过程。双方面对面，气氛宽松，反馈及时，针对性强。教师根据自己感兴趣的问题从研究需要出发，有什么问题就提什么问题，有什么想法就谈什么想法。专家则一般是围绕着教师发问，尽可能地结合理论和实际，给予解答和引导。这种形式有利于教师的困惑和疑难问题的解决，进而帮助专家找到较好的研究方向和切入口。

北台小学的教研活动倡导"君子和而不同""用思辨的眼光看待问题"，因此，学校的教研活动常会出现不同的声音。而邀请专家走进年组教研，无疑为教研的质量提供了有效的保证，确保了教研扎实、质朴、实效性强。

一年级的语文教学是基础中的基础。为打牢这个基础，北台小学在每个学年的上学期都会邀请市语文教研员走进一年组扎扎实实开展新学期的第一次教研。在教研过程中，教研员针对拼音教学对一年组的全体老师进行了细致而全面的指导，对一年级语文课堂的构建老师们特别关注的问题做了客观、精准的指导。教研过程中教研员耐心解答了教师提出的疑难问题。一年级的语文老师们针对课堂教学与教研员交换了意见，课堂教学中的问题得以澄清，在这样的教研中教师真正地实现了研有所获。

辽宁省基础教育研究中心小学研训部李晓梅主任应郑霞校长的邀请，来到北台小学指导工作并开展讲学活动。李主任参与了北台小学三年语文组和三年数学组的集体教研活动。针对北台小学将作业设计与教学设计有机结合，提出自己的意见和建议。李主任在和老师们的研讨中达成了一个共识：减轻学生的课业负担是当下中国基础教育亟待研究和解决的问题。北台小学的作业改革从评价和测量入手，从逆思维角度推动课堂教学改革，找到了一条切实可行的提高教学质量的途径，值得研究和推广。这样的教研让老师们能够站在更高的层次思考问题，明确研究的方向，更加有的放矢地实现减负的目标。

四、专家引领，论坛深化思考

1. 校内论坛扎实深入

来自教师自身的经验最为真实和可贵，因为教师是成就一所学校教育教学的根本。北台小学拥有一支求真、务实、严谨、创新的教师队伍，这是最可贵的一份资源。为有效利用这份可贵的资源，结合学校的养成教育特色，北台小学探索出三级校本教研模式。张扬个体优势，即发挥每一位教师特长与智慧，立足有效课堂的展示；累积群体智慧，即年级组在教研组长的带领下，集众多优势于一身，通过一课同构，研究出一套完美的教学案例，从而有效提升老师的业务素质；彰显集体魅力，即在各教研组研究构建基础上，选出优秀年组和老师进行上课、说课、评课的校级展示。本着校本研究实用扎实的原则，让校本教研焕发出生机与活力。

教导处每学期至少召开一次教学论坛。论坛内容可以由校内专家型教师根据基层的意见确定，提供大家互动平台，构建互动模式。例如，召开"活页作业改革论坛"时，校内的语文、数学、英语的学科带头人先从几年的实践中寻找具有代表性的题目，然后请每位教师自愿选择一个话题充分准备有感而发。召开论坛时，逐个题目讨论交流，专家型教师率先发表自己的意见，之后鼓励大家畅所欲言，相互切磋。零距离的互动，让思想自由飞扬，体现教学以教师为本的理念，对活页作业的内容、形式及目的更加清楚，真正发挥论坛的实效价值，甄选教学的精华促进教师的专业成长。

当教师发现了问题并处于问题包围之中时，主要任务就是要通过对自身条件等多方面的分析，来选择可研究的问题。北台小学教师队伍建设工作，始终没有离开自己实践的土壤，没有忘却教师从事教育研究的根本目的是改进自己的实践，让自己的教学在踏踏实实的研究中达到最佳的效果。

2. 区级论坛开阔视野

校内论坛让教师的交流脚踏实地，原汁原味，是最为原生态的论坛。教师在互相的交流中学到了操作性很强的方法，获得了可以转化为行动的经验。但是论坛如果只停留在本校的范围内，势必会使教学研讨带有局限性，因此，与区级教研组织合作，让区级论坛走进北台小学，无疑为北台教师的交流开辟了一个更为广阔的平台。

为了发挥新抚名师和骨干教师的引领作用，切实有效提升新抚区语文教师的业务水平，带动新抚语文教学水平的整体提升，新抚师校教研员从口语交际这一应用广泛的课型入手，邀请北台小学省、市骨干教师和其他学校的市级骨干教师围绕口语交际课的设计及落实开展了专题论坛活动，地点就在北台小学。

区内各小学的代表和北台小学全体语文教师观摩了本次新抚区小学名师、骨干教师论坛系列活动。在区名师王琳、都哲偕同北台小学二年级七班、五年级六班的孩子亲自演绎口语交际的微课例后，新抚区的名师和骨干教师围绕口语交际教学的教学目标、教学情境设计、教学模式确立，随着林校长的解读进行了深入浅出的探讨。与会教师对口语交际课有了更明确的认识。这样贴近教学的论坛为教师的成长提供生动的范例和坚实理论的支持。

3. 网上论坛集思广益

教师的工作繁琐而又忙碌，很难有大块的集中时间静静地坐下来探讨问题。而教师最需要的是随时随地不断地与同行和关心教育教学的人士互动交流心得。网络论坛无疑为教师的即时交流提供了一个有效而又便捷的平台。

为充分利用网络的便捷性，北台小学建立了公共博客。学校指定骨干老师专门负责公共博客。先在博客中有目的地向大家推荐了几位风格迥异的名师：小学科中走出的大教师王能智老师；从本溪县走出来的痴迷于教学研究的徐锡贵老师；数学可亲，育人无痕的张思明老师；让生命自由吟唱的李镇西老师；让心灵在经典中憩息的王开东老师。老师们在与这些可敬的名师用文字交流的过程中慢慢感悟到一个老师的成功源于对教育的热爱、对思考的执着和对书籍的痴迷。

当教师开始习惯在公共博客上用评论的方式交流之后，最需要的是满足他们随时想与别人交流的愿望。于是，在学校的鼓励下很多老师建立了自己的教育博客，通过评论与志同道合者做不受时空限制的交流。随时在博客上反思自己的教育教学，推荐自己阅读过的文章，与本校教师和外校教师进行教学交流，网络的便捷为教师的学习提供了一个广阔的平台。我们深信，终身学习是教师专业发展不竭的动力。目前，北台小学已有几十位老师建立了自己的教育博客，有些班主任还组织学生建立了班级博客。

在公共博客和个人博客中，北台的老师与认识的和不认识的人用文字碰撞着交流着，在这个过程中悄然改变着的不仅是老师的思考方式，还有老师对自己未来发展的规划，以及职业的尊严感和幸福感。学校以各种方式不断鼓励教师在公共博客和个人博客上拓展交流的广度与深度。博客成为一个无限大的论坛。

专业引领不是专家一方的单向信息传输，而是专家与教师双向信息传递和共振。教师充分主动地投入研究和实践，发挥每个人的创造性；指导者适时点拨，即兴发挥，充分施展其聪明才智。这是一种建立在合作基础上的优势互补，通过互相交流、互相启发、互相碰撞产生思想火花，双方共同成长。

专家在与教师合作中不能有单纯的"学术"观点，而是"成事中成人"。叶澜教授倡导"用创造唤起教师对职业的内在尊严和欢乐"理念，在与教师合作研究中，把教师作为一个生命体加以关注。参与叶教授"新基础教育实验"的教师发自内心的感受是，"专家给了我们教育的理想与理念""专家的批评是为了给我们开辟自我发展的空间"等。专家以自己对教育理想的追求、人格魅力和学识等去唤醒教师职业的尊严，提升教师思维品格，改变教师行为的方式。专家作为一种外在的教育资源，转化为教师发展的内在动力，直接推动了教师的教育行为变革，而教师的成长又带动了学生的发展。

第二节 涵养良好习惯，锻造教学技能

心理学研究认为，一个人正确的行为往往来自正确的认识，这些认识经过严格训练可以强化为正确行为，即习惯。在教师的成长历程中，习惯的作用不可小觑。培养良好的习惯是一个开发和唤醒教师学习意识的过程。

当先进的教育理念、科学的教育方式成了一种良好习惯，教师便会在专业成长良性发展的轨道上自主前行。反之，一味靠外力推动，被动地接受提高和发展，专业成长一定是缓慢而低效的。

北台小学的校本培训一直坚持从良好习惯养成的角度去思考和探究如何帮助教师走好专业发展之路。在最近几年的教育实践中，北台小学管理者越来越真切地感受到教师培训工作重在调动内因，才能实现教师的自主发展。北台小学以养成教育为突破口的校本研训，始终遵循着促进教师自主发展的原则。

好习惯好生活是北台小学的办学理念，好教师是北台小学成为名校的根本。在北台获得成功的教师虽然个性鲜明，但是有一点却惊人地相似，那就是拥有良好的习惯。

一、厚积薄发——养成善于积累的习惯

积累在词典上的解释为逐渐聚集，具体地说是指逐渐积聚起来的知识、经

验、成绩等。厚积薄发的意思就是多多积蓄，慢慢放出。经过长时间有准备的积累将大有可为，施展作为。积累习惯的养成对教师的成长提供了坚实的基础。

1. 读书为根

要养成积累的习惯，首先要成为一个爱读书的人。北台小学近二十年来一直坚持精益求精从细节入手营建书香校园，让北台处处弥漫着浓浓的书香。

（1）环境氛围的创设促进读书习惯的养成。校门的基本造型是一本翻开的书，蕴含着这里是师生共同读书的乐园；感恩长廊上每月更换一次的读书交流专版，展示着不同教师的读书心得；一楼橱窗里的关注读书，每周更换一次内容，以图文并茂的形式向师生推荐经典的中外儿童文学作品。

（2）烘托读书的人文氛围促进读书习惯的养成。在北台，教师们达成一个共识，读书就是最好的福利。教师们取得各项荣誉后获得的奖品，节日里收到的礼物是一本本包装精美的图书。这些细节旨在时刻提醒着北台人珍视书籍，热爱读书。

（3）丰富多彩的读书活动促进读书习惯的养成。每年寒暑假学校都要给教师布置关于读书的作业，为教师提供有关教育教学书籍的书目，鼓励教师读经典的作品，无论是古代的，还是现代和当代的。提倡教师采用圈点批画和撰写读后感两种形式记录自己的读书心得。每周三政治学习时间，至少有十分钟时间是用来读书交流的。定期开展读书专题讲座，指导教师掌握正确的读书方法。

学校与北方图书城联手，先后邀请全国著名童话大王郑渊洁、著名儿童文学作家杨红樱、著名作家曹文轩、表演艺术家六小龄童、儿童文学作家汤素兰、动物小说大王沈石溪走进北台校园，来到师生中间，掀起一次又一次的读书热潮。

汤素兰教师走进北台给全体师生带来了一场名为《送你一支魔法笔——汤素兰教师教你写作文》的精彩讲座，让读书与学习生活自然而然地联系在一起。动物小说大王沈石溪教师来到北台，讲述了自己富有传奇色彩的生活经历，用自己的人生故事告诉北台师生，文学创作必须植根于丰富的现实生活，创作需要真实的生活体验，要从熟悉的生活中寻找写作素材。一个优秀的作家一定要有一双善于发现的眼睛。与这些著名作家的面对面交流让北台教师在读书方面提升了品位，有了不俗的眼光。

喜欢读书让北台教师拥有了一颗从容、平和、有教育激情和梦想的心。

2. 反思为本

反思是根据自己的教学实际，围绕具有普遍意义或经常发生的教育现象，至少是自己认为具有研究价值的，对自身专业发展有促进作用的事情进行深入思考、探究、提炼。一位教师能提出问题并研究解决问题，是成长为名师的坚实基础，也是推进课程改革的内在动因。

判断一个教师是否是理性的教者，根本的标志就在于教师是否能够对自己的教育教学行为进行持续不断地反思。在培养教师反思这方面北台小学主要从以下几个方面着手：

（1）养成每一节课都进行反思的习惯。我们在教师中开展每课十问活动，要求教师根据每一节课得失，坚持总结经验，发现问题，或多或少写出自己的课后反思，并结集成册。

（2）养成每一天都进行反思的习惯。学校大力倡导教师坚持写教学日记，并把坚持写教学随笔或教育日记纳入期末奖项中来鼓励教师养成习惯。

（3）养成每一个月都进行反思的习惯。每个月结束后，教师把这个月内自己认为上的最满意的一课或失败了但具有探讨价值的课写下来。先利用集体备课在年级组反思，然后评选出最优秀的反思在全校教研会上交流。中层以上领导干部均要认真填写校长下发的工作反思表，总结成绩，吸取教训。

（4）养成每个学期都进行反思的习惯。每学期结束后，学校均要召开全校规模的学情分析会，教师要根据期末测试的卷面分析和本学期教学任务完成情况，看看自己在一学期的教学中积累了哪些经验做法，还存在哪些问题，需要改进什么，写出改进措施。

反思是梳理反省的过程，更是一个深入思考的过程。在反思的过程中教师将感性的经验慢慢上升为理性的结论。

关于反思，北台小学的一位英语教师这样写道："我认为反思可以分为三类。第一类是事前反思，避免出错，减少损失的良方。第二类是随时反思，把握灵感、积成优秀的捷径。第三类是事后反思，获取经验，品味成功的喜悦。就一节课而言及早进入反思状态是有百益而无一害的。"

3. 写作为渠

"教师素质提高的过程中，没有哪一种活动能够像写作这样，在推动思考、理清思路、传播思想和讨论问题方面有如此大的潜力。将实践成功地写下来可以让作者、读者和学校三方共同受益。"

看到自己的思想付诸文字，知道别人也会看到这些文字，与其他学校工作者一起分享和验证教育的理念，因此而产生的满足感和成就感是写作的重要动力。

教师写作能够得到的另一个满足来自写作的真实感。为了把混乱的、不理智的学校情况用合乎逻辑的语言精确表达出来，人们必须对学校里的所闻所见进行组织和分析。这种行为可以让别人接近和理解自己的思想，也让自己能够接近和理解自己。反思的能力是个人和职业发展的一个条件。因此，写作可以帮助、实现秩序的回归，为职业和个人的发展提供有力的推动。

对于很多学校工作者，针对他们的工作进行写作，能使他们经受实践的考验。写作有助于实践的客观化，有助于教育工作者冷静地反思自己的实践，写作还能提供不断进步的动力。

记录成功实践的案例，记录教育发生的过程是收集材料的工作，把实践付诸文字是一种实实在在的积累方式。北台有几位班主任习惯用鲜活的语言和生动的事例在博客中写下自己的教育故事，习惯用文字反思自己的教育教学，习惯和博友共同分享专业成长和发展的快乐。对于教师来说坚持把自己在教育教学的现实场景中的所思所想所感所悟用文字记录下来，简单地说就是讲故事，讲述自己亲身经历的事件。这些故事具体地，有情景性地描绘出教师的经验世界，表达着教师对教育教学的理解，记录着教师心灵成长的轨迹，道出的是教师在教育教学活动中的真情实感。写作让教师不仅把日常的教育现象详尽地展现在大家面前，创设一种身临其境的感觉，而且解析着隐藏在教育现象背后的教育本质，使平凡的教育故事蕴藏不平凡的教育智慧。

二、博采众长——养成乐于交流的习惯

交流在词典中的解释为：彼此把自己有的提供给对方，相互沟通。交流的基础是体验和思考，需要一个适宜的环境。交流是一个互相给予的过程，要在交流中始终保持有新鲜的东西给对方，就必须不断充实自己，让自身的积累变得丰厚。

1.层级教研，同课异构

校本研训是课程改革的守护神。抓好教研组同伴互助合作，引导教师从经验型向研究型、专家型转变，切实提高教师专业素质，是北台小学教师队伍培训工作的重要策略。

北台小学以教研组为单位建立起以解决教师教学中实际问题为主的"四有三保证"的教学研究制度。"四有"即教师参加教研活动做到有问题、有专题、有中心发言人、有制度。"三保证"指教研时间有保证、教研人员有保证、教

研实效有保证。校本教研活动改进了以往的研讨形式，采取"接受学习式、指导参与式、合作探究式"三项结合的校本研训方式，使校本研训系列化、系统化，切实帮助教师提高专业水平。

北台小学全力搭建相互学习、相互借鉴的互助平台，组织年级组教师互相听课。形成了一人上课、全面视听、集中评议的良好作风，在合作研讨中发挥了年级组的团队作用。同时，也有不少教师跨年段听课，也有不少教研活动是在跨年段听课的基础上开展的多年组合研，合研过程中教师们前瞻后顾地关注到了临近年段课堂教学中需注意的问题，有预设地置隐患于防范之中。

层级教研课活动成为教学活动的一个亮点。一节课的出炉需要这样的程序：年组确定上课内容及研究主题，接着集体备课形成教案。第一位教师执教，全体教师听课，听课后集体评议，转交下一位教师，下一位在集体研课的基础上，吸纳精华，加上自己的理解再执教。以此类推，最后学校展示。在组长带领下，成员围绕教研课不断地切磋——设计——实践——反思——修改——再设计——再实践——再总结。在磨课的过程中教师们真切地感受到精湛的教学设计就是在这种不断碰撞中完善的。以五年语文组为例，五年组的11位教师分别执教《钓鱼的启示》一课，全组教师一起观摩研讨，最后责成崔静教师吸纳同组所有教师的精华，在全校展示教研组群研成果。课后的研讨很热烈，大家畅所欲言，在这样的教学活动中教师们的教学水平得到了切实的提高。

在层级教研课活动中，平均一个学期全校各学科上教研课八十余节，开展教研活动近200次，校长、主任共听课500节，普通教师最多听课五十余节。

2. 经验交流，资源共享

教育教学经验论文是教师们在实践中沉淀出自己的经验，撰写出具有教学参考价值的论文。北台小学每个学期对教师们的论文进行甄选，利用隔周校本培训时间面向全体教师进行交流。

作为北台小学坚持了十几年之久的"四个一活动"（每月倾听一次业务讲座；每月一次校级汇课；每学期一项基本功竞赛；每学期一次经验交流）已内化为教师自觉遵守的教学常规管理制度，纳入教师的教学常规考核中。经验论文的交流为教师间的横向交流提供了平台，在广泛汲取经验的过程中促进了教师之间的相互学习和共同提高。

北台教师的经验完全来自亲身实践，教师们把自己在教学工作中点点滴滴的积累，进行实实在在的阐述，不仅展示了北台教师扎实的教风，还展现了北台教师热爱教学工作，肯于思考，乐于积淀的良好职业品质。《反思着是美丽的》《日记起步》《让作业说话》《体育课上的品德教育》《写循环日记，做快乐作文》《培养学生良好的预习习惯》。交流中教师分别从任教学科的不同方面与同事分享自己的经验。

一位教师在经验交流中这样说道："每接手一个班级，我都要默默地观察，细心地感受每一页作业传达的信息，并努力利用日常教学中的各种机会使学生、家长与我达成共识。可以说磨刀不误砍柴工，在几届班级中都收到了良好的效果。今年又新接六年级的班级，我继续用作业培养学生的自主管理、自主学习的能力，并且立即得到了家长的支持。虽然组班才几个月，但学生学习状态还是很稳定的，在学校组织的摸底考试中各科成绩也不错。总之，批改作业是教育教学的常规工作，又是新课程改革的细枝末节，更是触及学生心灵的灵动之笔。但愿我们共同以小孔成像的原理，从这一具体而又实际的做法开始，来理解新理念，实施新理念，发展新理念，从而更好地帮助我们走向教育的理想。"

学校不断为教师提供展示交流的途径：立足校本，自主交流推广；抓住机会，在区域内交流推广；拓宽平台，在教育刊物上交流推广。北台小学的教师在国家级刊物《基础教育参考》上先后发表十余篇文章，在省、市、区各级教育研究刊物上发表数十篇文章。

经验交流让教师们发现了一个扩大了的世界，他们从这个世界中获取思想、材料和方法来应对每天的挑战。

3. 校内观摩，研讨交流

体验、思考、归纳、运用是北台小学对教师成长历程的理解。几年来，北台小学多次组织具有一定规模的教学研讨活动，如常规的"三杯教学"观摩课活动（新教师"达标杯"达标课；中青教师"优化杯"研讨课；骨干教师"创新杯"开放课），校本研训"五个一活动"（每周一篇教学反思；每月一次业务讲座；每月一次校级汇课；每学期一项基本功竞赛；每学期一次经验交流），以及"课改百问""同上一节课""挑战名师""新旧课堂大比拼""教育教学小秘方""感悟新课堂"等多个主题研讨活动。教师们针对新课改实施过程中的一些困惑或教学中遇到的一些难题各抒己见、畅所欲言，在有效的交谈讨论中收获了教师个人单独学习所得不到的知识。通过这一系列讨论活动的开展，教师们的教学经验得到了交流，同组教师间相互学习、相互支持，既增进友谊，又促进成长，切实提高了教师队伍的整体素质。

引导教师养成良好的交流学习的习惯，根本目的就是让教师在终身学习的过程中，从一定的广度上找到自己的深度。

三、有的放矢——养成勤于练功的习惯

教师的基本功可以分为内功和外功两个方面，教师既要练好内功，又要练好外功。三笔字、简笔画、电教手段等外功开展容易，坚持难，必须常抓不懈。钻研教材能力、设计课堂教学能力、教育科研能力、计算机能力等内功既需名师指点又要个人付出极大的心血。练好内功是关键，需要教师一生不懈追求。教师基本功是教师从事教学工作必须具备的最根本的职业技能。教师基本功训练的目的就是让每一位教师都自信地站在讲台上。

1. 以实效性为原则选择基本功训练内容

日常的教学中，能书写规范工整的汉字，讲一口流利的普通话，设计一个完美的教学案例，制作一个合格的多媒体课件，上好一堂令学生满意的课，是教师们期待达到的理想境界。粉笔字、普通话朗读、课件制作、简笔画、说课等基本功项目与课堂教学联系得非常紧密，这些基本功对于提高教师的教学水平有着重要的意义。北台小学选择的基本功训练项目必是与教学实际息息相关，粉笔字、钢笔字、教案书写、说课、演讲、朗读、学科基础知识、学习新课标、课件制作，每一次训练都能让教师在参加基本功训练后可以立刻学以致用，在教学的实战中运用基本功训练获得的技能取得胜利。

2. 以自学和辅导相结合的形式开展基本功演练

要想掌握任何一项基本功都离不开踏踏实实的苦练。教师基本功训练涵盖的内容很广泛，需要锲而不舍的精神和科学的方法才能达到预期的成果。在训练的过程中，教师不间断的自学起着决定性的作用，在自学的同时及时而又有效的辅导，无疑会助推教师扎实地掌握基本功。

"教学生一手好字，教师必先有一手好字"，写字对教师来说是重要的一项基本功。为切实夯实教师的写字基本功，提升教师的书法水平，北台小学在指导教师练一手好字方面，把加强日常不间断的练习与专业指导结合起来。聘请校外的书法专家讲解汉字的起源与汉字的间架结构，让教师了解汉字，喜欢汉字。从校内发掘书法方面的人才，让其成为专业书法教师，并利用集体研训时间开展关于硬笔书法的校本培训讲座。培训活动中，书法教师用通俗易懂的

语言，生动形象地讲解书法技巧。从书法的基本笔画讲起，对汉字的基本笔画、间架结构和笔顺规则，进行了深入浅出的讲解并示范，手把手地教全校教师如何写好硬笔书法。

骨干教师结合本学科特点，讲解不同课型的教案的设计、课堂教学过程中的技巧；负责电教的老师和美术教师联合为教师讲解如何制作实用、美观的课件。类似这样的讲座始终贯穿于北台小学基本功演练的过程中，每一次这样受欢迎的讲座都令全体教师受益匪浅。

3. 以多样的评价方式来展现基本功演练的成果

流程量化考核是北台小学评价基本功演练成果的一个重要方式。同时，利用每周三集中学习时间展示基本功演练的成果。在展示的过程中，教师之间不仅能够互相学习，而且在基本功演练方面表现突出的教师得到了充分的肯定，获得了满足和自信。

四、登高望远——养成行动研究的习惯

"教师即研究者"是西方在20世纪五六十年代提出的一个命题，在西方中小学教师占主流地位的研究并非课题式的研究，而是日常教育教学实践的研究。

在一所学校，尤其是一所小学，科研的目的不是与精深的理论携手，而是通过科研转变教师的教学理念和行为，汇总教学经验，积聚教育教学智慧，让教师真正成为教育智慧的创造者。

教师的研究应该是有实实在在内容的行动研究。行动研究就是教师在教育教学实践中，把自己的教育教学活动作为研究对象，持续不断地对教育教学行为进行反思，从而形成自己的教育智慧，提升自己的教育教学水平。在行动研究中，教师既是研究者，又是实践者，更是受益者。课题研究可以服务于教学，回馈于教学，反哺于教学。教师本人要有长远的专业发展意识，因为这是你的职业生命。不去研究，积累和分析事实，就会缺乏热情和因循守旧。只有研究和分析事实，才能使教师从平凡的、极其平凡的事物中看出新东西。

教师的个人发展是与所任教学科的发展密切相关的。教师在把个人的成长发展与学科的发展规划以及面临的问题结合在一起时，就会发现许许多多的问题有待于自己去解决，就不会坐等现成答案。学科发展存在问题是正常的，教师理所当然地成为发现和解决问题的主体。

当教师发现了问题并处于问题包围之中时，主要任务就是通过对自身条件

等多方面的分析选择可研究的问题。几年来，北台小学不仅鼓励教师积极参与省级、市级、区级各级课题的研究，还引导教师立足教育教学实际确立个人课题，围绕工作实践开展草根研究。

张老师是北台小学的资源型教师，他的研究始终没有离开自己任教的综合实践学科，在研究的过程中执着的探索让张老师的综合科成为最受学生欢迎的科任课。

每个人都希望精彩地演绎自己在工作中的角色，走好自己的专业成长之路。在北台，善于研究的人才会找到演绎自己的舞台。在这种氛围中，专业发展已成为追求，对教育教学的探索已成为享受。

良好的习惯悄然改变着教师的思考方式，还有教师对自己未来发展的规划，以及职业的尊严感和幸福感。北台小学的教师们认为专业成长方式是习惯用从内心流淌出来的文字记录过去的时光，让自己的故事定格在文字中，让走过的岁月因为思考和积累而变得厚重。在交流中慢慢习惯发现，在积累中慢慢习惯思考。坦诚的交流必然带来令人欣喜的发现，深入的思考必将产生更为丰厚的积累。在交流和积累中体验着、思考着、变化着，这正是北台小学教师队伍成长的状态。

第三节　营建书香校园，积淀内涵素养

苏轼在《稼说》中说："博观约取，厚积薄发。"刘勰在《文心雕龙·知音》中说："操千曲而后晓声，观千剑而后识器。"积累和反思是成功老师的必备条件。过去谈及教师成就的话题时往往更关注的是优秀教师的教学艺术，其实，在"艺术"的背后是创造者的积累和反思。

一、读书，丰厚文化底蕴

苏联著名教育家苏霍姆林斯基说："我私人的图书馆里，在几间房子和走廊里，从地板直到天花板都摆上了书架……有成千上万册图书……我每天不读上几页，有时不读上几行，我是无法活下去的……"他认为，集体的智力财富之源首先在于教师的个人阅读。真正的教师一定是读书的爱好者。他说："一所学校可能什么都齐全，但如果没有为了人的全面发展和丰富精神生活而必备

的书，或者如果大家不喜爱书籍，对书籍冷淡，那么，就不能称其为学校。一所学校也可能缺少很多东西，可能在许多方面都很简陋贫乏，但只要有书，有能为我们经常敞开世界之窗的书，那么，这就足以称得上是学校了。"

早在1998年，北台小学就提出了建设"书香北台"的口号。直至今天，北台小学从未间断过"营造书香校园"绿色读书活动。随着课改的深入，教师专业化发展越来越受到人们的关注。课改专家这样说："教师专业化不仅包括教师的课程观念、教学方法、教学技术和手段的推陈出新，更重要的还有教师的知识底蕴、伦理道德、人格修养的不断完善和储备，而完成这种专业化发展的一个重要途径就是读书。"十年的"书香北台"让每一位教师都因为浸润在书海字潮中而聪慧了自己，提升了自己。

1. 图书馆建设，为教师读书提供丰富的资源

北台小学建校五十多年来秉承"建设书香校园"的办学理念，一直非常重视图书馆建设，尤其是近年来不断加大对图书馆基础设施的投入力度。2006年，学校投入一万多元，购买安德莱斯图书馆管理系统软件，购买读卡器、刷卡器、条码、磁卡，开始了图书馆走向现代化的进程。学校聘请专业打字员把图书信息录入到计算机中，北台师生通过一张磁卡就可以实现在图书馆借书和还书。

2008年，图书馆被命名为"职工书屋"以后，投资十多万元对图书馆和阅览室进行的装修改造。扩大了图书馆藏书室的规模，并且增加了学生阅览室和教师阅览室，并且在原来已有一名专职图书馆管理教师的基础上又增加了一名兼职的管理教师。从此，北台小学图书馆全面步入电子化、网络化、标准化、规范化的现代管理模式。由专业人员专门负责图书杂志的订购、整理、录入、上架、借阅形成一整套严格而完善的管理系统。同时，坚持每年投入万元以上购买新书订阅全国最优秀的期刊，为广大师生服务。

北台小学历届领导班子都非常支持图书馆建设，把图书馆作为建设书香校园的主阵地，在经费非常紧张的情况下，每年投入五千余元订阅全国最优秀的期刊。每年平均购买一万元左右的新书，并且常年开展六年级毕业生每人为母校捐献一本自己读过的好书活动，毕业生在书的扉页上面写下了留给母校和学弟学妹们都真挚话语，激励北台学生好好读书。

另一方面，注重图书的利用。学校领导带头学习，并在校园中广泛开展读书活动。所有的教师都开通了以读书和教育为内容的博客。在北台小学读书成了一种风尚，一种氛围，学校给教师和学生的奖励多数都是以购买图书的方式

进行的。师生们还利用图书馆自己创办校园刊物，进一步激发了大家的阅读和创作热情，使读书变成了自觉行动，成为北台教师的一种生活习惯。

北台图书馆利用有效的社会资源，积极调动各方力量，多形式地支持"职工书屋"建设。图书馆与北方图书城联合邀请国内著名的作家学者讲学，先后举办了李阳讲疯狂英语、秦文君讲儿童文学、《英才是怎样造就的》作者王金战讲学习方法等讲座，并且邀请著名作家走进北台小学，童话大王郑渊洁、《马小跳》作者杨红樱与北台师生面对面交流。北大教授曹文轩也来北台小学讲学，学校还开展了六小龄童等知名人士现场签名售书活动。这些活动在广大师生中掀起了一次次读书热潮。

2. 系列读书活动，让教师的课堂旁征博引

读书是北台小学小学教师工作、生活中不可缺少的内容。而图书推荐是北台人喜欢的一项读书活动，有着丰富阅读经验的北台教师彼此介绍推荐好的书籍，在交流读书感悟中与好书为友，开阔视野，陶冶情操，提高文学修养，体验生命活力，提升生活品位。

作为学校的常规工作，老师每年寒、暑假期必读两本书，一本是与教育教学有关的书目，一本是古今中外的一些名家名著。采用圈点批画和撰写读后感、制作读书卡等多种形式进行交流。

崔旭伟老师读过雷玲的《教师的幸福资本》之后，在这本书中找到了关于"幸福"的满意答案：真正幸福、快乐的人，会在自己觉得有意义的生活方式里，享受它的点点滴滴。他的读书感悟说："成为优秀教师的过程，也是一种'资本'的积累过程。作为一名教师能得到学生的尊重、认可、热爱和怀念，自身的价值能得到充分体现，就是我们的教师的幸福。在实现教育真谛，引领学生走向幸福人生的过程中，幸福感会油然而生，而这种幸福是任何东西都不能代替的。读着此书，就好像一位智者站在你面前，循循善诱，给我排解烦恼，给我指点迷津，又犹如一位和蔼可亲而又博学的老人，在我遇到困难的时候及时给我以帮助，让我充满信心……"

王秋菊老师通过对《薛老师讲中国故事》一书的品味，体会到了一些教书育人的道理：首先，"盘古为什么不睡觉呢？""他们为什么打哈欠？""为什么不干脆一次把话说完呢？为什么两年之后才说要练小看大呢？"这些看似有些无厘头的问题，实际上是在课堂上最常见的对话形式，学生出于兴趣而聆听故事，因为聆听而动脑思考，因为思考而产生疑问，进而形成各抒己见的热

烈讨论情景。瑞士教育家亚美路说过，教育最伟大的技巧是：启发是为了让孩子听而有发。这就是中国故事之于其他文学所不能比拟之处。这让我想起在工作中的一些小细节，开学第一课给孩子们《水滴石穿》的故事，在一点一滴的遐想中，孩子们感受到锲而不舍，虽然内容简单，但带给孩子们的感受却是不同的，也真实感受到润物无声的好处。

耿春江老师在读过商友敬老先生的《讲台内外》之后，不仅领略了大家的教育梦想，而且对照自己的工作进行了深刻的反思：作为教师的我们该如何去实践商老的这一"活泼泼"博大精深的教育思想呢？教师要学会独立评说，课堂的精彩哪里来，就在于教师和学生的独立思考与自由评说。只有用创造的态度去对待工作的人，才能在完整的意义上懂得工作的意义和享受工作的欢乐，才能使教师职业真正成为令人羡慕和富有内在尊严的职业，成为充满人类智慧和人类光辉的职业。如果没有独立评说的空间，教师这个职业就是最窝囊的职业，教书就是受罪。教师要以每一个学生的成长发展为目标。唯一真正的教育是通过对于儿童的能力的刺激而来的，这种刺激是儿童自己感觉到所在的社会情景和各种要求引发的。我们的学生都是一个个活泼可爱的孩子，他们正在依照自然规律成长着、发展着，他们的每一年、每一月、每一天、每个小时都是珍贵的。他们每一时段的生态和心态都是应该保护的，都不允许被剥夺和牺牲，他们每一时段的兴趣爱好乃至他们的语言和幻想都不允许被轻视为"儿戏""孩子话"。

读书是一种学习的过程，读书更贵在积累和交流。北台小学不断探索教师读书、积累的新途径。首先改革了教师读书笔记的抄写方式，采用了摘抄和剪报相结合的学习方法，边阅读边批画。据不完全统计，教师年平均阅读量不少于四十万字。读书不是负担，而是生活中的一部分，北台教师快乐地坚持着。每周三教师集会前的十分钟，是北台一直延续的教师读书交流时间，是成为教师业务学习、政治理论学习的重要内容。声情并茂的讲述、冷静睿智的思考、精彩深刻的感悟，激发着老师的读书欲望，很多书目一经推荐，当即就会成为校园热读书目，成为老师交流的话题。

"腹有诗书气自华"，读书是一种提升自我的艺术。爱读书的北台教师得到了书籍给予的丰厚馈赠。从一名普通语文教师成长为区语文学科教研员的王传丽老师对读书的作用有这样的认识：每一次阅读，自己都能在文字中汲取到自己不曾品尝的甘露，一次又一次，于是，生活阅历一点点地丰富了，内涵一点点地增加了，谈吐一点点地改变了，就这样阅读改变了一个人！

有良好阅读习惯的刘敏老师所说："学校倡导读书、反思，构建书香校园，很多同事都爱读书并业务精湛，他们说话时的妙语连珠、办事时的严谨周全、课堂的精彩纷呈，都让我如'醍醐灌顶'，来自内心的钦佩和紧迫感让我把工作之外的绝大多数时间都用于读书，写教学日记。"

为了深化教师读书意识，提高读书效率，几年来，学校多次开展关于读书的专题讲座、读书沙龙等活动，指导老师掌握正确的读书方法，并能善于把书中学到的知识迁移运用到自己的工作和生活中。北台小学的"书香文化"被传递到了全市的角角落落，为抚顺市中小学读书活动的开展做出了贡献。

二、写作，积累专业经验

1. 信息化建设开拓资源共享的渠道

北台小学于2003年构建了校园网。校园网在学校范围内，在一定的教育思想和理论指导下，为学校教学、科研和管理等教育提供资源共享、信息交流和协同工作的提供了快捷途径。同时，学校积极在信息技术和互联网络如何影响学校文化建构的课题研究方面开展研究，在各学科教学、教师培训、教学管理等在实践经验方面，已经产生了大量积极的成果，并取得了国家级课题《信息技术与学科教学整合的研究》研究成果一等奖。

北台小学在开放、合作、探索、创新精神为主导的新型学校文化的理念指导下，学校于2010年在互联网上建立了学校自己的网页——欢迎光临北台小学。这使教师学习、研讨的渠道更加多样化。

在网站的运作中坚持传承学校文化，坚持养成教育的核心价值观的基础上，凸现开放、合作、探索、创新的精神，培养教师形成应用信息技术和互联网络工作、交际和发展自我的行为习惯，建构新型师生关系和教学关系，熔铸和享受教师职业生涯的使命感、成就感和荣誉感，从而使学校文化充满不断前进的活力。

2. 教育博客开拓积累反思的渠道

"在积累与反思中终身学习"是北台小学教师的共识和传统。随着信息技术的迅猛发展，教育博客走进了北台教师的生活。对教师来说，基于博客平台书写自己的教育故事、教学反思、教学设计、教学课件、生活感悟等，可以在进行知识梳理、实践思考的同时，实现相互交流、智慧共享，从而不断促进自身的成长和专业发展，提升自我生命质量和价值。

北台小学校长郑霞的教育博客对教师的影响有自己深刻的理解："在一所

学校,尤其是一所小学,实现有效教学的根本途径就是引导教师自觉地开展有效研究,汇总教学经验,积聚教学智慧,让教师在思考和行动中提高教学水平。"也正是在郑霞校长的要求和引领下,北台教师开始了积淀内涵的新方式——教育博客。

(1)学校建立博客,唤醒研究意识

名为"北台科研"的博客是北台小学于2008年3月建立的,博客模板上"体验、思考、归纳、运用"这四个词语是学校对教师研究过程的理解。对于老师来说研究就是在教育教学的经历中有了真实的体验之后,静下心来思考,发现了真正的问题,努力寻找解决问题的方法。经过一段的摸索之后把自己思考和实践所得用心归纳,在实践中再次运用。在运用的过程中又会有新的体验,带来新的思考,于是,研究就在这循环的过程中不知不觉地进行着。"我们建立学校公共博客的初衷就是为了唤醒老师们的研究意识,让大家能够静下心来琢磨自己的工作。"北台小学如是说。

博客的开通是很简单的,如何有效地利用却是需要长时间思考和探究的。在博客选文是尤为关键的一个问题。北台小学科研博客上的文章主要有三个来源:

第一是贴近教育教学生活的引领性文章。在实践中我们发现要唤醒老师的研究意识不能只凭借理论,在博客的初始阶段贴近老师的教育教学生活的文章才能真正地打动他们,让他们自然而然地产生共鸣。否则对老师的帮助就很有限,交流就会流于形式。我们在博客中陆续向大家推荐了几位风格迥异的名师:心平气和、著述颇丰的薛瑞萍老师;小学科中走出的大教师王能智老师;本溪县痴迷于教学研究的徐锡贵老师;教学可亲、育人无痕的张思明老师;让生命自由吟唱的李镇西老师;让心灵在经典中憩息的王开东老师。这些博文为老师提供了利用网络与大师对话的机会,许多老师利用学校博客这一平台与教育家成了博友,共同切磋教育感悟。比如全国首席班主任、山东临沂八中王立华老师就成了北台小学几位老师的博友,彼此经常在网络上就近期关注的教育话题展开讨论。北台老师们在与这些可敬的名师用文字交流的过程中慢慢感悟到一个老师的成功源于对教育的热爱、对思考的执着和对书籍的痴迷。

第二是北台教师自己的文章。当在精神层面上认同了成长的要素之后,在选文的时候北台科研博客有意识地把目光关注到北台的教师群体,陆续在博客上推出北台教师的文章。学习的榜样从遥不可及变为伸手可触,真实的成长就在自己的左右,交流变得更有针对性,更有实效,实现了真正意义上的相互沟通。学校科研处向全校老师征集原创文章，教学反思、教学叙事、案例分析等形式内容不限，然后从征集来的稿件中挑选优秀作品推荐发表在北台科研博客上，供全体教师阅读分享、研讨交流。体育老师的《对学校大课间活动的思考》《对肥胖儿童锻炼的思考》，班主任老师的《为"善"鼓掌》《我爱我家》、教学工作的研究《识字教学的研究》等等，这些展示教师自己工作实践中思考与积累的文章，深深吸引着同事的关注，使北台科研博客成为交流研讨的舞台，每篇博文后不乏妙语连珠的跟帖，独到犀利的见解；同时也激发了教师对教育教学工作积累研究的热情，精彩文章层出不穷。

第三是引起关注的校内话题。从2009年开始我们在博客中增添了校内话题这一内容，把学校一些真实存在的问题提出来，倾听不同的声音。在全校交流的基础上，寻求解决问题的最佳方法。从学校教学研究活动的开展，到学校环境建设的想法，凡是与校园生活息息相关，教师普遍关注的话题，都会成为博客上的校内话题。在交流讨论中，教师的主人翁意识越来越强，对加强教师队伍建设、自我学习、自我提升的理念认同度越来越高。

在北台科研博客中，不分年龄、经验、背景，只要有共同的话题，教师们博客之间就可以进行交流。通过博客，让自己学到很多，让别人学到更多，博客之间实现了深度交流和沟通；通过博客，使得有经验的教师的隐性知识能够被保存和传播，年轻的教师可以站在前辈的肩膀上更上一层楼。老师们通过交流发现自己的不足，以及制订弥补的措施手段，在大家的支持与帮助下，会走很少的弯路。同时，博客也可以帮助学校老师在更大范围、更多层面上开展校本教研和课题研究。如今，北台科研已经是抚顺教育网上一个充满活力的博客平台，众多的老师参与到了学习与互动当中。

（2）校长建立博客，树立研究榜样

作为学校领导，郑霞校长积极参与学校科研博客评论，发表自己的想法，更喜欢阅读老师们的评论，从评论中理解老师的想法，她说："阅读老师们的博客，不仅可以获得动力，而且能够引发新的思考。我发现老师的评论是不容忽视的资源，所以，学校不仅鼓励大家用心阅读他人的评论，而且利用展板向全校推出优秀评论，引导大家在深入思考的基础上发表有见地的评论。"

2007年9月，郑霞校长就已经建立了自己的教育博客。尽管工作繁忙，但是她坚持每周至少写一篇博文。开博近六年的时间里，共发表博文两百多篇，累计25万字左右，全部都是原创作品。在校长的带动下，北台小学教师写博蔚然成风，大家尽情畅谈自己的教学心得，享受着交流带来的快乐，校园也因此变得和谐而富有文化气息。每天工作之余，许多老师都必须完成的一个任务就是登陆学校老师的个人博客，认真地阅读每一篇博文并且写下评论，陶醉在与老师心与心的交流中。

（3）教师建立博客，养成研究习惯

郑霞校长对于教师写作尤为重视。她说："如果一味地强调读书而不去写作，那么，我们大脑中那些沉淀就不会活起来，就是一朵朵干花，随着时间的流逝，花朵将消了颜色，散了芬芳，因此，结合博客的记录历程功能，记录自己每天突然爆发出来的想法，记录自己每天生活工作情感的发生，记录自己对事件的思考、对问题的探索……生活每一个小小的思考都会撞出我们思考的火花。而将这点点思考后可以通过日志来表现出来了。"

当教师慢慢习惯在公共博客上用评论的方式交流之后，学校的博客已经不能满足他们渴望与别人进行思想交流的愿望。于是，在学校的鼓励下，在校领导率先垂范的引领下，很多老师建立了自己的教育博客。用朴素、感人的文字将自己的教育历程写下来，及时记录下自己在教育教学中的真实体会。通过评论与志同道合者做不受时空限制的交流。目前，我们学校有60%的老师建立了自己的教育博客，有些班主任还组织学生建立了班级博客。

在撰写博客的过程中，老师们慢慢感受到研究就是坚持把自己在教育教学的现实场景中的所思所想所感所悟用文字记录下来，简单地说就是讲故事，讲述自己亲身经历的事件。这些故事具体地、有情景性地描绘出老师的经验世界，道出的是老师的真情实感，表达着老师对教育教学的理解，记录着老师心灵成长的轨迹。

北台资深博客张梅老师曾在她的一篇博文中展示了她写博的心路历程：

"让我怎样感谢你，当我走近你，我只想拾取几片树叶，你却给了我整片森林。"这句诗道出了我写博生涯的真实感受。我开博的理由很简单，一是满足自己的好奇心；二是想学着别人的样子，在网络世界建造一个属于自己的精神家园，利用这个空间记录自己的心路历程。后来，随着对博客认识到增多，我也明确了自己写博的目标，因此将博客名称更名为"楚孚者"。博客真正让我走出了狭隘的空间，拥有了一个更加广阔的新天地。我慢慢感受到写博的乐趣，体会到写博的意义。我想，"写下就是为了积淀"，写博就是记录一种过往，写下就是丰厚自己的人生。有人来交流，是因为欣赏，无人喝彩，就自我陶醉！写博的过程也是对自己的观点与看法进行剖析，从而灵魂得以净化，才气得以升华，提高了自身修养和文学素养，进一步达到了自我完善。我正用这样的方式来感悟教育，体验快乐。于是大量反映我的教学生活、学习成长的日志，在自己的笔下诞生。正是这些日志，让我在耕耘博客的过程中不断审视自己的教育行为。就这样，我一步步走来，一点点积累。渐渐地，我感觉到"博客"成了我与大家交流的平台，"博客"成了我成长的动力，"博客"更成了我生活的一种习惯。

写既是一个记忆的过程，更是一个提炼与反思的过程。我们总是一天一天地过着平凡无奇的日子。有时候一件小事让我们思考，有时候一个情景让我们动容，有时候一次教学让我们得到锻炼，有时候一次交流让我们有所收获，这些短短的瞬间都在我们的心中留下了小小的投影，让我们有霎时的感悟，点滴的所得！可若是不去捕捉，可能就如蜻蜓点水，出现一个小小的水晕，淡开再淡开，最终消失无影；也可能就如那乱成团的金丝线，不去整理，而失去了理成线后的华美。很多东西因为我们的整理不止变得有条理，也变得完整而深刻，沉淀下来的美不只是原始的美，更有展望的美！博客空间仿佛就是一面反观自我的"镜子"。写博的过程其实就是自省的过程，在这个过程中我懂得了如何提高自己，让自己在实践的积累中反思与进步。值得自豪与欣慰的是，我写的几篇教学随笔及教学案例均在国家、省级教育教学刊物上发表。虽然不多，但每次看到自己的文章变成铅字，手握稿费通知单时犹如作家般地拥有一些或认识的或素昧平生的读者，并且还常有人给予期待与鼓励，这确实是一种奇妙的体验。特别是对于抱着"写博无功利"想法的我而言，这一点点成绩也很让我欣喜万分了。

博客成就的不仅是我，还有我的学生们。写博让我尝到了甜头，我也想让我的孩子们尝尝甜头。于是，我给班级也申请注册了博客：小荷峥嵘。自从班级建立了博客以后，孩子们的写作兴趣一下子被调动了起来，他们用虽稚嫩却充满灵气的笔触抒写着心中的想法，而且很多孩子发表评论的积极性也很高。不仅如此，我还欣喜地发现，我班已经有百分之六十的孩子也已经建立了自己的博客，并在自己的博客上发表作品，孩子们在网络上互相交流，取长补短。博客不仅拉近了我与学生之间的距离，也拉近了我与家长之间的距离。

以往教师每天都在重复着单调的工作和生活，久而久之，繁重的工作，紧张的压力都会使得教师的情绪受到影响。教师将教育活动与人生思索融为一体，有了教育博客，无形中改变了教师的教育观念，教师可以通过网络建立平台，实现资源的共享，在博客中建立自己的个人档案、教学设计等等，与众多志同道合之人切磋专业技能，获得反馈信息。在不断的反思中促进教师专业化的发展。同时，在博客上写下自己对教育教学的思考让教师的交流范围不再局限于校内，而是走向了一个更为广阔的世界。教育博客给教师带来了无限的发展空间，在不断的碰撞交流中，悄然改变着的不仅是教师的思考方式，还有教师对自己未来发展的规划，职业尊严感和幸福感。

三、发表，提升专业水平

为了帮助教师总结教育教学经验和提高论文写作水平，激发教师积累、反思、提升的积极性，学校在校本培训工作中积极探索，寻求多种途径为教师创设机会、提供条件，实现了发表论文的愿望。

1.创设氛围，激活发表欲望

学校每学期都会制订教科研工作计划，定期开展教科研活动。在活动中，要求教师有目的、有主题的学习、积累、反思，每位教师每学期都要四篇有价值的教学反思、教学叙事，完成一篇有质量的论文。为便于教师操作，按照循序渐进的科学原则，各年级的教研组在学期初都要组织教师精心设计本学期的教研主题，明确集体教研主题及个人教研主题，在问题引领下开始一个学期的工作。在学期中旬，各教研组会对本组的教研活动开展情况进行研讨，进一步明确和深化研究工作。期末的各学科教学反馈质量分析会是对教学工作的总结与回顾。这样，从制订主题，实施研究，交流改进，到最后的总结提升，为老师创设了完整的研究过程。为保证各项工作持续有效的开展，学校制定了管理制度，并与教师工作量化管理有机结合起来，作为评先推优、年度考核的重要依据，从而大大激发了教师的写作热情与写作要求。

2.加强培训，有针对性指导

以往教师写出的文章，多是叙事过程，缺乏理论支撑，缺少经验提炼和创新。学校就有计划安排教师利用校园图书馆、互联网等学习、查阅相关理论资料，组织相关理论学习和培训。比如，针对新课标的理解掌握，就开展了专家讲座、基本功竞赛等。校领导班子率先垂范，在报纸、杂志、专家论著中汲取一些教育教学新思想、新理念、新动态、新信息供教师参考学习，每学期的校长工作报告都是教育新理念的一次辅导讲座。正是这种常规化的学习和积累，使教师们不断提升和更新教育教学理念，准确把握理论与实践的结合点，为撰写论文打下了坚实的理论基础。

3. 推荐发表，品尝成功滋味

在学校的努力下，教师们乐于学习、乐于积累、乐于提炼撰写文章。顺利进行论文发表，看着自己的文字变成铅字，出现报纸杂志上，这将会使教师获得更大的成功感。学校积极从网上、报刊上集体投稿，推荐教师论文发表、参评。教师的论文发表了、获奖了，大家一同阅读学习，分享快乐，让成功者尽情感受成功，让同行者倍受鼓舞。据不完全统计，仅从2008年至今，北台小学的老师们在省级以上刊物上发表文章三十余篇，获得国家级、省级论文一百五十余篇，并集全校教师的智慧，共同编著了《小学教育方法积淀》《好习惯自主成长》《给养成教育以实效》三本专著。经过长期的努力，北台小学教师的专业素养逐渐提高，人人都能撰写出行文规范、有一定水准的教育教学论文、经验总结。

第四节　创建同伴互助，成就职业幸福

同伴互助的概念是20世纪80年代由美国首次提出的。不同的学者对同伴互助有着不同的理解。有的学者将它看成是课堂观察和改善教学的方法。如迈耶和格雷认为，"同伴互助活动的过程主要是由两位教师互相观察彼此的课堂，并在随后讨论观察内容中给予个人的反馈意见；同伴互助者为对方提供积极的反馈和解决问题的个人意见，不同于以往为评价、划分教学水平等级等目的而进行的同伴观察。"也有人将它看作是"与值得信任的同事共同完成对新教育理念、教学策略或不同的课程手段的尝试"。而更多的学者则将之看作是教师之间相互学习、共同分享对教学实践认识的活动。如罗宾斯提出，同伴互助是由两位或更多的专业同事在一起工作，反馈当前的实践，发展、精练并形成新的技能；分享想法；互助教学；开展课堂研究；解决工作中的问题。同伴互助不涉及评价，它不是作为一种补救的活动或策略来"修补"教师。

道尔顿与莫伊尔将同伴互助界定为一种专业发展的手段，认为："在这个过程中，教师分享知识，相互提供支持；为提高教学技能学习新知识，解决实践问题而相互帮助，提供反馈意见。它有助于加强教师间的合作与改善教学。"

也有学者指出，"同伴互助"是一种与评价体系无关的机制。它是由两位或三位及以上的教师在一起共事，并在交流中分享、反馈与提炼他们的教学实践；他们的关系是建立在信任与保密的基础上的，不受到任何干预。在这样安全的环境中，教师互相学习和成长。

我国学者将同伴互助理解为"在两个或两个以上教师间发生的，以专业发展为指向，通过多种手段开展的，旨在实现教师持续主动地自我提升，相互合作并共同进步的教学研究活动"。北台小学对教师互助学习、共同进步的有效途径进行了积极的探索和实践。

一、集体磨课，常态式同伴互助

教研组是教师互助研讨的基本组织。为有效达成共享资源、共同提高的互助目标，北台小学将各学科的各级骨干教师科学地分配在各年级教研组，这样的人员安排能在各项教学研究活动中最大限度地发挥骨干教的示范作用，并且使这种引领示范常态化。同时，每学期教导处都会制订具体的教研计划，开展各种活动，在活动中促进教师间分享教学经验，提高业务能力。

"磨课"这是许多老师对课堂教学研究的一种形象化说法，是教师在教研组小集体常用的互助学习方法、最能体现教师互助的实效性。教研组"磨课"的方式一般有两种：

第一种方法，以年级教研组为单位，大家共同研磨一节课。北台小学一个年级单学科教研组少的有三四人，多的有七八人。基于各小组的人数不多，而且教师彼此互相比较熟悉、又都熟知同一年段教材，教师之间看得也就更准，理解也就更为深刻。全组老师集体开展，基本上由"备课—上课、听课—评课"三个环节循环进行，即教师集体备课，制订第一稿的教学设计，由组内一名教师执教上课，其他组员参与听课、评课，课后对教学中出现的问题进行研讨、修改教学设计，并由组内另一名老师执教第二稿教学设计；然后再听课、评课、修改，执教第三稿教学设计……直到满意。这样的"磨课"的过程，就是一个完整的教学管理过程，从目标的制定到具体实施，再到最后的总结评价，正好构成了一个完整的流程，全组老师每人都要参与集体的讨论、策划、修订和完善，都要在各个角色上得到学习和锻炼。讨论中教师们在一起总能找到共同语言，讨论或交流起来气氛尤为热烈。尤其是一到议课评课这一环节，教师们往往是经常忘了时间，仿佛是有说不完的话。办公室里、茶余饭后，老师们的话题都是磨课。

第二种方法更侧重于目标培养，即一堂课始终由一位老师执教，每上完一次，都有一次集体探讨和修改教学设计的过程，然后重新执教，比对成败得失，再进一步修改完善……不断优化，不断超越。多次的上课、研讨中上课的教师一次一次思考、实践，再思考，再实践，不断提高自己理解教材、驾驭课堂的能力，而其他教师可以纵观全课，也可以微观某一个教学环节，甚至针对某一点问题，在听课、研课中不断发现问题，不断研究，并在同事的课堂实践中检验自己、提升自己。

"磨课"虽然有它相对封闭的运行流程，都采用了"比较法"的研究策略，不管是横向比较还是纵向比较，都有利于将教学研究推向深入。但一个流程的结束同时意味着新的过程的开始。所以，"磨课"还是一个研究行为继续跟进、研究轨迹螺旋上升的形态，而且种"磨课"的过程有利于反映集体的意志和智慧，充满了民主和谐的氛围，自动构成了一个能动的"磁场"，带动每一个成员自主地参与并自如地运行。

二、教学论坛，主题式同伴互助

网络上所说的"论坛"一般就是大家口中常提的 BBS。在网络以外的现实世界中，"论坛"是指一种高规格、有长期主办组织、多次召开的研讨会议。北台小学开展的教学论坛实际上都是有主题的教学研讨，这也是北台教师喜爱的专业发展互助活动之一。这种主题式研讨对于解读新的教育理念、解答教师工作中的困惑等都极具时效性。

北台小学的研讨活动是学校生活化的事情，按参加论坛的人员结构上划分，有以年级组教师为主体的各年级研讨、以任课学科教师为主体的教研组研讨；按教学活动安排划分，有学期初骨干教师观摩研讨，学期中后期的复习课研讨；按工作目标进行划分，有期末教学反馈、活页作业改革、构建北台小学幸福课堂等。在每一次的论坛活动中，每位教师对教学理念的理解及教学方法的运用体现的仁者见仁、智者见智，尽显教学能力。北台倡导"君子和而不同""用思辨的眼光看待"的思想，因此，学校教学、研讨时常会出现不同的声音。学校教导处根据基层教师的意见或工作需要确定研讨主题，提供互动平台、构建互动模式。

北台小学的教学论坛活动始终遵循着如下原则：

1. 鲜明准确的主题使活动更具目标性

主题鲜明准确是保证论坛活动有效开展的重要保证。因此，学校领导对每次活动的主题都慎重选择。一般来说，论坛活动的主题是以满足教师队伍建设和教师专业成长的需要，并解决教师教育教学工作中的困惑为出发点来设计安排的。如，2004年以来，学校从学生作业入手大力探索减负工作的落实。那么，如何在课改新理念下既保证教学质量又能减轻学生的课业负担呢？针对这一问题，学校组织教师开展"减负不减质的作业改革研讨""构建高效课堂，数学练习课教学研讨"等主题，从不同角度解读、落实课改精神，提升教师教育教学水平。

2. 参与人员范围明确使活动更具针对性

面对年龄在6—12岁的孩子，小学教师的日常工作是琐碎而繁忙的，因此，对于开展的每项活动，学校都进行科学合理的规划针对各个群体的研讨活动。各学科的活动、班主任的活动、科任教师的活动……同时，每次活动学校都努力做到邀请上级研训部门、骨干教师、学科带头人等以提升研讨的质量。这样，有专家的引领、有感兴趣的话题、能解决工作中的困惑，教师们对这种活动是非常喜欢的，也是非常受益的。

3. 丰富灵活的形式使活动更具民主性

既然是谈话类活动，一个能起到穿针引线作用的主持人是必不可少的，更重要的是围绕主题开展自如深刻的对话。为了避免单调、沉默，每次论坛活动的形式都会有所不同。根据主题，有时是正反两方的辩论式，有时是答记者问式，有时是案例分析式等，而负责活动的主持人是校内的老师，因为性格千差万别，主持风格自然也会不同，所以，每次活动总是笑声不断，气氛热烈民主，参与者之间没有绝对的权威，大家各抒己见，时常有思想交流、智慧碰撞、观点交锋。

4. 及时有效的总结使活动更具指导性

无论怎样深刻的主题、新颖的形式，热烈的讨论，最终都应该形成对讨论主题的阶段性看法或认同，这是众人观点和智慧的有机整合。

北台小学进行了学生作业改革，由教师精心设计的活页作业代替以往的作业本和大量的练习册。可是在设计和使用活页作业的时候，教师们就产生了一些困惑。于是，教导处精心策划，召开了"活页作业改革论坛"时，先是三级数学教研组长对这次备课过程进行说明，然后三年级数学教研组进行了集体备课（活页作业设计）的演示，接下来，各数学教研组提出自己的问题，有教学校长、教导主任予以帮助解答，最后，确定了针对活页作业设计集体备课的具体操作流程，提高了教师的工作效率、确保了活页作业的质量。

可以这样说，零距离的互动，具有现实意义的讨论、可操作的实践经验，教学研讨加强教师的沟通、提升了团队意识，体现了教学以教师为本的理念，促进了教师专业知识的积累与内化。

三、青蓝工程，递接式同伴互助

作为抚顺市的窗口学校，北台小学拥有一支高素质的教师队伍，五十多年积淀的严谨治学、敬业奉献的优良学风和教风在"青蓝工程"师徒结对子活动中代代相传。

为了真正打造北台小学教师队伍团体，提高教师的教学水平，市区骨干与青年教师携手结成师徒对子。师徒结对，是经验与关爱的传递，是收获与激情的融合，是生命与事业的延续，是成熟与积累的再生。"青蓝工程"的实施，立足于教师们的共同成长，着眼于北台小学的长远发展。师徒结对子的过程，是一个有目标、有计划、分阶段的经验传授的过程；是一个一招一式地学，继而认真揣摩、探索出具有适合自身特色的教学风格的过程；更是一个双方互动、双赢，不断开拓、创新、提高，教学相长的过程。

既然称之为一项工程，一对一的师徒结对，使带教工作更有针对性，也更个性化。他们经常与徒弟进行课堂教学研讨、学科讲座、外出听课、论文指导等，全方位地加以指导和帮助，使徒弟们获益不少。

无论是师傅的示范课、还是徒弟的展示课，每个人都有自己的思考和收获。课堂教学是一门遗憾的艺术，任何一节课都不可能是完美无缺的。每一位上课者都会在课堂教学中有所思考，有所体现。只要教师在思考，只要教师在教学中不停地实践，必然会越来越趋于完美。每一次教学活动促使教师不断地反思自己的教学，课堂都能达到"共享式"的课堂，

在一次"青蓝工程"系列研讨课后，校园网上有如下报道：

本次活动共上两节研究课，一节是耿春江老师执教的《语文园地教学》，一节是刘荣霞老师执教的《用比例解决问题》。课堂教学结束后，语数老师分别围坐一起，针对所研究的内容经过细致入微的思考后，展开了有效的讨论。

一是对两位执教老师的课堂教学进行点评；二是对所研究的教学进行深入探讨，让课堂教学更有实效。通过交流，老师们一致认为应该做到：

数学方面：

在解题过程中要给学生充分的学习时间，让学生独立思考，动手尝试解决问题。在解决问题过程中培养学生用严谨、准确的数学语言进行描述，并培养学生的归纳、总结、概括的能力。在数学课堂中教师要有效落实培养学生学习数学的能力。

语文方面：

1. 园地中所给出的知识内容只是起到引导作用，不能就练习讲练习，一定要透过所给的练习，深入地分析。执教老师对园地中所传授的知识，要结合本单元课文的内容进行有效的扩展，真正起到举一反三的作用。

2. 对于如何进行有效拓展，需要我们课前充分备课，而且年组集体的力量不容忽视。因为很多知识点，我们通过研究，作为教者才能更准确地把握，同时才能够清晰、无误地传授给学生。

3. 综合实践板块，不能忽视。这是学生对语文学习热情的一个切入点。学生也许就因为我们用心地教学，用心的实践，变得越来越喜欢语文。所以，这个板块同样要重视，还要更有趣味地引领学生去做。

4. 可以针对某个版块进行专题研究。关于课堂教学的研究，我们不是理论家、研究家，但我们是实践家。我们能从一线课堂中进行总结、完善。多一些实践，多一些思考，课堂，我们展示的舞台就会多一层魅力，愿所有老师都能成为具有无穷魅力的老师。

虽然只是校园网站上一篇简洁的快讯，可是透过寥寥数语，可以看见教师们认真的研讨的过程。

一轮一轮的"青蓝工程"师徒结对子，传承了北台文化、有效发挥了骨干教师的示范作用，确保了教师队伍的勃勃生机。师傅们用自己精湛的教学技艺和人格魅力，引领教师共同成长。他们用榜样的力量发挥示范、激励、凝聚和辐射作用，为青年教师随时随地解惑、释疑，使他们以更快速度成长。今天的教学骨干，曾经是昨天的徒弟，今天的徒弟，将来会成长为更具新时代风采的骨干教师，成为学校的中坚力量，成为新教师的师傅。教学质量是一个学校得以蓬勃发展的生命根基。作为传统的教育教学名校，学校一直把关注的目光投向教学活动的每一个环节，每走一步都希望有意义、有价值，既能触动师傅们的不断反思，积累更丰富的教学和指导经验，又能催促青年教师深入钻研，在教学技能与技巧上有新的突破与进展，进而实现北台教师从研究型到专业型的全员推进与发展。

四、协作体交流，区域式同伴互助

一花独放不是春，万紫千红春满园。作为窗口学校的北台小学，一直在抚顺市基础教育中发挥着巨大的示范作用，经常接待来自各县区参观学习的教师。为进一步发挥名校功能，实现教育协调发展，凸显新抚教育"均衡教育资源，提升教学质量"的教育理念，由新抚区、顺城区教育局统一安排，北台小学与南台小学成为结对互助协作体、与新华二校建立联谊关系。

北台小学与南台小学的学校领导共同研究制订实施方案与协作体活动计划，组织开展相关教育教学与管理活动，研究解决协作体内遇到的困难与问题，有效开展共同体内各项工作，确保学校共同体健康发展。明确责任主体；明确责任分工；明确任务分解到位，联动实施项目；健全各项保障机制，确保有效实施；建立互通管理平台，共享优质资源；组织专题教育研讨，实现共赢共生；建立反馈评价机制，优化实施策略；初步达成实施目标，促进发展提升；积累共同发展经验，提升办学水平。协作体组建以来，已初见成效。

为了在真正意义上发挥协作体的作用，实现校际的优势互补，在两校校长的提议下，由北台小学教导处牵头，2013年9月9日，在北台小学进行了南北台协作体首次校本研训活动。

根据不同学科的特点，年段教学重难点的差别，这次教研分成了三个教研组。语文组由北台教导处崔静主持。她结合林清华校长在省骨干培训活动中的反思所得，侧重进行了口语交际教学的专题解读。崔老师结合教学实际，深入浅出地进行了口语交际教学重难点的解析，使每位语文教师意识到口语交际教学既要抓住交际能力、交际策略这个训练点，又应该掌握实效性的方法引导孩子学会口语交际。数学研训分为低、高年组。教研主题分别是培养学生的估算意识、转化解决问题的有效方法。教师们在观看名师课堂教学的视频片段及主讲教师王贞、孙昕的解析之后，结合自己的教学实际展开了热烈的研讨。在多边互动过程中，教师们明确了低年估算教学的重要性、落实方法；高年转化问题教学中，要借助线段图寻找解决问题的重难点所在，教会学生进行新旧知识的转化，进而解决数学难题。

通过这次活动，不仅密切了南北台协作体之间的关系，更重要的是在教学难题面前，协作体在真正意义上实现了资源共享，共同进步。

接着，南北台协作体数学系列教研活动——新授课、练习课、复习课的课堂教学结构研讨活动持续进行。12月11日，数学复习课课堂结构的研讨活动，在北台小学拉开帷幕。这次活动，协作体的数学教师多人试教、反复研讨，在教研团队的共同努力下，初步探索出具有北台特色即幸福课堂理念下的复习课模式，并由北台小学的赵淑琳老师指教三年级《测量》、南台小学的孙舫老师执教的《平行四边形与梯形》向协作体全体数学教师作以汇报。

协作体的教研活动得到了新抚区进修学校数学教研员王伟老师的关注，在他的支持下，活动取得了满意的效果，两校全体数学老师在反馈中对这两节课都予以高度的评价，并结合自己的教学实践对如何上好复习课有了新的思考。临近期末，这次活动也将对高效、减负的期末复习工作发挥重要的作用！

与教学活动同时开展的还有协作体少先队一年级同学的入队活动、协作体体育趣味运动会等。各项活动的开展为两校师生间交流与互助搭建了平台。

2013年5月，与顺城区新华二校建立了的手拉手校际联谊关系。两校间的交流活动在如期举行。首先是北台小学的骨干教师与新华二校教师结成师徒对子，在学校安排下一对一互相听课；新华二校领导带领一、二年级的全体老师和北台小学一、二年级的语文老师共同参与了这次活动。本次活动首先是市语文评优顺城赛区获得第一名的新华二校杨琼老师上《画家与牧童》的观摩课。杨老师与二年级七班的孩子们共同营造了自然、和谐、有效的课堂教学氛围，给参与本次活动的所有老师留下了深刻的印象。课后北台小学二年语文组进行了集体备课展示。这样有效的交流活动，让教师不仅看到了合作学校优秀教师的风采，同时，也通过交流促进了彼此的发展，使双方都受益匪浅，真正实现了双赢。

在校际联动互助中，无论是高质量的教学展示活动，还是精彩的教学研讨活动，北台小学本着"优势互补，互相协作，共同提高"的原则，充分发挥共同体学校的力量，整合优质资源，以强带弱，积极探索资源共享、优势互补、区域协作、共同发展的办学新模式，努力落实"共享、共建、共赢"目标，办学水平和社会效益明显提高。特别是协作体学校间教学联谊活动，双方教师都能真真切切地融入对方学校的日常教学工作中去。这样的体验活动来得更为生活化，更为全景化。不仅参与活动的教师本人受益匪浅，在师德、意志品质、教学技艺等方面得到迅速提升，而且周围的教师在交流中思想意识也有了提高。

北台人深知只有一流的教师队伍才能创造一流的教育业绩。教师队伍建设永远是学校管理中一个永恒的主题，是关系学校发展进程和水平的决定因素，是学校的发展之基、竞争之本、提高之源。

对许多老师而言，如果没有新形势的要求、没有明确的方向引领，她们就会安于现状，按已熟悉的思路和方式进行日常工作，甚至容易出现职业倦怠，自然也就无法真正融入课改当中。通过专家培训、骨干教师示范相结合的有效引领，教师队伍不断更新教育观念，在学习和实践中认真反思几年来的课改实践，认真研讨如何进行教育观念到教育行为的转化问题。教师们深刻认识到如果不迅速改变教育观念，不仅会影响到自己的专业发展，更会影响到新课程的实施。正是有了这种思想上的飞跃，教师们有了主动进步的意识之后，实现"内化于心、外化于形、实化于行"的目标就具有了可行性。大练教师基本功是内化教师专业素养的途径之一，从宏观对2011版课标理念的深入学习、课堂教学的观摩研讨，到细微的写好粉笔字、说好普通话等等，都是教师们演练的内容。

一个优秀教师队伍必须由优秀的师资来支撑。厚积与互助充分体现了个人成长与团队共同进步的相辅相成的密切关系。北台小学书香校园浓郁的学习、研讨氛围促进了教师主动学习、主动积累、主动提升；多种形式的互助加强了团队成员间的资源共享、探究合作，"能用众力，则无敌于天下；能用众智，则无畏于圣人"，教师个人的学习与积累必须通过与团队成员的互动交流得到内化和升华，而教师的成长也必然促进团队整体素质的提升。

新课程改革，对每一个教师来说都是一次专业发展的机遇，同时，也给教师们带来了许多新的挑战。教师是新课程改革与发展的主体，其专业素质的高低影响着新一轮课程改革的成败和教学质量的提高。教师自主发展的需求和动力，对教育改革挑战的态度和能力，教育教学专业思想、专业能力、专业情愫等，都是影响教师专业发展最主要、也是最根本的原因。每个教师只有高度重视和积极促进自身的专业发展，才不会在新课程改革的浪潮中被淘汰，在这种时代背景下，北台小学坚持以"引领、内化、厚积、互助"为核心，着眼于教师的可持续发展，立足于强化教师自主发展意识，努力建设一支师德高尚、爱校敬业、真诚奉献、严谨治学、业务精湛、教风优良、团结协作、廉洁从教的教师队伍。时至今日，北台小学已经培养出省级骨干教师8人，抚顺市小学各学科带头人9人，他们不仅成为抚顺市基础教育的排头兵，享受到教师的职业幸福，而且引领北台小学走出了富有北台特色的教改之路。

第三章　家长学校建设

父母是儿女第一任教师，更是终身的教师。家庭是孩子成长的第一课堂，也是终身的学堂。教子成材是父母的职责和义务，要使孩子得到良好的教育，要使家庭教育成为滋润孩子心田的不竭之泉，家长们需要了解教育的奥秘，找到适合自己孩子的教育方法，把握教育的时机，挖掘教育的潜力。在学校教育教学管理中，家长学校的建设与发展如同一把金色的钥匙，为家长们开启了孩子教育的成功之门。在学校的管理安排下，家长学校巧妙地把学校教育、家庭教育、社会教育有机的统一于一体，让学校教育、家庭教育、社会教育共同作用于孩子们的身上，为培养新时代祖国、社会、家庭所需栋梁之材提供巨大的动力。

第一节　家长学校建设的意义

家庭是天然的学校，是育人的摇篮，是人生的第一舞台，家庭教育是培养人才的起点。孩子在家庭中接受父母的启蒙教育，孩子身心的健康成长是在父母的直接培育下才得以实现的。但是，由于种种原因，很多家长并没有真正认识到做父母的责任，没有认识到科学的家庭教育对孩子学业成功的重要性。不少家长认为，孩子学习的好坏是学校教育的结果，有了学校教育，家庭教育就无关紧要了。中华妇女联合会的一份资料表明，我国有接近四分之三的家长教育方法欠妥或有严重偏离，只有不过四分之一的家庭教育比较科学。很多专家呼吁家长们不要以为教育孩子可以无师自通，应该通过各种方式树立正确的观念，学习科学的教育方法。解决家庭教育实践中的问题和矛盾，已到刻不容缓的地步。作为学校教育管理者，面对如此严峻的形势，深刻体会到家长学校建立的必然性、必要性、紧迫性。家长学校的成立是解决家庭教育问题的有效手段，家长学校传授家庭教育知识，使家长掌握家庭教育的基本原理、规律和方法，帮助家长树立正确的家庭教育观念，提高家长自身的素质，提高家庭教育水平。加强家庭教育与学校教育、社会教育的联系，从而使家庭教育发挥出自身最大功效。

一、家长学校建设，送学生一个成长的空间

家长学校给予家长科学的指导，改变家长教育方式，提高家长自身修养，让家长为孩子创造一个健康成长和学习知识的空间。这份空间不仅能够满足孩子生活学习必要的物质条件和适合的场所，更要满足孩子的精神世界。而这更需要家长学校的指导，提升家长高尚的品德、健康的心态和不断进取的精神进而营造出温馨愉悦的家庭氛围。父母是孩子的首任教师，是孩子首先模仿的榜样。学生在这样的空间下，在榜样的感染下，汲取进步的动力从而健康成长。

二、家长学校建设，尽家长一份助学的义务

教育孩子是每个父母应尽的义务与职责。家长学校为家长树立正确的家庭教育观。让家长了解孩子眼中的世界，用他们对世界的理解去解读孩子的行为，和孩子们建立"朋友式"的新型关系，参与孩子的活动，促进孩子的成长。家长学校注重培养家长科学的教育观，使家长明确要教会孩子学会生存，学会学习。让孩子增强学习信心，提高学习兴趣，让孩子在学习中找到乐趣。家长学校要让家长明确孩子需要的，不仅有知识，还有能力、道德、品格、体质、情感等各个方面。而这些道德、品格、情感等教育常常受到家长人格魅力的潜移默化的影响，家长学校不断提升家长自己的教育理念，不断完善家庭教育方法，让家长与孩子共同成长，让学校教育与家庭教育为孩子的明天贡献最大的力量。

三、家长学校建设，给学校一个发展的平台

家庭教育和学校教育如同人们的双手、双腿、双脚，相互依赖，缺一不可。学校教育需要良好的家庭教育予以配合，因为家庭教育的好坏影响着学校教育的顺利实施。因此，老师、家长都要努力使学校和家庭教育形成合力。家长学校建设，培养了大批高素质、不断学习科学教育理论、不断在家庭教育实践中提高自身修养、积累丰富家庭教育经验的优秀家庭教育实施者，这些优秀的家长又为学校教育注入了新鲜血液，给学校搭建了独特的教育发展平台。

第二节 家长学校建设的作用

现实生活中许多家长把家庭教育等同于辅导孩子学业，孩子的成绩成为衡量他们是否优秀的唯一条件。过分的溺爱或"棍棒"教育都扭曲了孩子们的心灵。这些现象的存在，究其根源，是家庭教育作用的错位理解。

一、家长学校提高了家庭教育的科学性

我们知道在学校教育中要教育好学生，首先要教育好教师。那么，在家庭教育中要教育好孩子，也一样首先要教育好家长。家长学校要对家庭教育者进行指导和帮助，帮助家长树立正确的教育观念，让家长走出误区。家庭教育不仅是基础性教育的基石，而且主导着其他的教育，是任何学校教育和社会教育永远不可代替的。家庭教育比学校教育更能塑造孩子的道德品行、文化品位和价值观念。对家庭教育实施者进行科学引导才能保障良好的家庭教育平稳、持续、健康的发展。只有科学的家庭教育，才能促进学生健康成长，最终使学生们成为具有良好人文素养、较高科技素养的人才。

二、家长学校密切了家庭、学校、社会三者之间的关系

学生成长离不开学校教育、家庭教育和社会教育。学校是专门的教育机构，在三方面教育中，学校教育起主导作用，具有较强的科学性和统一性特点。在家庭教育中，父母和家庭环境对学生产生着潜移默化的影响，家庭教育带有浓重的感情色彩的同时，又有着较大的差异性；社会是学生成长的大课堂，社会的各种现象必将对学生身心发展起着不可估量的作用，所以，社会教育体现出多样性、实用性等特点。这三方面教育之间不存在任何隶属关系，各有相对的独立地位和独特功能。而家长学校密切了它们之间的关系，使家庭教育、学校教育、社会教育互相依存、互相渗透、互相影响、互相制约，形成目标一致、功能互补的教育合力，共同作用于学生，使学生教育获得最佳的教育效果。

三、家长学校对学校教育形成科学的反馈和监督机制

家长学校的建立使家长主动参与到学校的管理与各个活动之中，家长学习并掌握科学的家庭教育方式，经常与学校尤其是班主任进行交流，了解学校发展动态，询问学生的学习、生活情况，了解孩子的思想表现，及时进行教育，

争取最佳效果。家长依靠学校，创建科学的学习型家庭，利于培养孩子的创新精神和提高实践能力，同时，对学校教育形成科学的反馈和监督。这样，家长学校成为一把双刃剑，既指导家长成为科学的家庭教育者，又使家长成为学校教育的科学监督者，促使家庭教育与学校教育紧密结合，共同发展，共同提高。

第三节　北台小学家长学校建设"三重视"

家长学校建设是一项任务艰巨、内容繁多、结构复杂的系统工程。由于家长的年龄结构、阅历背景、文化层次、教育观念等方面千差万别，因此，对家长学校要加强管理、真抓实干、力求实效，才能真正发挥家长学校的作用，否则就如同虚设。

北台小学的家长学校成立于1998年，由学校优秀教师及邀请校外教育专家学者组成家长学校的教师队伍，由学生家长委员会形成核心成员，学校按照学生的年级和班级结构进行分级管理。尽管由于学生的升学流动，家长学校的学员也在不断变化，但学校的教育理念和宗旨始终坚持为广大家长和学生服务，使家庭、社会、学校形成三位一体的纽带。多年来，家长学校成了教师与家长沟通的桥梁和纽带，成为交流家教经验、切磋家教方法的园地，充分发挥了正能量，也使我们对家长学校的建设和发展充满了信心和希望。但家长学校的建设不是一成不变的，要通过不断更新观念，改善建设方法，更新教育形式和内容来紧随社会的发展以及环境的变化和影响。经过不断实践和总结，要做到"三重视"：

一、重视家长学校教师的整体素质提高

1. 提供外出学习培训的机会

家长学校教师的整体素质需要在不断地与时俱进、更新观念、相互学习、自我完善过程中进行培养和提高。在当今信息时代，社会的新鲜事物瞬息万变，学生不但对新事物获取的渠道多样，而且获取的信息广泛，直接影响着孩子的心理变化和人生观的形成。因此，家长和教师只有不断充实自己的知识量、更新观念，才能与孩子有共同语言，才能在家长与孩子们的"代沟"之间搭起一座可沟通的桥梁。"走出去，请进来"是一条有效途径。

多年来，北台小学不定期组织一些骨干家长学校教师到北京、上海等地参

加全国家长学校研训班学习，通过各类培训研修学习，一方面拓宽了教师的视野，更新观念，取长补短，增强了团队意识；另一方面可以使教师们在学习中掌握更多更好的现代化学习手段和工具。只有站位高、目标远、平台广，才能使家长学校教师队伍的整体素质得到提高。"请进来"可以引进好的经验和典型事例，特别是近几年，北台小学邀请全国、省内的各级各类优秀教育专家莅临北台小学光临指导，其中，山东省全国优秀班主任王立华老师、铁岭市进修学校校长郑重等教育名家的专题报告在老师中引起了强烈的反响，亦增强了对家长学校建设的信心和发展的动力。

2. 定期组织专项学习辅导

（1）注重家长学校教学内容的针对性和实效性

家长学校是随着社会的进步，对学生教育需求的发展而产生的新事物，需要在不断地摸索中积累和总结经验。因此，对于非专业的家长学校教师还需要通过定期专项学习辅导来提高工作能力和水平。几年来，北台小学每学期均由校领导、家长学校骨干教师根据省统编教材内容有针对性地对相关教师进行专题指导，如每学期期初进行《如何让家长会更显实效性》，学期中结合学生年龄特点进行《小游戏大学问》《讲究批评的艺术》，学期末复习前进行《如何让家长成为孩子学习的榜样》等，这些内容的设立使家长学校教学内容更具针对性和实效性。同时，由于家长学校的教师们在学习时间和空间具有广泛性和不确定性，不适合经常集中授课，针对这一实际情况，为使教师们学习目标相同，北台小学每学期又分别制定了家长学校教师的自学内容计划，不但提高了教师的业务水平，更促进他们将学习中的理论与实践相结合，能更好地教育和培养学生，进而得到社会、家长、学生的认可。可见，教学内容要具有较强的针对性和实效性才能体现家长学校的办学宗旨，更有办学吸引力。

（2）注重推广先进的典型经验

家长学校的学员群体具有特殊性，虽然他们在教育孩子的目标和宗旨上是一致的，但是他们所面对的教育对象——学生，个体差异很大，因此，不能用单一的方法，更不是单纯地通过理论学习就能达到目标的，还需要具体问题具体分析。对教师，每学期北台小学均定期组织相关教师进行社会热点个案剖析研讨，如针对某校学生不接受老师批评跳楼事件、教师尊严被学生侮辱后掌掴学生事件等，北台小学组织了《蝴蝶效应——不同的应对不同的结局》，针对当前社会对教师的非议，北台小学组织了《职业威信，你从哪来？你到哪去？》的专题研讨，每周三业务学习中骨干班主任的教育故事分享；对家长，每学期北台小学均组织家长们参加相关培训，如《特别狠心特别爱》《青春期不是危险期》等，利用这些典型个案分析，推广先进的成功经验。这些活动在家长学校教学中是切实可行的教学方法。每个家长都有很多育儿心经，无论成功与失败，对他人来说都能起到借鉴作用。家长和老师在教育孩子过程中，善于将不同类型、不同性格的孩子进行分类，根据所学经验因材施教，使他们在育子中享受事半功倍的成功感。

3. 注重家长学校活动后的总结和反思

俗语说，"尺有所短，寸有所长"。对于家长，往往习惯于拿别人家孩子的优点与自家孩子的缺点相比较，如果方法不当，不但对孩子的自尊心有很大伤害，家长也会失去教育的耐心，这是教育大忌。其关键就在于家长们看问题的片面性，只知其一，不知其二。而家长学校的学习和交流，会让家长们增进对孩子们的个性了解，使家庭教育更具针对性。但这种学习和交流不能只流于形式和表面，更需要家长在活动过后的总结和反思。每次学习，北台小学德育处均组织教师、家长们进行相关调查、学习效果的反馈，以不断强化学习效果，促使教师、家长深层次地思考教育的真谛，领悟教育的手段和方法。

二、重视对家长家庭教育的指导

1. 提高家长认识，创建良好的舆论环境

对学生而言，心理年龄不够成熟，还没有足够的明辨是非、判断对错的能力。如果家庭教育和学校教育不能达成共识，就会使孩子摇摆不定，是非不分。家长学校就是在家长和学校之间搭建一座桥梁，为孩子们营造一个思想统一、目标一致、齐抓共管的教育环境。但在实际生活中，并不是所有的家长都能正确认识这一点，因此，提高家长的认识至关重要，只有两者并驾齐驱，才能让孩子在笔直的大道上畅行。

2. 帮助家长走出"家庭教育"的误区

经过大量调研，我们发现，家庭教育中往往把孩子的学习、才艺放在第一位，其次才是生活能力、社会交往能力等。而孩子长大后能否在社会立足，能否有更大发展，孩子的团队意识和社会交往能力更为重要。这就是家庭教育与学校教育的着重点不同。还有的家长不负责任的认为教育是老师的事。因此，家长学校可有效地为家长提供集体学习的机会，通过家长们的集体学习感受教育的重要性和良好家庭教育的魅力，帮助家长走出"家庭教育"的误区。

3. 指导家长创建温馨家庭促亲子心灵的交融

每个孩子都希望有一个温馨的家，一个快乐的童年。温馨快乐的家庭环境有利于孩子心理的健康成长，有利于培养孩子积极进取、阳光善良的好品质。那些家庭出现裂痕或是整天争吵不断的不和睦家庭，往往带给孩子极大的心理伤害，产生强烈的自卑感、敌对心理，变得性格孤僻冷漠。久而久之，他们很难融入群体生活中，甚至容易做出极端的行为。因此，家长学校要指导家长营造温馨家庭，让孩子在与家长的心灵交融中健康成长。

4. 要求家长做孩子健康成长的榜样

从遗传学和生物学讲，孩子就是父母的影子，父母是孩子的镜子。家长的言行举止直接影响着孩子的成长。因此，家长要养成良好的生活习惯，树立积极乐观的生活态度。在孩子面前不能不以善小而不为，不以恶小而为之。家长要成为孩子的良师益友和学习的榜样。

三、重视调动家长参与学校教育的积极性

1. 各级家长委员会的建立

由于家长学校成员相对多且情况复杂，很难统一管理。因此，北台小学通过建立各级家长委员会，按照校级、年级、班级三层管理结构建立家长委员会。由学校领导、教师选举有责任心、有精力、有经验的家长担任。委员会成员分工合作，配合班主任老师参加学校、班级组织的各类活动，为学校、班级献计献策。

2. 优秀家长的评选

榜样的力量在群体中凸显带动和带领的作用，它能激发团队的激情和积极性，家长学校也不例外。北台小学非常重视家长委员会的作用，并定期根据在不同活动中的表现，评选出优秀家长以促进家长学校的建设。同时，给这些优秀的家长们提供平台向其他家长介绍育子经验，这样做一方面通过优秀家长的先进事例对其他家长起到示范和借鉴作用，另一方面，被评为优秀家长的孩子会感到无比荣耀，会配合家长不断激励自己更加优秀。因此，优秀家长评选的深层意义在于给孩子们形成一种无形的推动力，让孩子们在"比、学、赶、帮、超"中健康成长。

第四节 北台小学家长学校建设多元化

从哲学意义上讲，"多元"是指性质不同的东西并列存在、共同发展，而家长学校的成员的多元化是其最显著的特点。家长的年龄结构、受教育层次、文化背景、个人素质、从事的职业以及教育观念等都不尽相同，而且家长个性鲜明，阅历丰富，思想成熟，不易受外界因素影响改变自己的观念和个性。而"教育"是意识形态中一项复杂的系统工程，单一、片面的教育形式只会顾此失彼，得不偿失，因此，家长学校成员的多样化因素要求家长学校在管理方式、授课形式、教育内容、教育评价形式和标准等要实现多元化。

一、层次分明、循序渐进，彰显授课优势

作为家长，要充分认识到孩子在不同成长阶段体现出不同的性格特点和教育需求，这就要求对孩子的教育方式也要随着孩子的成长及时变换。因此，家长学校的教学内容和教学形式要根据孩子的年级不同使层次得以分明，循序渐进，才能使家长在家长学校中受益。

1. 常规家长会共勉家教经验

北台小学家长会大体上可分为两类，一类是一年级新生家长会，他们从幼儿园到小学，发生了质的变化，对学校需要有个全新的认识，是孩子们学校教育阶段的新开始。另一类是已经入校的二年级及以上的学生，他们已经逐渐适应了学校生活和学习，会随着年龄的增长出现许多新问题，是小学成长过程中的量变积累。这就要求家长会的侧重点有所不同。

（1）新生家长会，指导家长为孩子尽快适应校园生活做好准备

刚从幼儿园进入到小学，孩子们在生活习惯、行为规范等方面的接触都是全新的，需要家长和老师共同帮助孩子尽快适应学校生活，学会独立学习和生活。因此，一年级新生的家长会北台小学均先以年部的形式召开，如今年的一年级新生家长会，郑霞校长首先从学校的发展历程与办学特色的角度出发，图文并茂地帮助一年级家长们全面的了解北台小学，使家长们能够以北台人的身份和孩子们一起融入到校园的文化与发展之中；接着，郑校长重点从"养人养心""养鱼养水""养树养根"三个方面诠释了心灵教育、环境熏陶、根源教育在家庭教育中的方式与方法，阐明了家校合作的重要意义。一个个感人至深的小故事，一个个启迪心灵的小事例，让家长们懂得了教育不应该是急功近利的，应该是

日积月累、言传身教的影响，好习惯永远要比分数更重要，小习惯是可以改变孩子的大世界的，让新生家长深深感受了北台小学养成教育之魅力所在。

（2）一至六年级各班家长会主题鲜明，形式新颖

为了继续架好学校教育、家庭教育的桥梁，构建起学校、家庭两位一体的教育实体，实现相互理解、相互配合、共同关注、共谋发展、共育新人的最终目标，每学期初北台小学均会举行新学期家长会。各班老师针对学期初学生表现、学校本学期各项工作活动安排、各学科教学内容及相关要求、共勉先进家教理念等方面与家长们和谐交流反馈。通过家长会上的交流拉近了学校与家长间的距离，融洽了教师与家长们的关系，对孩子们的健康成长起到了良好的促进作用。如北台小学某班班主任，在家长会上针对青春前期孩子初显叛逆的现象与家长们倾心畅聊，引导孩子们给家长写写心里话，再利用亲子关系调查表中孩子们所写事实，让家长们对号入座，并真真切切地感受到自己在教育孩子的过程中存在的问题，同时，帮助家长们找到切实有效的修正良方。这样的家长会能触动家长内心，使家长们乐于参加，信任老师，自然更显实效。

2. 定期家长学校的授课

孩子在成长过程中始终需要家庭教育和学校教育的相互配合与支持。但在家庭教育中，家长往往缺乏对孩子的耐心，经常以工作忙等原因为借口，松懈了对孩子的教育，更有甚者表现出不耐烦、急躁，甚至对孩子的过错爆粗口、打骂等。因此，需要定期对家长进行授课，达到提醒、缓解家长浮躁情绪的作用。北台小学定期分年级组织家长进行家长学校系列学习讲座，如《做智慧型父母，与孩子有效沟通》《爱和规矩——培养高情商孩子的方法》等，均取得了良好的反响。

二、多彩互动、寓教于乐，分享育子经验

1. 书信的互动

著名教育家苏霍姆林斯基曾这样说过："教育的效果取决于学校家庭的一致性，如果没有这种一致性，学校的教学、教育就会像纸做的房子一样倒塌下来。"由此可见，家校联系在教育教学中的重要性。家庭教育与学校教育相辅相成，家校沟通好不好，直接关系到教育工作的成败。

而作为教师，不可以每天将学校所发生的琐事、每个孩子的表现都一一向每位家长描述，而家长们又都渴望更多地了解孩子的在校表现，所以，多年

来，北台小学教师一直秉承着"教育是心灵的艺术"这句话坚持以书信或短信的形式与家长们进行着有效的沟通。每月底，班主任老师们都会针对本月孩子们在校的表现、下月学校、班级所要开展的重要活动等问题以书信的方式与家长们进行有效沟通，并随信与家长们共勉教育心得。可以说每月的这封信让班主任和家长们的心紧紧地连在了一起，并默契地达成了教育的共识。有了家长们的配合与支持，班主任工作做起来自然也是事半功倍。每到月底家长们亦习惯地盼着信的到来，并在信的回执栏里真诚地写下自己的心声，而细细品读回执成了班主任老师们最幸福的事。记得去年一位老师在经验介绍中说："我是含着不舍的泪写完送给那届毕业生家长们的最后一封信——当初夏的微风把校园中嫩绿的树叶吹成翠绿时，孩子们在小学的学习时光也就屈指可数了。任教两年来，十六封沟通的信让我们的心紧紧地连在了一起。回想起两年来领着孩子们并肩作战的每一个瞬间都感觉特别珍贵。这段时光，虽然偶有紧张、偶感疲惫，但收获的时刻心里特别的甜特别的幸福。看着通过磨砺成长起来的孩子们，我的心里特别欣慰，相信北台小学给予孩子们的这份磨砺一定会随着时间推移，沉淀为他们学生生涯珍贵的经历……"这位老师亦是含着泪读完家长们真诚的回执。这些沟通的信加强了家校联系，形成了教育合力。

2. 体验式主题班会的互动

对于小学阶段的学生来说，很多道理学生只有通过亲身实践才能更深刻体会和感悟到其中的真谛，而对于说教往往会起逆反心理。因此，体验式主题班会的互动是孩子们喜闻乐见，寓教于乐的有效教育方式。

多年来，北台小学针对社会时事热点、小学生年龄特点，有效地开展了系列主题班会评比活动，亦让学生们在体验式班会活动中涵养了良好的个人品质。如上学期，北台小学结合感恩节展开了《做孝顺父母的好孩子》体验式班会活动，班主任老师们针对孩子们的年龄特点设计了特色的体验活动，如低年级的我为爸妈洗洗脚、我为爸妈捶捶背；中年级的争做小主人——家务承担计划、我同父母同做一件事；高年级的为父母分忧，自主学习、父母爱好小调查等活动。在活动中，孩子们体会到了父母给予的无私的爱、父母工作的辛劳……内心受到了深深的触动，自理能力、责任感等得到了增强，并明白了让父母省心也是爱父母的一种表现。

3. 家长开放日的互动

家长开放日是北台小学长期以来坚持的一项特色活动。开放日当天，家长到校与孩子们共同学习、生活，更亲近地了解孩子在校的生活和学习状态，同时，也能更进一步了解老师的工作作风、工作态度和授课情况等。家长通过开放日活动，真切地感受到老师工作的辛苦，孩子在学校中的进步，使家长产生对学校、老师的感恩情怀，并能将这种情怀传递给孩子，进而达到了教育孩子从小学会感恩的目的。家长还可以通过开放日，更多地体会老师的教育教学理念和方法，对家长的教育方式也是一种触动和学习，更有助于学校教育与家庭教育达成共识，齐抓共管。

4. 传统节假日的互动

如今的独生子女在家长的呵护下逐渐养成了"以自我为中心"的自私性格，认为别人对自己所做的一切都是理所应当。尤其是节假日，受社会大环境影响以及家庭教育的不到位，孩子们更多地认为过节日的意义就是就是家人聚餐，不但缺少了对传统节日的文化了解，而且也不会感恩。归根结底，不能不说是家庭教育和社会教育的一种缺失。北台小学班主任们均能结合传统节假日教育学生。如教师节《传递爱的芬芳》让学生们感受到老师的爱，明白爱是双方给予的……这些活动的设计不仅教育了学生，而且感动了家长，沟通了家校的联系，达成了教育的一致性。

5. 各类集体活动的互动

俗话说：独木不成林。孩子只有在集体环境中才能成才，对家长也如此。每学期北台小学、各班级均通过家长委员会适当地组织家长和孩子们参加各类集体活动，如春游、秋游、运动会、各类参观体验活动等，一方面，可以使家长更多地了解自己的孩子在集体中的表现，同时，观察其他孩子的优缺点，进而找到自己孩子的不足和优势所在，使今后对孩子的教育更有针对性和说服力；另一方面，集体活动对家长而言也是一种学习和交流。无论是溺爱型的、严厉型的、自私型的还是放纵型的，都可以在互动活动中表现出来，使家长自己学会判断并及时调整自己的教育态度和方法。

三、借助网络，有效沟通，拉近家校距离

1. 家校 E 联平台

在当今信息时代，交流工具日新月异，缩小了时间和空间距离，拉近了人与人的距离。其中北台小学采用的"家校 E 联平台"就是建立在学校与家长之间的桥梁。它能在减轻了老师和家长的工作负担的同时，第一时间快速、高效

地传递着老师与家长的信息交流。

2. 北台小学网站的建设

2010年初，北台小学建立了北台小学网站，与家长在互联网上建立了沟通，家长们可通过网站了解学校、各班的大型活动、各位老师的博客、学校各周安排等，特别是家长学堂一栏里阅读学习先进的育子经验，同时，还可以通过校长信箱与校长畅聊，进一步拉进了家长与学校的距离。

3. 班级 QQ 群和博客

随着电子信息技术的发展和应用，人们的交流手段和工具不再单一。其中，QQ 群和博客就是使用最广泛、最便捷的工具。如：六年级六班家长在学生三年级时就建立了"幸福六家六"QQ 群，群成员有班主任、各科任老师、家长和学生，方便家长了解学校和班级的通知、新闻、学生动向等。而且，QQ 群可以通过文字的魅力，既可以共享又可以私聊，表达一些用语言无法表述的内容。一段文字再配些诙谐幽默的表情图案，可以更生动地表达群友们的思想。尤其可以方便家长与老师的交流，避免家长与孩子们之间生硬的沟通方式产生的分歧和争执。在群里或者博客中，家长们把好的信息内容、经典的案例等等进行分享。这些内容对孩子们来说也是一种正面教育。同时，家长们通过群里的孩子们的交流可以更深入地了解孩子们的心理想法，使教育更具有针对性。如今，班级 QQ 群和博客在班级管理、学生思想教育、课余文化生活、家长交流等方面起到了积极的作用，深受师生和家长的喜爱和拥护。

四、建立档案、跟踪调查，全面科学育人

1. 了解家长，建立联系单

俗语说，"知己知彼，百战百胜"。这句话对于家庭教育和学校教育同样适用。老师和家长只有全面了解孩子，才能找到教育孩子的切入点，让孩子欣然接受家长和老师。老师和家长之间只有相互了解、相互信任，才能在教育孩子的问题上达成共识，形成教育合力。其中，建立家长联系单是比较方便快捷有效的方法。北台小学新生入学后，各班级均会设立家长联系单，一般分为静态和动态两种方式。静态联系单详细列出家长的基本信息，如年龄、学历、工作性质、兴趣爱好等。老师可以通过家长的基本信息了解家长的学习和工作背景，以便找到相对合适的方式与家长沟通交流。动态联系单就是建立在老师和家长之间的桥梁。双方可以把彼此需要交流的意见、短期或一段时间内双方需

要共同努力帮助孩子养成良好的习惯、改正一些不良习惯达成的教育目标等，通过联系单进行反馈。这种动态联系单不同于 QQ 群、家校 E 联等快捷沟通工具，它类似于一个中长期规划或者短期计划，不但详细记载孩子的执行情况以及每天的变化和成长进程，还要记载老师和家长对孩子的变化的看法评论。随着一段时间的记载和总结，老师和家长会因为收获的成果而喜悦，抑或是对未能实现的目标找出问题所在，及时总结经验教训，调整对孩子的教育思路和方式。

2. 针对家情，因"情"施教

联系单的建立便于班主任老师掌握每位学生的家庭情况，以便针对不同的家庭情况、孩子的个性特点采取不同的教育方法。如对留守儿童施以母爱，激发其学习的内驱力；对单亲家庭的孩子协调父母关系，让其感受到父母的爱；对娇惯任性的孩子力争取得家长的配合，进行挫折体验教育等等，促使学生在教育的过程中身心均得到健康的发展。

第五节　北台小学家长学校建设取得的成果

一、学校、教师取得的成绩

家长学校的建设在当前的学生教育中越来越凸显重要性。目前，我们所面对的孩子多数生活在非常 6+1 的蜜罐中，孩子自私、骄横的个性尤显突出。师生关系、家长与老师之间的关系紧张，使老师在教育学生过程中有畏难情绪，其症结就是家长与老师之间缺少沟通了解和相互的信任。通过家长学校的建设，拉近了老师与家长的距离，增进了双方的了解和信任，有利于在教育孩子问题上找到合适的切入点。如果家长与老师站在同一立场上，对于孩子来说就没有了强词夺理、寻求错误庇护的机会，自然而然就在自己的主观意识上避免少犯错误，多争先进，乐于把自己最优秀的一面表现出来。当孩子们把争做优秀养成一种习惯时，就不再过多地需要家长和老师的担心，更多的是对孩子的鼓励和推动。

几年来，北台小学的家长学校建设得到校领导、老师，尤其是家长们的大力支持，并得到上级主管部门的肯定，取得了一系列优异成绩，被评为"辽宁省家长学校优秀单位"，韩旭、耿春江等同志被授予家长学校优秀指导教师。

二、学生在各级各类展示、比赛中的成绩

北台小学家长学校的建设得到社会各界的认可和赞誉，许多好的典型事例和成果在全市中小学进行交流。分布在全市各行各业的家长对学校的教育成果也进行大力宣传，更加积极主动地加入家长学校的行列，使家长和老师、家长和孩子之间的关系更加和谐融洽，孩子们在家长和老师的共同关心和关注下幸福成长。在校内，每年一度的运动会都有家长、老师、学生齐上阵的竞技项目。学校定期组织大型的如"感动北台的学生""感动北台的家长""感动北台的老师"等先进人物评选活动，对学生、家长和老师都是一次心灵的洗礼和升华。尤其在抚顺市、新抚区大型活动中，家长与孩子们共同参与，如：北台小学连续多年在摇篮工程比赛中均获得一等奖，全国希望杯竞赛中多人次获得金、银、铜牌，科技小发明比赛中多人次获得一等奖等。成绩更加肯定了学校教育与家庭教育"齐抓共管"的成果，肯定了老师的成绩，激励了学生们的进取心，激发了家长的热情。学校、家长、学生三方其乐融融，共建北台美好校园。

第六节　家长学校建设的反思和发展设想

家庭是社会的组成细胞，是孩子成长的第一环境。社会栋梁起步于家庭的熏陶与感染。家庭教育对孩子的健康成长影响极大。它关系着孩子的前途命运，关系着家庭的幸福与和谐，更关系着社会的进步和发展。因此，办好家长学校提高家长教育子女的水平意义重大。在学校多年家长学校的建设、管理、发展中，我们有太多太多的收获、太多太多的感动。但一路走来，也觉得存在着一些令人深思之处：

一、家长学校需常态

家长学校建设非一朝一夕，需要长时期的管理与经营。要把家长学校建设当成学校的一种常规工作来抓。在这项工作之中，要重管理、重活动、重反馈，尤其要充分发挥班主任的积极性。班主任是家长与学校联系的桥梁，是家长与学校教育沟通的纽带，班主任在家长学校创建与发展中起着举足轻重的地位，保持家长学校常态化需要班主任付出巨大的努力与支持。

二、激发家长参与孩子教育的主动性

家长学校建设及家庭教育要想取得较好的成果，其根本还在于家长的参与。家长个性化差异使这一工作变得复杂化、多样化。激发家长参与孩子教育的主动性就显得尤为重要。家长学校要耐心细致地转变家长一些根深蒂固的不良观念，科学指导，持之以恒，教育家长学会运用科学的教育方法与观念培养孩子。只有这样，家庭教育才能事半功倍。

三、重视家长开展家教实践活动的指导

家庭教育绝不是单纯地懂得教育理论，更重要在于要用科学的理论指导于家庭教育实践之中。每个家庭都有着差异，每个孩子又有着不同，无数成功的家庭教育案例不代表那些方法都适合自己、适合孩子，所以，家庭教育是非常灵活而又充满变化，需要不断创新的教育。随着孩子的不断成长，在与孩子沟通交流教育中，家庭教育的方式方法也要随着孩子的心灵成长而不断变化，这就要求家长在实践中摸索适合自己孩子的教育方式，在家长学校的不断指导中提高教育水平，了解孩子的成长心理、了解孩子的动向、了解孩子遇到问题时的心态，有针对性的教育孩子。家长学校也在各种家庭实践活动中成长、发展、壮大。指导家长们成为孩子们真正意义的良师益友。

家长学校作为学校教育的有机组成部分，其蕴含的能量是无限的。所有教育者们通过共同学习、交流研讨，互相支持，把学校教育与家庭教育的内涵、精髓传递下去，共同为学生健康成长撑起一片绚丽的天空。

第三篇　有效教学

　　做老师最大的痛苦，是自己付出了很多辛苦，学生却没有得到应有的发展。这也是当初基础教育课程改革必须面对的一个问题。随着新一轮课改的实施，一系列问题的解决方案应运而生。其中，一种方案就是如何使得我们的教师拥有有效教学的理念，掌握有效教学的策略或技术。我们可以假设：有了理想的课程计划、课程标准和教科书，教师的教学观念不改，其结果也只能是纸上谈兵。针对此，讨论有效教学的理念与策略，就显得十分迫切与必要了。

第一章　北台小学对有效教学的认识

随着长时间的科学研究与实践，我们越来越形成了对有效教学共同的认知：学生的进步和发展是通过有规律、有效果、有效益、有效率、有魅力的教学获得的。也就是说教学是否有效，既要考察教学目标的合理有效性及其实现程度，也要看这种目标的实现是怎样取得的。有规律，即教学的效果和学生的进步、发展，不是通过加班加点、题海战术、机械训练或挤占挪用学生的自主学习时间和其他学科教学时间等损害学生可持续发展的途径取得的，而是从教学规律出发，科学地运用教学方法、手段和策略实现的。有效果，主要是指通过教学给学生带来的进步和发展。有效教学的评价标准不仅要看教师的教学行为，更要看教学后学生所获得的具体进步或发展。有效益，即有效教学不仅要求教学有效果，而且要求教学效果或结果与教学目标相吻合，满足社会和个人的教育需求。教学有效率则主要是指通过教师的教学活动，让学生以较少的学习投入取得尽可能好的学习收益。这里所说的学习收益包括学生学到的终身受用的知识、能力和良好的非智力因素。学习投入不仅是指时间因素，还要看学生在单位时间内的脑力负担。要提高教学效率，就要优化师生的教学行为，教学行为越有效，学生的学习投入就可能越少，效率越高。教学有魅力，是指教学能给学生带来愉悦的心理体验，能吸引学生继续学习，自觉地去预习、复习或者拓展加深。

第一节　有效教学的起源及含义

有效教学的理念源于20世纪40年代西方国家。有效教学在我国随着教育改革的进展，也逐渐被教育界关注并成为当代教学研究的热点问题之一。专家学者分别从不同的角度对有效教学进行了阐述和界定。有三种常被引用。

首先，以学生发展为取向来界定有效教学。这种观点认为，凡是能够有效地促进学生的发展，有效地实现预期的教学结果的教学活动都可以称之为有效教学。其主旨是强调学生发展。

其次，用经济学观点来界定有效教学。有效教学是指教师遵循教学活动的客观规律，以尽可能少的时间、精力和物力投入，取得尽可能好的教学效果，从而实现特定的教学目标，满足社会和个人的教育价值需求。其核心是强调教学效率。

此外，还有综合有效观。认为有效教学一定是充分重视教学过程的教学，是教师充满教育机智的创造性教学，是教学结果既有预设教学目标的达成又有有效生成的有机结合的教学。具体而言，在教学过程中，课前预案不过是课程实施的起点，更重要的是教师能在教学过程中使课程实施由执行预案走向师生互动生成；而且，在课堂教学结束后，教师能整理、分析、反思自己的教学经验和所取得教学效果，以获得规律性的认识，增强教学实践的能力和效果。其重点是强调教学过程的有效，关注执行预设方案与课堂生成，师生互动及教师反思。其核心就是课堂上学生的收获。认为有效应主要是指通过教师在一段时间的教学后，学生所获得的具体进步或发展，即学生的收获或学生的有效学习。

于是，根据含义不同给予我们的思考也不尽相同：

思考与认识1：教学有没有效益，并不是指教师有没有教完内容或教得认不认真，而是指学生有没有学到什么或学生学得好不好。如果学生不想学或者学了没有收获，即使教师教得再辛苦也是无效教学。同样，如果学生学得很辛苦，但没有得到应有的收获，也是无效或低效教学。因此，学生有无收获是教学有没有效益的唯一指标。

思考与认识2：有效教学这一概念的另一方面的含义就是并不是所有的教学都是有效的，甚至有的教学是无效的、负效的。有效、低效、无效从上面已经了解，什么是负效的呢？在教学中出现知识的错误、价值观上的误导、形成不良的学习习惯、失去学习兴趣、失去学习信心、厌学等现象，此时教学就是负效的。

思考与认识3：关注教学效益，要求教师要有时间与效益的观念。教师在教学时既不能跟着感觉走，又不能简单地把效益理解为花最少的时间教最多的内容。教学效益不取决于教师教多少内容，而是取决于对单位时间内学生的学习结果。所以，有效教学的出发点和落脚点是学生的有效学习。

　　总之，无论内涵如何界定，作为整个活动的参与实施者——教师都责任重大，正如美国学者哈莫切克给"有效教师"所下的定义为："有效教师"是这样一些人，他们充满人性、有幽默感、公正、有同情心，无论是和学生个体还是和学生集体相处都更容易、更自然。他们的课堂似乎是企业运行的缩影，放映出开放性、自发性和灵活性。（见《好教师的特点及其对教师教育的意义》）虽然，无法界定哪位老师是有效教师，但老师们却用自己的方式，在自己的学科领域中，默默地践行着他们对有效教学的理解！

第二节　有效教学的三个维度

　　当我们将教学活动立体化时，我们发现可以用更立体的观点描述有效教学活动：即宽度（教育广度）、深度（学科厚度）、温度（人文温度）。

　　宽度（教育广度）：教育维度的考量。学科知识的教育化、心理化处理（加工，改造），把学科知识生活化、经验化、情境化、活动化，核心和本质是儿童化（儿童数学、语文、科学……）。儿童的学科、儿童的知识、儿童的思维，这是儿童学习、儿童教育的根本。从某个角度讲，这是把学科知识浅化、宽化的过程，从而让学科知识走进儿童的经验、生活，变成儿童自己的知识。

　　深度（学科厚度）：学科维度的考量。学科知识的科学化、学术化处理（加工，改造），关注、强化学科知识的概念化、科学化、规范化、学术化、逻辑化，核心和本质是学科（科学）思维、思考和文化。宽度强调学科（知识）的儿童化；深度强调儿童及其学习的学科化。前者强调让学科走进儿童，后者强调让儿童走进学科。前者把学生描述成是"一个人在学习学科知识"，后者把学生描述成是"一个学习学科知识的人"（周彬）。没有宽度的课堂，必然是机械、乏味的课堂；没有深度的课堂，必然是平庸、表层的课堂。深度和宽度的均衡分布，是最有利于课堂教学效益最大化的（就像正方形是面积最大的四边形一样）（周彬）。当然，深度和宽度的具体分布比例，要由学科的性质、学生的基础和教学的任务等因素来定。

　　温度（人文温度）：人文维度的考量。学科知识的人性化、情感化处理（加工，改造），要挖掘并赋予学科知识及其教学的人性化、情感化、态度化、品格化，从而使学科知识及其学习与儿童的情感和精神世界联系和统一起来，成为儿童人格和精神成长的过程。"学科知识如果没有经过教师情感和心灵世界的加温，只能让学生变得越来越冷漠"。如果说，宽度需要教师高度的教育学素养特别是灵活的教育教学技巧和机智；深度需要教师系统的学科专业知识特别是深刻的知识；那么，温度则要求教师具备丰厚的人文素养特别是丰富的情感。没有温度的课堂是可怕的、恐怖的课堂，这样的课堂即使有所谓的教学效果，也不能真正促进学生的健康发展。所以，从学生全面和谐健康发展的高度来认识，宽度、深度和温度三度是缺一不可的。

如果把宽度、深度、温度比做长方体的长、宽、高，那么我们也可以得出这样的结论：即宽度、深度、温度三者比较接近时，对学生的发展促进最大。从教师个人素养角度来说，三个维度的素养和谐统一起来，教师的教育教学效果最好！

第三节　有效教学的基本要求

1. 有效备课

备课是教学的重要行为之一，是教师上好课的关键。所以，只有课前进行"有效备课"，才能保证课堂上的"有效教学"。显然，在课堂教学中，教学目标是课堂教学的灵魂，也是方向。因此，制定教学目标就成为首要因素，针对小学教学特点，我们制定教学目标必须以《教学课程标准》为准绳，以教材为依据，明确所教的内容在整个小学教学中所处的地位和作用，合理确定教学目标的达成程度。结合教学实际，认真钻研每堂课的教学内容准确地把握教材内容，准确理解教材，制定的教学目标才能突出重点、抓住关键。

同时，深入了解学生也是教学目标确定的必要依据。学生是否具备了学习新知识必须的条件，学生到底掌握了哪些要求掌握的知识，有多少学生没有掌握？哪些知识学生可以自己学会，哪些知识需要教师去教？哪些地方可以作为学生的亮点出现？只有对学生有了相当准确、深刻的了解，才能制定出切实可行的教学目标，从而真正体现因材施教的原则。如在教学《圆柱的表面积》时，教师要认真撰写教学设计，提出圆柱的表面积计算应建立在圆柱的侧面积计算的基础上。特别是一些学困生，应该让他们先学好侧面积计算，再学新知。

当然，教学目标的确立还要遵循几点原则：全面性、具体性、准确性、灵活性原则。在小学数学教学中，合理确定教学目标，以目标为主线，精心组织教学过程中的各个环节，才能真正达成目标。

有了前进的方向，就要有踏实的努力。以语文教学为例，将备课剖析为五个步骤：

第一步：钻研文字。一篇课文摆在案头，先做什么？先理解字词句在课文中的意思，边读边画出生字、新词及含义深刻的句子。随着悟性的提高，有些关键词语、写得精彩之处，以及课文的重点、难点，也会很快抓住。抓住了，便做上记号。

第二步：朗读课文。正确、流利、有感情地朗读四五遍。这是钻研教材、语文备课重要的环节。朗读是活的，是跃出纸外的，赋予了作品生命力。朗读好了，钻研教材就成功了一大半。老师朗读水平有多高，学生就会有多高，并超过老师。师生朗读得精彩的课堂，必然是充满生机的、充满灵性的、富有情趣的课堂。

第三步：正确领会作者遣词造句、谋篇布局的意图。教材中所选文章都是精品，语言运用得准确、生动就更不要说了。对于作者推敲、锤炼文字的匠心，一定要细心琢磨、体会。每篇课文都有不同的谋篇布局方法，也要把握好，以便引导学生去感悟、去学习、去运用。老师领悟得深，学生才能领悟得深，甚至在老师的引导下超常发挥。否则，培养学生的阅读能力就会成为一句空话。

第四步：认真思考课后练习题的要求，有的要先做一做。例如，要求学生背诵的部分（或全文），教师要先背下来；要求学生正确、流利、有感情地朗读的课文，教师要先努力去做。

第五步：查阅资料。一是阅读《教师参考用书》；二是上网查阅许多相关的背景资料。

2. 有效上课

众所周知，有效教学要求教师以尽少的时间、精力和物力投入，取得尽可能多的教学效果。但这种教学效果，并不是每一个教师都能理解的。

案例:《跨越百年的美丽》

一位教师从介绍"诺贝尔奖"的来由开始，到居里夫人一生的科学成就，然后是明确目标、检查预习，后来好不容易开始让学生读课文，可教师只提了一个不疼不痒的问题：画出生字难词。此时，十五分钟已过，还没有接触到课文的实质。课中，为了让学生赏析语言，设计了这样一个问题："画出你喜欢的句子并说说理由。"旁边一位听课老师低声嘀咕说："我要是学生，哪一句都不喜欢。"

《统计》一课中教学案例

案例1：统计同学们喜欢的四季

师：一年有几个季节？有哪几个季节？

师：你们喜欢什么季节呢？怎样才能知道我们班同学喜欢季节的情况？

生：用统计的方法

师：刚才老师发给每个同学一个磁钉，现在请小朋友按顺序上来，你喜欢哪个季节，就把磁钉贴在哪个季节的下面。将统计的数据填到统计表中。

师：现在我们来看看喜欢每个季节各有多少人？

全班齐数汇报，师将数据输入表格

季节	春	夏	秋	冬
人数				

师：观察这张表中数据，你发现什么？

……

英语教学现场

一位老师正在教学"Where's the cat？"，她是这样设计教学活动的：在简单学习了句型"Where is the… ?It's in/ on /under the …"后，就直接开始了师生操练活动。老师把书放在课桌里问一个学生，"Where is the book ?"学生不知怎么回答，没办法，教师替他说出了"It is in the desk 。"老师又把书放在书桌上和书桌下问"Where is the book ?"这时，个别聪明的孩子已经会用"It's on/under the desk。"回答了。可是，这时候老师没有顺势进一步示范，又忙着让学生两人一组操练起来。没过几分钟，随着老师的一声Stop，学生又开始了表演活动。老师让学生上台，一个学生把一支铅笔放在书里问"Where is the pencil?"另一个学生面红耳赤迟迟不语。老师急忙说："It's in the book 。"接下来的表演，几乎都是教师焦急无奈地帮着问和答。

……

分析上面的例子，老师大概没想过这个问题："学生会喜欢哪些句子？"总是一厢情愿地"闭门造车"，不从学生的学情、感情、兴趣入手，不是"以人为本""以学为主"，而是"以本为本""以教参为本""以自己为本"。我们说的"懂事"，其实是这个学生在猜老师，猜老师需要什么，猜老师心里在想什么，而不是自己需要什么，自己心里在想什么。这是超出年龄的可怕的"世故"与"成熟"，这是以牺牲自己的天真无邪的童心和真诚纯朴的情感为代价的。

《跨越百年的美丽》，导语不是从学生的学情出发，而是"从零开始"，其实是武断地把学生置于一无所知的境地。教师显然忽视了学生已经预习过课文的事实，也就是说，他们已经"知道"了这是一个怎样"动人的故事"。那他们为什么还说"想"呢？有两种可能：一是无意识的没思考随便说的一句话；二是他们"懂事"，他们知道老师想让他们说什么。这样看来，这则导语不可能真正达到教师的最初设计初衷。课一开始，教师便把学生置于不知道或者不可能知道或者你知道了也要装作不知道的境地，学生还不一定心服口服，教师岂不是出力不讨好？可见，导语的设计要建立在学生已有知识、经验、体验的基础上，不要从零开始。

再看《统计》一课课例，教师能贴近学生生活，从学生兴趣的事例中选取素材进行教学，选取"学生喜欢的四季"进行统计活动，但只关注统计的数据及数据之间的关系，而教学内容的价值体现得不够，达不到目的，无法体现新课标强调的"要让学生学习有意义、有价值的数学"这一基本理念。

从英语教学课例中我们可以看出，该教者生搬硬套教案，缺乏教育机智。作为教师我们应该清楚：教师在进行活动设计时，应充分考虑小学生的认知规律，否则会造成师生都紧张的局面，上面所说的案例最大的问题在于教师在学生还没有熟练掌握语言知识的情况下，为了完成预设的环节就急急忙忙组织学生进行对话操练。试想学生连单词或者句子都不会说怎么去表演呢？而且，教师在发现了问题之后不是去及时放慢脚步调整教学，而是一味地着急，一味地替代学生去说答案。

从以上的例子我们不难看出：有效教学，它不是简单地归结为教学的某一个环节或者是特指某环节的一部分，它应该贯穿于教学的全过程，这需要教师从各个角度，各个环节，包括备课、提问、学生听讲、作业批改、辅导等环节，加强教学的各方面的管理，达到真正意义上的课堂的有效。

曾经在网上还看到这样一个例子：这是一节数学课，最后一个环节是一个巩固性的活动——开心辞典，老师打出"衣、食、住、行"四个字，每一个字都链接着一道题，让学生以组为单位选择。活动一出，学生群情振奋，嘴里大声喊着："食——食——"这时，老师做了一个让学生安静下来的动作，"老师有一个要求，那就是我们是以组为单位展开比赛，"老师一字一顿地说，"必须要等到你们全组的成员这道题都会了，你们才能举手回答！"

仔细品味一下老师特别强调的这句话："必须要等到你们全组所有的成员这道题都会了，你们才能举手回答！"不由得佩服起来。通常，我们的处理可能是这样：抢答——看哪一个小组最先举手，特别是在有些老师对公开课课堂气氛的渴求的背景下。也就是说，我们总是会有意识无意识地只关注学生思维的敏捷性，看谁反应得快，最先对教师的问题做出回应。教师总是用急切的眼神打量，然后对那个最先举手的同学笑容可掬，有时还要动情地夸赞一番。细想起来，这样做的直接后果，就是只培养了极个别的学习尖子，而忽略了大多数。这些尖子们几乎每一次都是思维敏捷、回答准确，在他们的思想的比照下，更多的人陷入停滞，直至沦为课堂的看客。即使是在小组学习的形式下，他们也总是习惯于把眼光投向自己优秀的同伴，自己甘居一隅，小组成了他们最安全的避风港。这是有效教学吗？恐怕是几个人的有效，更多人的低效甚至是无效。可是如果教师的关注点不只在"谁先举手"上，而是在"所有成员都要会"上，那课堂教学就会向"消灭不会"的方向发展——而且是小组内自主发现、积极主动"消灭"。等老师打开"食"这道题后，在短暂的自主思考后，果然所有小组都争先恐后地展开了"自救"——会的学生教不会的学生。会的教得积极，不会的学得投入，教师倒成了闲人。琢磨着孩子们的心理：这些孩子心里一定都很急切，特别是那些被教的，还多一层愧疚，因为自己影响了全组——这恰恰是学习的一种心理内驱力，有了这种内驱力，学习的效率和质量就会大大提高，教学也就更有效。

做老师久了，可能很多人会有这样的感觉：课前我已经准备充分，课上讲得神采飞扬的，课下又觉得意犹未尽，但是到了检查学生复习情况时，却经常被气得暴跳如雷。其实，这就是我们自己对于"有效教学"理解上的偏差，教学有没有效益，并不是指教师有没有教完内容或教得认不认真，而是指学生有没有学到什么或学生学得好不好。由此可见，我们应该把课堂的有效定位在学生的学习而不是教师的教。因此，有效课堂体现三方面的有效：

首先，教师有效讲授。

课堂讲授是教师最基本、最主要的一种教学行为，任何一个课堂都不排斥教师讲授，但讲授法绝不应该成为课堂的主宰。讲授法只是一种传授的教学方法，教师富有启发性的讲解同样有启发作用，对于一些关键性的问题、概念，教师不仅要讲，还要启发教学，更要讲深、讲透，让学生自己去感悟或操作理解。所以，对于一名教师来说，掌握课堂讲授至关重要。

在实际教学中，有不少教师常常有这样一种困惑——"这些问题我都讲了好几遍了，为什么学生还是不懂？"这是许多教师在讲得口干舌燥，而学生依然一脸茫然时的无奈喟叹。由此，教师不得不正视这样的问题：如何让课堂讲授更有效？

（1）精讲

精讲就是少讲，少讲是对老师教学水平的一个考验。要求教师对讲授的内容要求抓住重点，讲清讲透，让学生学精通。

要做到这一点，就要求老师们在备课上下功夫。在保证教学内容的完整性、系统性的前提下，备学生，精选教学内容。在讲授时，对那些重要的内容、难理解的内容要多用点时间加以阐述，讲清讲透；对次要内容，学生自己看教材就能掌握的内容，就不必浪费时间详讲，也可略而不讲，指导学生自己阅读教材。这就是平日里经常强调的：学生自己能看懂的教师就不讲；在学生学习上有困难的需要帮助的时候，教师给予学生适时的点拨，这样才能真正意义上省时高效，才能启发学生的智力，发展学生的能力。

（2）会讲。

提到会讲，它应该包括两层意思：会讲的第一个含义是说讲课的方法，即采用启发式的教学方法。就是说，教师在教学的过程中要善于对学生启发、诱导，要引导而不牵走，激励而不逼迫。课堂上，作为教师，要是启发诱导学生进行独立地思考活动，充分调动学生学习的积极性，让学生从已有的知识中总结出应有的原则、规律、理论，从而获得新知识；会讲的第二个含义是指教师讲课时要运用教师语言，即用普通话、适度的语速、清晰的语调等，把要讲授给学生的内容讲出来，这样学生才能听清楚，听明白，达到预期的教学效果。

课堂讲授是在课堂教学中具有举足轻重的作用。教师在教学过程中一定要重视讲授艺术的作用，充分发挥其知识传授的诱导性和思想教育的陶冶性功能，只有这样才能取得高效的讲授效果。

其次，教师有效提问。

大家都知道，课堂教学中学生是学习的主体，体现学生主体地位的最好的方式就是教师提问和学生讨论。但是我们在提问的时候是否注意到了学生的兴趣和接受程度呢？许多老师在课堂上喜欢提出"是不是""对不对""好不好"之类的问题。表面看来，学生兴致勃勃，齐声回答的声音也响彻教室，情绪高昂，课堂气氛热烈。实际上，这样的提问非常简单，没有多少思考的余地，对促进学生思考、引导学生关注课文是无甚益处的。就一篇文章来说，一是，应从整体上给学生提出一个有价值的问题，让学生通读全文后，经过独立思考，能较为完整地回答出来。这样的启发提问对培养学生形成习惯，培养能力是大有裨益的。二是，所提问题要围绕教学目标，切合学生实际，紧扣教材训练要点及文章精彩之处。不能东一榔头西一棒子，问题与问题之间一点连贯性也没有是绝对不行的。三是，设计问题要面向全体学生，能启发学生的发散思维，培养学生的创新意识和独立的精神。

总之，在教学过程中，教师精心设计的课堂提问是激发学生积极思考，独立探究、掌握知识、培养学习能力的重要手段，是沟通师生思想认识的重要渠道。它对教师驾驭课堂，调动学生积极性起着十分重要的作用。

再次，学生有效倾听。

关于课堂的学生倾听问题，老师们是否在课堂上看到这样的场景：

现象一：课堂上，学生们踊跃发言，一个学生的发言还没有结束，其他同学就迫不及待地举起小手。但是，他们都只顾着自己来表达，而没有倾听别人的发言，以至于一再重复别人的发言。

现象二：小组合作讨论时，有的小组你一言我一语，每个人都在张嘴，谁也听不清谁在说什么；有的小组组长一个人唱独角戏，其余学生当听众，不做任何补充；有的小组中的学困生则心不在焉地做自己的事。这样的合作交流表面上热热闹闹，但在热闹背后更多的是放任、随意和低效；学生的活动多了、讨论多了，可仔细的"听"却少了一些，致使交流效果大打折扣。

现象三：在做练习时，有的学生不愿静下心来听老师读题释题，往往审错题意。教师一遍又一遍地强调，他却根本没听进去，依然我行我素。在他们面前，教师的指导是苍白无力的。

这就是目前一些课堂普遍呈现出的现象："热热闹闹"爱说话，爱表达的学生多了，这是课改的成功之处。但在活跃的课堂中，学生光有表达是不够的，还要学会倾听。那么，如何根据学生的年龄、心理特点，让学生学会倾听呢？

（1）要激发学生的倾听兴趣。

兴趣永远是学生最好的老师，而对于小学生来说，奖励和游戏最能够引起他们的兴趣。如在教学"方向与位置"时，把教室布置成一个小社区，让学生走一走；在英语教学中，学习《我喜爱的水果》时，教师把实物、卡片、单词结合在一起，谁的表现好，把老师要求的问题回答清楚了，就把相应的实物或者卡片奖励给他。这些举措都能引起这些学生的倾听兴趣，使他"想听"了。

（2）教给学生"听"的方法。

对于小学生而言，倾听习惯贯穿于整个小学阶段。要培养学生认真听的习惯，除了让学生想听外，还要让学生知道从何而听，这就要老师适时地诱导点拨，教给学生方法，使学生会听。为了培养学生的这些习惯，这就要求老师在提问题的时候，一是要把一个问题划分成几个小问题，为这部分差生降低学习难度；二是问题要提得清楚、明白，重点要突出，这是提醒这些学生要"听"什么。听同学发言时，要求学生眼睛看着发言同学的脸，做到神情专一，如果同学的回答与自己的想法一致时，则以微笑、点头表示赞同，要让学生明白听别人讲话，不是只听"热闹"，而是带着问题去听。一要听明白，二要思考有无不认同的意见，三要给自己带来启发，在大脑中多问几个"为什么"。

（3）把"听"与"说"结合起来。

听和说是密不可分的有机结合体，听的目的不只是听，倾听能力更多是通过说话表现出来，有了专注的听，才会有准确的说。而"说"多少又可体现他"听"多少。因此，要注重将听与说结合起来，这样有利于培养学生倾听的好习惯。课堂上，教师应该尽一切可能地为学生提供说的机会，让他们有话可说，并及时针对学生的发言给予反馈，这样把听与说有机地结合起来，既培养了学生的倾听习惯，又培养了语言表达能力，调动了学习积极性。

（4）充分发挥评价的作用。

评价对促进学生倾听习惯的养成也有很大的帮助。对学生的评价不是只关注学生知识与技能的评价，还包括要关注学生在学习过程的情感与态度，但大部分老师只停留"你听得多认真呀""某某同学听得多入神"等浅层次评价上，说多了也不是太好。当看到有的同学认真倾听时，可给予这样的夸奖"这位同学能认真听同学发言，不但听明白了，并能指出不足，真了不起"。这样，学生的听讲和发言情绪都有了极高的兴趣，此时，教师还可以依据学生的表现进行其他形式的激励，如低年级的红花榜、高年级的行为手册等，并把评价纳入学生的考核中，相信这样的方式，学生乐于接受，同时，也起到了事半功倍的功效。

倾听，应该是有效教学的一个重要的环节，只要学生的倾听的习惯上来了，学生的课堂效果也就出来了，有效性就显而易见了。

3. 有效布置作业和批改作业。

课堂练习是课堂教学的重要环节。合理的课堂练习，是减轻课业负担，提高教学质量的有效举措。如果能以学生的知识自主构建的过程为出发点，根据知识的纵、横联系设计合理的课堂练习，能展现获得知识的思维过程，使学生弄懂知识的来龙去脉；能让知识的教学过程成为学习材料的搜集整理、分析处理、最终内化成知识的过程、实践与创新的过程。

一个好的准备练习，应从学生的生活经验和已有的知识背景出发，有利于学生掌握知识发展的线索，寻找到解决问题的途径和方法，提高独立分析、解决问题能力。

一个好的尝试练习，能引导学生动脑、动口、动手，去探索新知。而教师要设置思维障碍，以引起学生的认知冲突，让学生能"跳一跳，摘果子"，并在知识的关键处、思路的阻塞处或学生的疑惑处加以引导、疏通、启发。

一个好的巩固练习，能加深学生对新知识的理解，有利于能力的提高，纠正对新知识理解上的错误。在学生力所能及的范围内，不断地提高他们的知识水平和思维能力。

总之，我们在平时的备课中，要结合具体的实际，改革备课形式，丰富备课内容，多一些时效性，进行有效备课，使我们真正做到有效教学。

4. 有效考试。

课堂及时反馈的作用：对于教师提升专业能力、了解学生掌握知识的程度、检验自己的教学方法、效果，具有指导和修正的作用。对于学生了解自己在课堂上的学习情况、存在的问题也具有强化和纠正的作用。通过开放性的检测，引导学生在阅读中广泛获取信息，拓宽学生思维活动的空间，可以让学生在多种解法或多种答案中灵活运用所学知识，培养学生多元化的解题方法和能力。

5. 有效进行课外辅导。

语文课堂是学生获得知识、技能的场所，更是学生积淀文化、体验人生的空间，因此，根据学生们的不同情况，有针对性地进行辅导尽可能做好一个守望者、一个引领者，让他们成为自己人生课堂的首席，使教学真正发挥实效。

第二章　北台小学有效教学实施策略

　　北台小学钟情于有效教学日久岁深，对有效教学研究已有较为深刻的认识：有效教学就是要促进学生基础知识和基本能力的提高，促进学生思考问题、解决问题能力的提高，同时，也要促进学生情感、态度和价值观的发展。基于此方面的认识，北台小学校领导组织全体教师认真研读核心素养培养育人理念，力求在正确思想的引导下，科学、有效地进行课堂教学改革，使课堂教学过程真正成为教师与学生之间有机的互动过程，真正成为教师引导学生进行有效教学活动的过程，真正成为师生共同发展的过程。经过几年来不懈的努力与积累，形成了一套行之有效的教学流程，期待从中让孩子们夯实基础的同时，更大范围洞悉知识之间的联系，更全面把握学习内容的方法技巧。于是，拓展有效的教学资源、创设有效的学习情境、经历有效的探究过程、组织有效的合作方式、捕捉有效的生成资源、运用有效的评价机制等也就跃然于纸上。

第一节　挖掘有效的课程资源

　　人们常说，教学质量就是学校工作的生命线。课堂是教学工作的主阵地。而在课堂教学中，课程资源是推进有效教学、促进学生学习、提升教学质量的前提、基础和保证。

　　到底什么是课程资源呢？现代教育理论下的课程资源是指有利于实现课程目标的各种因素。它包括课程设计、实施和评价等整个教学过程中可利用的一切人力、物力以及自然资源的综合。按功能来分，分为课程物质资源（条件性资源）和课程人力资源（素材性资源）两大类。"课程物质资源"主要指学校的教材、师生数量、图书馆、活动场地、教学时间、教学设备和设施、学校环境等等。"课程人力资源"主要指教师和学生的主动精神、知识结构和人格品质以及教师与学生的相互关系。如果说"课程物质资源"所倚赖的物质条件更多的是一种固定化的、消费性的、"耗散材料"式的资源，那么，"课程人力资源"所倚赖的"教师和学生的知识结构、主动精神和人格品质"等更多的是一种发展性的、生成性的、精神性的资源。

而说到教学的有效性，意即有效教学这个概念，源于20世纪上半叶西方的教学科学化运动，在美国实用主义哲学和行为主义心理学影响的教学效能核定运动后，引起了世界各国教育学者的关注。20世纪以前，在西方教育理论中占主导地位的教学观是"教学是艺术"，但随着20世纪以来科学思潮的影响，以及心理学特别是行为科学的发展，人们意识到，教学也是科学。即教学不仅有科学的基础，而且还可以用科学的方法来研究。于是，人们开始关注教学的哲学、心理学、社会学的理论基础，以及如何用观察、实验等科学的方法来研究教学问题。有效教学就是在这一背景下提出来的。

大家都熟悉，教学的基本要素有三个：一是学生、二是教师、三是教材。进入新课程后，教学的这三个基本要素发生了变化，原来的第三个要素——教材，现在转变为了包括教材在内的所有课程资源。无论是语文还是数学或是其他学科的课程标准，都有相对课程资源开发的阐述，都强调这样一个观念，教师要想实现自己的专业成长，必须唤醒课程资源开发意识，提高课程资源开发能力，全面拓展课程资源。它是决定"有效教学"这一理想能否兑现为课堂教学实践的关键因素所在。随着时下对学生核心素养培养计划的推进与实施，我们感受到教学资源的拓展与利用又进入到一个新的阶段，这种变化强调，教育者应该把眼光放的更远、更广。只要能够实现教育功能和意义的，能够为社会、为教育服务的各种校内外因素都是课程资源。

课程资源不是作概念的注脚，不是为了旁征博引，补充课程内容，而是为了帮助学生理解，增强思维的深刻性，落实课标中三维目标的要求。专家还提醒，资源是不能直接进入教学的，需要深度开发和研究，使资源、目标、学生之间形成互动关系，这样才能使资源得到有效开发。

其实，从北台小学近六十余年教育教学行进的脚步中延伸出来的教育文化，也阐述了这样一个观点，对广泛、丰富、多样的课程资源的有效拓展和利用能够充实、整合教学内容，促进教学方法的改革，提升学生的能力、丰富学生的知识、提高学生的主体性，进而使学生产生浓厚的学习兴趣，提升学习效力，达到真正意义的教学有效性。

基于这样一种认识，北台小学从建校伊始就开始深入研究课程资源。他们始终都在结合校园文化，依托养成教育进行着课堂教学研究的实践与探索。他们的研究包括开发课程资源的方法，课程资源的涉猎范围，开发课程资源的多种途径，开发出来的课程资源的有效利用。

北台小学是抚顺市乃至辽宁省当之无愧的领跑者。20世纪90年代，抚顺市开展了以提高教师业务能力为目标的"一功四化"教育教学改革。在这个过程中，北台小学不折不扣地进行了改革的探索，每一名教师的业务能力都得到了不同程度的提高。但是，教育教学的发展是不断地向更深、更广的方向发展的。抚顺市教育局曾经组织骨干教师到外市的一所乡村小学义务送教。那里教学设备极其简单，教学条件也很艰苦，虽然使用课标版教材，但教学方法仍然沿袭着刻板机械的老模式，教师在不厌其烦地讲，学生在有意无意地听，没有互动与人本对话。在座谈发言时，当地老师一个劲儿地抱怨："课程资源缺乏，无法创设丰富的教学情景，也难以实现合作与交流。"课后，时任北台小学教学校长的郑霞结合切身的体会，阐述了自己的观点，她强调，教育家夏丏尊老先生说得极对，教育是需要真正的情感的。教条的教学方式和现象十分普遍，无论是农村教师还是城市教师，好像大家都在抱怨课程资源短缺。有的教师不知道如何开发和拓展课程资源，即便开发了课程资源，也不知如何拓展与整合，不会运用到课堂教学中，结果变成了一种原材料的堆砌。因为缺少整体的有序性和结构性，所以，孩子们在这样一堆材料的认知过程中，只能形成支离破碎的知识块，而不是系统的知识链和知识网络。也是这样的一次活动引发了郑霞校长对教学资源的有效开发与利用的注意。

随后，北台小学在和北京大学社科院联合开展"专供北大"课题实验研究，郑校长通过整理北大邮寄和电传来的一些资料关注到这样一则报道：北大教师向蓓莉针对课程资源问题到农村学校搞调查，教师们告诉她，由于条件所限，很多村小资金紧张，配不起风琴，音乐课被理所当然地取消了。向蓓莉请教师们一起思考：是不是没有风琴就不能上音乐课？村中有哪些资源可以用来上音乐课呢？向蓓莉对教师们说："也许在你的村庄里，有一位老人，很喜欢拉二胡，我们能不能请他来教学生欣赏《二泉映月》《江河水》？还有，当地乡亲们耳熟能详的民歌、地方戏曲是不是也可以作为教学资源？除了二胡，还有笛、箫这些民间非常普及的乐器……"这时，教师们开始一个接一个地说："唢呐、芦笙、口琴……"忽然，向蓓莉听到"树叶""手指"，心中大喜。她说，如果连树叶、手指都能作为音乐课的资源，那谁还能说没有风琴就不能上音乐课呢？

其实，深入分析后不难发现，瓶颈并不在于资源的短缺，而在于课程资源开发与拓展的意识不强和能力不足。如何解决这些问题，专家的观点十分鲜明，关键是要有眼光、有判断力。应当首先考虑这个资源在这节课上应当发挥什么样的作用？它们对于实现课程目标的价值是什么？有了这样的思考，北台的领导带领学校的教学骨干们着力研究课程资源的拓展与利用，使之成为教育教学改革的一个着力点。

对于北台小学的教育者而言，在深入地研究与实践之后，他们认为开发课程资源是一件很简单也很容易的事，因为资源无处不在，关键要有发现的眼睛，整合运用的能力。

一、钻研教材潜在价值，开发拓展课本资源

教学成功的重要前提之一就是要重新"激活"书本知识，使知识恢复到"鲜活状态"。教学不是教材内容的移植和照搬，它特别需要执教者的创造加工，这就是"用"教材。越来越多的教师开始重视"用"教材，要"用"好教材，就要重视发现教材中的潜在资源，既要摒弃对教材的习惯性依赖，也不要随心所欲地改变教材，甚至放弃教材，增强做教师的主体意识和研究意识。重视发现教材中的潜在资源，对这些资源进行有效的整合，同时，充分相信学生的潜能，把对的认识从认识体向生命体回归。

虽然现在的新教材和以前的教材有了很大的改观，采用了学生喜闻乐见的童话、故事、游戏、卡通情境图等主题方式来呈现教学内容，但教材中所提供的教学资源仅仅是平面的，虽有"广度"但"深度"远远不够，我们要善于在教材的基础上去挖掘、去领悟、去创造性地使用教材。

1. 挖掘教材中隐含的资源

上好一堂课，最重要的应该是钻研教材、把握文本，可以这么说，教师在课堂上的调控、运筹能力完全取决于对教材的钻研和解读程度，因此，教师始终要把这个工作放在第一位，要研究教材的依凭性、前瞻性和规定性。理解教材、解读文本，不能只停留在"文本说了什么"的层面上，而要从大处着眼，

小处着手，探其精微，倡导个性，不同于传统意义上的教者，应当有着比传统意义上更深、更广的意识，那就是依凭文本，真正做到深入浅出，明白文本其中的价值，最终引向价值的达成或超越。

如《小数初步认识》一课中的一道习题：用小数表示直线上的某几个点。这是书上的题，引导学生做完后，聪明的教师一定不会急着结束教学，而是进一步激发学生探究：你能自己在直线上再加几个点，然后用小数将这些点表示出来吗？老师告诉你一个小数，你能在直线上找出相应的点来吗？就书上这一道题，被老师拓展成几个题，既加深学生新旧知识的联系，又有效培养了学生的多向思维能力。所以，我们在教学中依托教材，但绝不能停留在教材表面，必须挖掘教材所有可利用的因素，拓展教材的潜在价值。

第三册《语文》学习园地中"读读背背"一课，有一句伊索名言："存心要干凶恶残酷的坏事情，那是很容易找到借口的。"一位老师执教这课时，觉得仅仅让学生背背似乎少了点什么，就让学生联系本册课文中的《狼和小羊》来理解此话，学生说这句话讲的是狼和小羊中的狼，另一个补充说那是只凶狠的狼，蛮横无理的狼。这时老师微笑着启发说，这句话还可能针对谁说？学生讨论了一会儿说，可能针对老虎，因为老虎吃人和小动物的时候，从来不讲理由。有的说是鳄鱼，有的说是毒蛇。同学们都沉浸在童话世界里，这时老师启发说："不仅是凶狠的动物，在现实生活中还可以说是谁？"有的学生眼睛一亮说："可以是流氓、强盗，因为他们干坏事从来不替别人想一想，没有同情心，很凶残。"教师及时表扬："说得多好呀，他竟然把书本上的知识和现实生活联系起来了！"这时又一只小手举起来了，他的回答更让人震惊，他说："我认为这句话是针对日本人讲的，我爸爸说，日本人为了侵略中国，故意找了个借口，说两个日本兵失踪了，就向我们开枪射击，并轰炸卢沟桥。"老师也震惊了，这是教学预设中始料不及的。老师激动地说："是的，1937年7月7日，日本发动了卢沟桥事变，后来他们又在我们的国土上凶残地杀人放火，搞细菌实验等等，我们中国人团结一致，虽然牺牲了很多人，还是打倒了日本鬼子。你们说他们的牺牲值得吗？"学生回答："值得。"老师很激动地说："我们中国是小羊吗？"学生异口同声地说："不是！"老师问为什么？"因为我们中国是不甘心被外人欺负的。""因为我们中国越来越强大，别人不敢来欺负我们。""因为我们中国很友好，有许多国家帮助我们。"老师很兴奋地总结道："小朋友说得精彩极了，我们中国是不会让别人欺负的，我们有智慧、有力量，只要我们每个人都有一颗爱国心，从小学本领，长大后就会成为对祖国有用的人，那时候我们的祖国就会更富强。"一句话竟有多少涵蕴？教师恰当的引发、激情的鼓舞，使课堂不断创生新资源，使原本一句很普通的话语不断衍展，层层推进。真正做到了让教材走进学生的生活、走进学生的心灵，与学生进行心灵的碰撞，使抽象的语句在学生的经验系统里建构起意义。使学生在课堂里涉及了广泛的教益：知识的、能力的、交往的、道德的、精神的，这就是"活资源"效应。

2. 填补教材中的留白资源

国画与书法艺术里常蕴含着"计白当黑"的技法和艺术效果，卷中虽着墨不多，却往往给欣赏者以无尽的想象空间和艺术享受。其实，当前使用的新课程标准实验教科书正如国画与书法艺术一样，暗含许多有思考价值的"空白"，留下了许多"意犹未尽"的缺口，在"虚"与"无"的空白中，潜藏着极其丰富的"实"与"有"。作为一名新课程下的教师，要善于挖掘教材中的留白资源，引导学生通过想象、探究、反思开展补白，进而让学生学得扎实、深刻和高效。我们的教科书中的许多优秀作品，常有"空白"，在这些似乎"无"的空白之中，渗透着极丰富的"有"。教师要利用好这些空白，引导学生去创造，把作者有意无意所忽略的部分通过学生的再造想象弥补出来，使之具体化、深刻化。比如《草船借箭》一文中，鲁肃和周瑜的对话没有一句提示语，鲁肃说完，周瑜说，然后又鲁肃说，这就是教材中很有价值的空白资源。《草船借箭》是小说《三国演义》的一个节选，读者只有徜徉于作家对人物的刻画与描述中，才可能对人物有准确的认识，才能感受到人物所具有的鲜明的个性。为此，学生多元解读后，教师就可以引导学生在充分了解鲁肃和周瑜的性格后，在说的前面填上提示语，填写的提示语各具特色，就会把周瑜的狡诈和鲁肃的憨直表现得淋漓尽致，加深了对人物的理解。

《中彩那天》一课中描述了一位父亲在利益和诚信面前毅然选择了诚信的感人故事。这篇课文以"我"的思想感情变化过程和父亲的神情变化为线索展开，从而教育学生做一个诚实守信的人。

阅读文章，不难感受到父亲在中奖时的为难，这在父亲严肃的神情、细微的动作中都可以解读到。那么父亲曾经都有过怎样矛盾的想法呢？这在文章中只字未提。而要切实感受父亲的为难，我们就必须走进父亲的内心。课文中提到的字母"K"就成了一个留白的节点，而这个节点就给了学生一个非常广阔的想象补白的空间。因此，执教这一课的老师安排了这样的一个小练笔：假如你就是这位父亲，你在擦掉这个"K"字时，心里都在想些什么呢？有了之前留车与还车的矛盾，此刻学生再写时，应该说都能再现父亲当时心中的为难，再次激化这种矛盾冲突。而在课接近尾声时，又一个拓展想象又被这位老师呈现出来：假如有一天库伯知道了事情的原委，他会怎么想，怎么做？目的在于从另一个侧面衬托出父亲的诚实，延伸文本。课的最后再让学生谈谈学后的收获，使学生对道德问题有更深的认识和理解，从而达到教育学生的目的。植根于文本，拓展于补白，丰富于生活。

按照新课程理念编制的教材，是一种开放的、期待着教师去进一步开发、完善和创造的教材。教材中的大量留白，使教材不再是封闭的结构，它虽然有明确的导向，但没有唯一的答案，它使师生在互动中去探寻各种可能的意义和答案，也为教师和教学留下了很大的创造空间。依照教材中的留白，教师可以拓展教学空间、创新教学方法、增强教学实效，使得教师、学生、教材在教学活动中共同成长。

3. 整合学科间的相关资源

每一个学科都有着各自的专业知识的专属领域，但是各学科之间的教学目标、内容都有密切的联系。细细研究课程标准的人都会容易看出，各学科的标准之间都有这样的或那样的联系，甚至有许多相似和相同点，如："自主、合作、探究""关注儿童生活""德育目标"等。在教育教学上的意义也是共通的，都是为了培养学生成为社会需求的合格人才而设立的。在知识的建构上也有许多交集，互相产生着作用，甚至有化学反应的出现。因此，整合各学科内容、目标甚至教学方法和教学手段等，发挥其辅助教学的功能，符合新的理念。这是课程标准所要达到的终极目标。这种整合是课程改革和教育教学的需要，也是社会生活的必需。所以说，学科教学的融会贯通是非常有道理的。比如，美术与语文在性质和内容上，从逻辑的角度看，就是相容的，而不是并列的或矛盾的。如书法既属于语文的内容，也是美术的内容。汉字本身就起源于象形，即图画。语文和美术有着不可分割的历史渊源。

在北台小学进行的一次语文教研展示活动中，进入到《火烧云》一课的教学展示，美术教师吴敏评课时说，从美术的角度来看，这节课具有"节奏美"。关于节奏，从语文学习的角度，认识段落的疏密，文学作品中情节的变化都能体现的节奏感。从美术学习的角度，认识线条的虚实，明暗和色彩的呼应，构图的聚合都是形成的节奏变化。语文课堂用文字、用情感拉伸节奏，就如同美术课上在进行一次画作的创作、色块的组合，二者是相容相通的。语文教材中有为自己编纂一本作文选的实践作业，美术课有绘制图书封面的教学内容。两者有效的结合，就是学生手中的一本本精美的《作文选集》。在音乐教材中，歌词就是很好的语文资源。学习一首歌曲，不仅要在节奏上找感觉，而且更重要的意义在于对歌词的深入理解与把握，进而达到动情。说音乐可以疗伤，是因为在旋律中有心灵的解读与释放。整理歌词，又领着学生有节奏的朗诵歌词，从音乐的角度看，为学唱这首歌搭建了一个缓步台，从语文的角度看，无疑是培养了学生的语言感觉、说话能力、积累了语言。至于想象力的训练，这是语文课和音乐课的共同目标。引导学生进行分组表演，这样又把音乐形象转化为舞蹈形象。从教学上讲，达到语言艺术、音乐艺术、舞蹈艺术的综合，实现各学科课程资源的整合。科学课有种植植物，感知光合作用的学习内容，语文课有细心观察，完成种养日记的要求，两者合二为一，对学生而言又是一种学习中盛满收获的喜悦。可以说，深入钻研教材、充分挖掘教材内容、整合课程资源、是各学科课程共同的需要。

此外，教材插图的利用，教材内容的延伸、活页作业的设计都是在活用教材资源。资源就在身边，关键是"用心"二字。

我们现在常常说的"跳出学科看学科"，就是要求我们不要死抱狭隘的学科观念，闭门造车，而应该大胆地在自己教的学科中发挥出其他学科的作用，同时，让自己所教的学科为学生学习其他学科发挥作用。授之以鱼，不如授之以渔，让学生在学习中渐渐学会触类旁通、举一反三这样的学习方法，远比通过死记硬背或者机械操练获得的所谓知识技能要可靠得多，有用得多，因为这些方法才是对学生终身有益的。

二、借助校本培训活动，拓展教师资源

《课程改革纲要》中有这样一句话："教师决定着教学资源的鉴别、开发、积累和利用，其自身就是实施教学的首要基本条件，因此，教师是最为重要的教学资源。"确实如此，教师在教学过程中表现出的个人综合素养，情感和工作态度，日常行为习惯等都是学生学习的资源，为此，教师要走出自己以往个人经验化、习惯化的封闭视野，重新审视自己，要在课程改革的实践中不断深入理解新的教育观念，调整自己的教育行为。因为教师的一举一动、一颦一笑

都是学生效仿、学习的最直接的课程资源。

对一所学校来说，提高教师素养，首先要充分发挥优秀教师资源，优秀教师知识面广、实践能力强，具有丰富的经验。这时最好的可利用资源。一直以来，北台小学以校本培训为突破口，开展了"一、二、三、四、五"校本研训工程，来夯实教师队伍的专业技能；开展了青蓝工程——师徒结对活动，挖掘和发挥有效教师资源，带动教师队伍群体素质的提高。其次就是教师学习。教师需要通过"主动学习"来丰富和扩展自己的知识结构和人格魅力。

2013年，为了丰富学生的课外阅读生活，提升学生的阅读质量、扩大学生的知识面，北台小学参加了辽宁省的"大阅读实践行动"的实验活动。每位参与实验的教师都融入到了"师生同读一本书"的子课题研究中。早自习，老师与孩子们一起捧读着《曹操上学了》《会魔法的新老师》《荒野传奇》《狼辙》《睡床垫的熊》……阅读课，老师与孩子们共同交流一年级的曹操快乐的校园生活，会魔法的新老师把自然课搬到月亮上的神奇有趣，荒野上的家畜和野兽发生的惊心动魄的较量……在这个过程中，师生都能津津有味地完成的阅读过程成为最值得经历的过程；师生都能身心畅达的情感体验成为最幸福愉悦的体验。正是这个过程中，能够实现与学生的沟通无障碍，才使老师们再一次赢得了学生的喜爱。

"教师主动学习"的状态，决定着教师参与课程资源开发的能力和程度。从另一个角度讲，一所学校教师的主动学习状态，也决定了学校的未来发展。为此，北台小学为自己定位在"书香校园"这一层面上。从校园环境打造到教师素养生成，再到学生全面培养，无处不在地渗透着"书香"的气息。教师"读书学习"并不意味着要钻研宏大的"教育理论"。北台小学推荐教师阅读的是一些既具有经典意义又蕴含了教育道理的"教育散文"和"教育故事"。比如说在教育界一度流行的培根的《论读书》、鲁迅的《我们现在怎样做父亲》、陶行知的《教学合一》、余秋雨的《阅读建议》、毕淑敏的《精神的三间小屋》、龙应台的《孩子你慢慢来》、张晓风的《我交给你们一个孩子》、王小波的《思维的乐趣》等等，这些都是比较适合教师阅读的教育散文。陶行知的《动物学校》、爱因斯坦的《我曾是智障者》是一些非常有哲里的教育故事。这些文章都适合教师进行休闲式阅读。

除了读"书"之外，比较适合教师阅读的资源还包括阅读"教育图像"。就是听讲座、看专家录像。比如网上流传的秦伯益院士的《文理交融，多元并举》、CCTV 对话节目《什么是人才》、CCTV 文化普及节目《百家讲坛》等等。其实，教育大家的东西是学不来的，因为它深藏于专家的精神世界中，已经与他们的身心交融为一体，根本无法照搬。但每一次聆听对教师来说，都是一个认知上的飞跃，理念上的提升，每一次听后都可能有新的感悟。此外，北台还为教师提供一些有意义的教育电影，有文化内涵的电视连续剧等，这些都属于教师学习的范畴。进入假期，教师进入一个放松调整的状态，北台小学鼓励教师和孩子一起看《西游记》《三国演义》等经典电视剧。在观看后上交的读后感中，就有老师这样写到：唐僧师徒四人就是一个活生生的班主任工作的最好课程资源。第一，唐僧懂得管理好徒弟必须恩威并施，好了就表扬，不好就念紧箍咒。教学工作也应该恩威并施。"恩"可以理解成"爱"，让学生感受到师爱的温暖；"咒"可以理解成"威"，就是威信、威严。要宽严有度，恩威并重。第二，唐僧懂得以身作则，取经路上，充满着诸如金钱、权力、美色等诱惑，但唐僧都能够坦然面对，泰然处之，从不为之所动。唐僧处处严于律己，以实际行动给徒弟们做出了表率。小学生模仿力最强，人生观、世界观还没有完全形成，教师的言行直接影响学生的成长，教师必须规范言行，以身作则。第三，唐僧做到了坚持原则，取经路上，孙悟空功劳不小，挨的惩罚也最多，这就是唐僧的管理艺术：纵你有千般功劳，违反了原则，就要受罚，决不姑息。班级管理，做到赏罚分明，教师的威信和班规的威严就树立起来了，反之就影响班风、学风建设。第四，持之以恒，取经途中多次面临"散伙"，但是唐僧却始终没有放弃，最终都从困境中走了出来，这就需要教师有坚定的信念和持之以恒的精神。老师的工作很辛苦，它需要有唐僧取经一样的"恒心"。就拿班级管理来说，并不是大刀阔斧地宣布几条纪律、制定几条班规就万事大吉了。尤其是教育转化顽劣的学生，更需要持之以恒。最后一点是唐僧用人灵活。唐僧充分发挥了徒弟们的优势，让他们各尽其才，各司其职。作为班主任，平时应该细心观察学生在各项活动中的细微表现，对其微弱的闪光点悉心扶持，用其所长，避其所短，使整个班级"人人有事管，事事有人管"，既培养了学生自我管理的能力，同时也减轻了班主任的工作负担，使班级管理工作更系统化、科学化。

生活处处都给我们提供学习的资源，电视剧都是一种资源，关键是要不断地思考、学习，才能去开发和利用这些资源。通过这样的学习，北台实现了使每一位教师都能在他人已有经验的基础上，武装自己、强大自己，让自己站在更高的层面上拥有更强大的教育能量。

三、运用多重智慧，拓展学生资源

学生是永恒的资源，是课程资源的核心，学生资源具有再生性和不竭性，是一笔巨大的财富。要拓展学生潜在资源，首先要发现学生的强势智慧。每个人的身上都蕴藏着他独特的强势智慧，有的学生注意力非常集中，有的学生人际交往能力强，有的学生记忆力超常，还有的抽象思维能力强等等，教师的重要责任在于把孩子们的强势智慧挖掘出来，并发扬光大，帮助学生借助自己的强势智慧提升自己的智商，在自己喜欢的领域中有所建树。

有位教师很有创意地把学习者分为四种角色，即追赶者、跟随者、奔跑者和飞翔者，请学生自己给自己定位。开始全班都是追赶者或跟随者，一年后就诞生20位的奔跑者和飞翔者了。在民主、开放的教育环境中，学生所焕发的潜能和展现的差异，令人吃惊。越是规模大、人数多的班级，越需要开发和利用学生资源。北台小学六年组学情分析会上，耿炎、李蓉老师介绍经验时，都谈到了发挥学生优势，利用小组帮教形式带动问题学生成绩提高的学习方法，效果非常好。其实，就是请那些所谓的飞翔者或奔跑者担任小组的领头雁与援助者；这样，老师照顾不到的角落就可以利用学生资源来弥补，让每一个学生都有归属感，不再孤单；都有存在感，不再无助；这种学习既拓展了课堂教学的时空，又加强了教学的个别化；因大家的精诚合作，课堂才不会再有被冷落或遗忘的角落。

北台小学崔静老师上了一节作文课，题目就是《水族动物》。在"我观察"这一环节中，学生根据习作课之前自己的观察、查阅到的资料以及同组同学提供的信息，对"七彩豆""银龙""东洋刀""红箭""地图""接吻"等鱼类及密西西比红耳龟的外形、生活习性、用途进行了个性鲜明而又充分具体的介绍。进入到"我发现"这个环节时，同一小组内的学生在独立观察的基础上把同一种类的鱼或龟的个体差别又生动细致地进行了介绍。如介绍密西西比红耳龟时，他们众说纷纭，每个同学眼中的龟都各具特色，有的龟只吃火腿肠，有的龟从不咬主人，有的龟退壳时不睁眼睛……经过"我叙述"的环节后，进入到最后的"我描写"，崔老师提议学生采用自己喜欢的表达方式，如三句半、诗歌、童话、说明文等写作方式写出自己眼中的水族动物。其中，四个学生写出的三句半是：

今天我们台上站，表演一个三句半，谈谈乌龟现如今，多灿烂。

人人皆说养龟难，唯有同学说简单，以致王八在咱班，满为患。

乌龟长得可不赖，三角眼睛真可爱，背上还有大龟壳，可真帅。

这些乌龟挺可爱，躲在壳里不出来，若问为啥不探头，怕遭难。

乌龟有时招人烦，一天要吃三顿饭，而且只吃肠和肉，比我馋。

这些乌龟真享福，天天都在"越层"住，吃完就睡真懒蛋，享清福！

这些乌龟闹得欢，把我咬得手直颤，今天它们再这样，绝没完！

类似这些课堂教学中的教学资源，将伴随着新课程的实践而不断被开发和利用。充分利用课堂教学中的这些教学资源来强化学生多层次的活动，建立起学生活动与教学资源的良性互动，这将对课堂教学实现高效产生巨大的推动作用。

四、巧妙借助师生互动，开发课堂生成性资源

1.备课预约出的精彩

中国教育报上发表了一篇文章，是《一位美国老师如何讲灰姑娘故事》的课例。课例的内容是这样的：

上课铃响了，孩子们跑进教室。老师先请一个孩子上台给同学讲一讲这个故事。孩子很快讲完了，老师对他表示了感谢，然后开始向全班提问："你们喜欢故事里面的哪一个？不喜欢哪一个？为什么？"学生说："喜欢辛黛瑞拉（灰姑娘），还有王子，不喜欢她的后妈和后妈带来的姐姐。辛黛瑞拉善良可爱、漂亮。后妈和姐姐对辛黛瑞拉不好。"

老师说："如果在午夜12点的时候，辛黛瑞拉没有来得及跳上她的南瓜马车，你们想一想，可能会出现什么情况？"

学生说："当然是辛黛瑞拉会变成原来脏脏的样子，穿着破旧的衣服。哎呀，那就惨啦！"

这时老师小结："所以，你们一定要做一个守时的人，不然就可能给自己带来麻烦。另外，你们看，你们每个人平时都打扮得漂漂亮亮的，千万不要突然邋里邋遢地出现在别人面前，不然，你们的朋友要吓着了。女孩子们，你们更要注意，将来你们长大和男孩子约会，要是你不注意，被你的男朋友看到你很难看的样子，他们可能就吓昏了。"（老师做昏倒，全班大笑）

老师："好，下一个问题：如果你是辛黛瑞拉的后妈，你会不会阻止辛黛瑞拉去参加王子的舞会？你们一定要诚实哟！"

过了一会儿，有孩子举手回答："是的，如果我辛黛瑞拉的后妈，我会阻止辛黛瑞拉参加舞会，因为我爱自己的女儿，我希望自己的女儿当上王后。"

老师经典小结："是的，所以，我们看到的后妈好像都是不好的人，她们只是对别人不够好，可是她们对自己的孩子却很好，你们明白了吗？她们不是坏人，只是她们还不能够像爱自己的孩子一样去爱其他的孩子。"

老师："孩子们，下一个问题：辛黛瑞拉的后妈不让她去参加王子的舞会，甚至把门锁起来，她为什么能够去，而且成为舞会上最美丽的姑娘呢？"

学生说："因为有仙女帮助她，给她漂亮的衣服，还把南瓜变成马车，把狗和老鼠变成仆人。"

老师说："对，你们说得很好！想一想，如果辛黛瑞拉没有得到仙女的帮助，她是不可能去参加舞会的，如果狗、老鼠都不愿意帮助她，她可能在最后的时刻成功地跑回家吗？"

学生："不会，那样她就可以成功地吓到王子了。"

这时老师又小结："虽然辛黛瑞拉有仙女帮助她，但是，光有仙女的帮助还不够。所以，孩子们，无论走到哪里，我们都是需要朋友的。我们的朋友不一定是仙女，但是，我们需要他们，我也希望你们有很多很多的朋友。"

老师："下面，请你们想一想，如果辛黛瑞拉因为后妈不愿意她参加舞会就放弃了机会，她可能成为王子的新娘吗？"

学生说："不会！那样的话，她就不会到舞会上，不会被王子遇到，认识和爱上她了。"

老师："对极了！如果辛黛瑞拉不想参加舞会，就是她的后妈没有阻止，甚至支持她去，也是没有用的，是谁决定她要去参加王子的舞会？"

学生："她自己。"

老师说："所以，孩子们，就是辛黛瑞拉没有妈妈爱她，她的后妈不爱她，这也不能够让她不爱自己。就是因为她爱自己，她才可能去寻找自己希望得到的东西。如果你们当中有人觉得没有人爱，或者像辛黛瑞拉一样有一个不爱她的后妈，你们要怎么样？"

学生说："要爱自己！"

老师说："对，没有一个人可以阻止你爱自己，如果你觉得别人不够爱你，你要加倍地爱自己；如果别人没有给你机会，你应该加倍地给自己机会；如果你们真的爱自己，就会为自己找到自己需要的东西，没有人可以阻止辛黛瑞拉参加王子的舞会，没有人可以阻止 辛黛瑞拉当上王后，除了她自己。"

学生说："太对了！"

老师说："最后一个问题，这个故事有什么不合理的地方？"

学生："（过了好一会儿）午夜12点以后所有的东西都要变回原样，可是，辛黛瑞拉的水晶鞋没有变回去。"

老师说："天哪，你们太棒了！你们看，就是伟大的作家也有出错的时候，所以，出错不是什么可怕的事情。我担保，如果你们当中谁将来要当作家，一定比这个作家更棒！你们相信吗？"孩子们欢呼雀跃。

就是这样一个课堂互动，可见，教师对文本的理解深刻而有时代意义，设置的互动环节，丝丝相扣，学生的思维不断地被激活。宽容教育、友爱教育、感恩教育、生命教育被整合得淋漓尽致。这位美国老师太了不起了。这就是关于师生互动话题应该秉持的一个观点——备课预约出的精彩。我们现在一再强调研究型备课，其实，研究型备课不仅要有指教材资源的深度挖掘，更要有师生互动的预设，课堂生成有效引领的预设。循序渐进、水到渠成的教学效果要求教师必须充分备学生，了解学生兴趣爱好，已有的知识体系及对社会的认知程度和积累的社会经验，这样才能充分预设教学，才会在课堂互动中生成出精彩。

2. 让偶发事件成为课堂的亮点

新课程理念下的课堂教学是知识动态生成的过程，有些教学目标是备课时可预设的，有些教学目标是不可预设的，有些教学活动是可计划的，有些是不可计划的。科学研究表明：教师在一堂课上要即兴作出30个左右的决定，这意味着教师要在不断变化的情景中随机地采取行动，要随时进行"临场发挥"。课堂上出现偶发事件、意外情况是必然的，教师如果能够及时调整教学思路，因势利导，以不乱应万变，那么，偶发事件将成为促使课堂进行的有效生成性资源。

曾经，作为教学骨干的郑霞代表抚顺市到葫芦岛参加辽宁省阅读教学大赛，执教《麻雀》一课。因为备课充分，每一个教学环节都在郑霞的调控下有条不紊地进行着，进入到对文本的情感解读时，依据教参所说，老麻雀拯救自己的孩子敢于同猎狗搏斗，是因为母爱的力量。郑霞自信地把母爱这两个字大大地写在了黑板上，以强调她的伟大。可就在这时，一个学生提出了质疑，老师，你怎么知道这是小麻雀的妈妈呢，作者也没有写它是公还是母呀，这还不一定是母爱呢？当时千人会场上发出一阵骚乱。因为课前的预设没有这样一个环节，所以，陪同她上课的老师为她捏了一把汗。郑霞发挥了自己的教学机智，灵机一动，让学生先行讨论，此时此刻，你觉得这会是怎样的一种爱呢？随后的汇报，孩子们各抒己见，但是都是美好情感的解读。于是，郑霞迅速整理出了一段让在场老师记忆犹新的话："孩子，你的发现很有价值，它启示了我对这种强大力量的重新诠释，其实，老麻雀在猎狗面前表现出的这种强大的力量可以理解为母爱，也可以理解为父爱，甚至可以理解为长辈对晚辈的爱，更可以理解为强者对弱者的爱，至于是哪种爱，此刻并不重要了，重要的是人世间多么需要这种博大的爱呀！"话音一落，场上又是一阵骚动，这时的骚动与刚才相比，意义却完全不一样了。因为就是这样的一个小小的意外，因为执教者抓住了这不可多得的教学资源，让学生迈向了更高的情感层面，看到了更美的风景。

北台小学每年都要召开趣味运动会。有一回学校组织拔河比赛，六年级五班惨败，最让学生忍受不了的是又输给了实力很弱的一班，一至五年级都是这两个班争倒第二，最后一年这个倒数第二让他班夺走了，孩子们这个不服呀！回教室上课，满屋吵闹声，女同学在那哭，男同学拍桌子说裁判偏向，这样的自习课没法上了。这时班主任老师一抬头，看见数学老师在黑板上出了一道百分数应用题。于是灵机一动，把题给改了。班主任说，同学们，大家别哭了，咱们做道数学题吧：六年级一班和六年级五班都有学生60人，六年级一班体重超过120斤男生9人，女生4人，分别占拔河运动员的百分之几？六年级五班超过120斤的男生8人，女生1人，占拔河运动员的百分之几？从这个百分数中你发现了什么？第二题：六年级一班男生身高超过1.7米的有9人，女生超过1.65米的有5人，六年级五班男生8人，女生4人，这两个班高个同学分别占全班人数的百分之几？你又发现了什么？学生平静了，说："老师呀，我发现了，我班胖子没有一班多，高个也比一班少，分别少6.7和3.3个百分点，所以，拔河不是裁判偏向，是我班实力不行呀！"班主任又说："那要想实力行得怎么办呀？"学生说："多吃，长劲。"班主任说："每顿吃十个鸡腿行吗？"学生说："不行，得营养均衡，不然长成大胖子也不一定有劲。还要加强锻炼，让自己既有劲，又保持健美身材。"班主任说："对呀，虽然这次拔河比赛没有机会赢一班了，咱还可以和他比什么？"学生说："比学习，比纪律，比卫生……"班主任说："对，关键咱不能服输，下回考试咱赢他班，到时候咱好好庆祝一下，有决心吗？"学生齐呼："有！"班主任欣慰地笑了，说："那快写作业吧，口号不是喊在嘴上的，一定要落实在行动上。就从现在开始，放学前把语文和数学作业都写完，看谁写得又快又好，咱千万别做语言的巨人，行动的矮子，要做说话算数的人。"别看六年级，也是孩子，小小的激励也让孩子们群情激奋，教室马上安静，那堂课没用管纪律。

只要翻一翻，就会发现所有课标中都强调："教师应高度重视课程资源的开发和利用。"这种资源何在？在许多教师看来，教学的精彩必定在充分的预设中生成。但有的时候，教学的精彩之花也会绽放在绝处逢生处。从北台众多的精彩中采撷的几则案例中可以看到，课程资源均来自课堂的动态生成，它带给我们对课程资源开发的全新认识：对于课堂教学中的动态生成资源，如果教师不主动关注、主动引导，则会使"有意义"的资源稍纵即逝；如果我们敢于直面发生于瞬间的鲜活学情，顺应学生的需求，巧妙地将其转化为一种可贵的教学契机，那么，我们就能走出遗憾，演绎精彩，激活课堂。在常规课堂中寻找这些动态生成的资源，有意识地捕捉这种特殊资源，并引导教师积累、总结、交流这种生成性资源，因为这种资源是不可重复的宝贵课程资源。

课程资源是丰富的、大量的、开放性的，它以其具体形象、生动活泼和学生能够亲自参与等特点，给学生多方面的信息刺激，调动学生多种感官参与活动，激发学生兴趣，使学生身临其境，在愉悦中增长知识，培养能力，陶冶情操。"教学资源俯首可拾，教育无处不在。"我们应拥有一双敏锐的眼睛，一颗博爱的心灵，去捕捉课堂中临时生成的宝贵的"教学新资源"，使教学真正成为"一泓不断更新、永远流淌的活水"。让我们树立新的课程资源观，发挥课程资源的作用，使各种资源和学校课程融为一体，更好地为教育发展服务。

第二节　创设有效的学习情境

情境学习理论认为，学习不仅仅是一个个体性的意义建构的心理过程，还更是一个社会性的、实践性的、以差异资源为中介的参与过程。知识的意义连同学习者自身的意识与角色都是在学习者和学习情境的互动、学习者与学习者之间的互动过程生成的，因此，学习情境的创设就致力于将学习者的身份和角色意识，完整的生活经验，以及认知性任务重新回归到真实的、融合的状态。简单来说，情境学习是指在要学习的知识、技能的应用情境中进行学习的方式。也就是说，你要学习的东西将实际应用在什么情境中，那么，你就应该在什么样的情境中学习这些东西。基于这种理论基础，以及社会对未来人才的需要，北台小学始终在教学中坚持创设现实的、有意义的学习情境，实现有效教学的目的。

1.前置学习，唤醒学生已有经验，创设有效课前学习情境

美国教育家杜威曾经说过："我们主张必须有一个实际的经验情景，作为思维阶段的开始。"学习的艺术就在于能够创设恰当的情景。

（1）生活经验

一个社会人，从小就生活在社会的群体中，在成长的过程中必然积累一定的生活经验，这些生活经验是所有学习和创造的基础。在学习新知之前，唤醒原有的生活经验是必要的。如，小学数学中在学习《人民币的认识》一课时，课前可以安排学生在父母的陪伴下进行一次购物活动，提出在购物中要读懂商品的价格，记住购买时付出多少钱，找回多少钱。然后在课上学习时与老师和同学们交流。同时，教师可以将此次购物活动与家长沟通，得到家长的支持和配合，以达到预期的目的。其实，小孩们虽然小，但对钱币也并不是一无所知，而且课本上的一些信息显然也落后于现实生活，因此，这样的课前活动将学习前置于生活情境中，将对钱币的无意注意引导到有意注意之中，从而为课堂上的深入学习奠定了基础。

数学来源于生活，又服务于生活。在学习数学的用处一课时，教师可以让学生收集一下自己或家庭成员的身份证号码，了解其中的奥秘。这样课前的准备与生活经验融为一体，只待课上的喷薄而发了。

（2）学习经验

对于孩子来说任何事情都有一个从不会到会的过程，而在这个过程中，会积累许多学习经验，而这些经验又会应用到解决新的问题中去，即学习经验方法的迁移，也就是一种学习对另一种学习的影响，它广泛地存在于知识、技能、态度和行为规范的学习中。任何一种学习都要受到学习者已有知识经验、技能、态度等的影响，因此，只要有学习，就有迁移。迁移是学习的继续和巩

固，又是提高和深化学习的条件，学习与迁移不可分割。

在学习新知之前，教师如果可以创设情境，促进这种迁移。如小学数学中在学习圆的周长这部分知识时，学生已经在多种平面图形的知识学习过程中掌握转化的方法，如何应用这些方法解决新的问题呢？教师不妨课前发给每个孩子一个同样大的圆形硬纸板，要求孩子们用自己的方法求得这个圆形的周长。课前的这个活动，学生有充足的时间在家里完成，在游戏般的实践过程中，学生势必会回想原有的学习经验，或测量、或转化、或查找相关资料、或向家长、同学请教等，通过不同途径解决这个问题。可以想象，在这个过程中，学生学会的不仅仅是圆的周长这部分知识，还有更多的学习方法。

2. 质疑探究，促进合作交流，创设有效课堂学习情境

课堂是教与学的主阵地，在课堂上如何创设有效的学习情境呢？

（1）新课导入情境

"良好的开端等于成功的一半。"无论什么学科的学习，新课起始部分如果能紧紧地抓住学生的注意力，那么就很容易收到预期的教学效果，所以，创设导入情境是许多教师关注的焦点。新课导入情境创设方法有很多，常见的有通过复习旧知识来导入新课；利用直观的演示，让学生从观察实物导入新课；利用观察操作、合作探究的方法导入新课；联系实际生活导入新课；用提问题方式导入新课；利用故事或谜语来导入新课；利用多媒体、插图导入新课；尤其是利用课前的前置学习活动等。总之，灵活多样的导入方法，在我们小学教学中是不可缺少的，要选择合适的导课方法就要先把握好教学内容和学生的接受能力。只有深刻领悟教材编排体系和知识内涵，在教学实践中不断地积累经验和完善教法，才能灵活地创设出符合学生年龄特点、生活经验、有探究意义的学习情境。

（2）新知探究情境

在新课导入之后，如何创设探究问题的情境引导学生积极参与学习呢？在长期的实践中，教师们普遍运用的是如下几种：其一，开展活动，如在教学《游戏公平》一课时可以用小组对抗比赛的方式，让学生在活动中感受问题解决的过程及方法。其二，创设悬念，在教学有余数除法时，探究过程以猜想为悬念，诱发学生产生揭开秘密的参与欲望。其三，故事主导，在课堂教学中，教师可用生动形象的语言描述故事情节，诱导学生置身于故事情景中，积极主动地参与教学活动。在教学三年级认识周长的时候，用大家喜欢看的《黑猫警

长》探案过程为主线，在描、画、量、比等过程中将认识周长、运用周长解决问题等知识融于故事。这个情境的创设，运用了喜闻乐见的童话故事，激发起学生对知识的探究欲望，取得了很好的效果。其四，激发想象，在小学语文中有些文章让学生通过大胆的想象来创设情境达到更佳的教学效果。如《老人与海鸥》一课，为了让学生感受海鸥与老人的深情厚谊，教师可让学生大胆想象海鸥在老人遗像前，会大声鸣叫些什么？还有，假如你站在翠湖湖畔，看到这一幕幕，你想说些什么，想对老人说什么，又想对海鸥说什么，还要对地球上所有的人说什么？这样，学生充分地发挥了想象力，既培养了想象力和创造性思维，又更好地理解了课文的内容，激发了和谐之声，引起情感共鸣。其五，以辩促思，"辩"是学习语文的一种很好的方法。通过"辩"可以使学生进一步加深对课文的理解，并可大大提高学生的语言表达能力。在教学《桂林山水》一文时，可先根据学生自己的选择，把全班分成"桂林山队"和"桂林水队"两大阵营。然后告诉学生两个队就是两支导游队伍，哪个队能把自己的景点介绍得绘声绘色、吸引人，那么，游客们就跟着他们去旅游。这样一来，学生各尽所能，各展所长，通过各种方式来宣传自己队的景点特色，有的说、有的读、有的介绍图片，有的展示录像材料……课堂氛围十分热烈，自然学生自主学习意识充分体现出来。

（3）整理反馈情境

小学阶段的学生受年龄、身体条件影响，注意力集中的时间有限，一节课进入尾声时，学生已有疲劳感，精神上容易松懈。因此，在整理反馈阶段，教师也应创设轻松、得当的情境，提升整理反馈的效果。如数学课上，可以采取闯关游戏将反馈练习再逐层深入；在语文课上可以通过配乐朗诵、分角色表演将对课文的理解淋漓尽致地表现出来；英语课上可以通过歌唱的形式表现情境内容，创设有声语言环境，使学生自然投入。

无论何种形式，只要是在游戏、表演的过程中，能够帮助学生从机械、呆板、单调、紧张的学习环境中解脱出来，消除学习疲劳，并感受到学习的乐趣，提高学习效率，那么就实现了创设有效情境、实现高效课堂的宗旨。

3.课外延伸，鼓励学以致用，创设有效课后学习情境

新课程要求教师要培养学生终身学习的能力。因此，课堂上的学习只是学习的开始，在掌握了学习方法和一些书本知识之后，课后的"学以致用"才是真正的学习。"课外延伸"经常作为最后一个环节出现在课末。但是遗憾的是，

许多教师仅仅把"课外延伸"当作一个环节，很少进行指导与检查，更谈不上反馈与评价。多数教师并未真正落实下去，使精彩的环节失去了真正的教育意义。那么，如何有效进行有效的课外延伸呢？

（1）实践活动情境

情境教学理论告诉我们，孩子喜欢表演，也喜欢看别人表演。那富有情趣的角色形象，特别接近儿童生活的戏剧形式，不仅唤起他们的新异感、好奇心，使他们激动不已，而且能产生巨大的角色效应。小学语文当中有许多文章语言优美、情节生动，教师可以指导学生课后排演课本剧，如《陶罐和铁罐》《别饿坏了那匹马》等。在排演及表演过程中，孩子们会进一步加深对课文的理解，体会到学习的乐趣和成就感。

（2）操作实践情境

动手操作是知识内化的最好途径，小学数学中在学习了体积与容积的知识后，课后可以组织学生选择一些不规则的物体进行测量其体积等活动，然后将测量过程及结果与同学交流；在学习了数学的应用之后，指导学生将班级图书角的图书进行整理、编码，并在班级的图书管理中予以应用；在学习了一年级"认识物体"这一内容后，教师可以组织学生课后观察家里的物品，然后将其归类到立体图形的类别中……，这样的课后活动设计，为学生提供了实践操作的情境，让学生感受到知识就在身边，蕴含在生活中，从而增强了学习的兴趣。

（3）情感交流情境

新课程改革后，教学的三维目标发生了转变，以"知识和能力""过程和方法""情感态度和价值观"为主，其中，把情感态度和价值观作为"三维"之最，就是要求教师更应关注学生的精神状态，进一步确立了"以人为本"的理念，它反映了我国教育价值取向的重大转型：从知识传授到对人的重视，从技能、技巧的掌握到对人的精神、心理的关怀。这三个目标互成能动关系，从而促进学生的和谐全面发展。因此，教师在教学过程中，不仅要落实知识、能力目标，更要落实知识背后蕴藏着的情感目标。因此，课后延伸这一环节中，教师也要积极地为学生创设情感交流情境。如英语课上学习了英文歌曲 "Happy birthday to you" 后，回家就可以组织小伙伴们上演了一幕一家团聚互相祝贺生日的游戏。孩子们在游戏情景中深入角色、踊跃表演。这样的情境学习，使得小学生们在玩中复习巩固了学到的语言知识，提高了运用语言的能力，同时，在愉快欢乐的气氛中，增强了同学间的交流，增进了友情。又如，小学语文在学习了书信的相关知识后，教师可以引导学生给家人、老师、朋友写一封信，在书信中表达亲情、友情、师生情，在书信往来中学习人际交往、沟通的方法等等。

总之，课前、课上、课后的活动是一个有机的整体，加深了教与学的内涵，拓宽了教与学的视角。因此，教师必须善于寻找、利用、创设有效情境，将学生课内的学习与丰富的现实生活连接起来，以实现"参与"这一情境学习的核心要素。

第三节　经历有效的探究过程

我们最尊敬的大数学家华罗庚曾告诉世界："独立思考能力是科学研究和创造发明的一项必备才能。"在历史上任何一个较重要的科学上的创造和发明，都是和创造发明者的独立地深入地看问题的方法分不开的。而今随着科学技术的突飞猛进，我们也越来越发现，这种思考与探究在生活中无处不在。因为它们可以点燃学生思考的火炬，可以激发他们学习的灵感，让收获、表达在积极发言、相互辩论中得以丰厚。于是，新课程在求同存异中多次强调提出建立探究的学习方式，可见其意义非同一般。

那么什么是探究式的学习方式呢？课程解读中是这样描述的：探究式的学习是指学生独立地发现问题、获得自主发展的学习方式。即要让学生自己发现问题，探索解决问题的方法，通过各种学习途径"获得知识和能力、情感和态度，特别是探索精神和创新能力的发展"。可见，在这个过程中突出强调的是学生探究、思考的全过程，因为这不仅仅是学生学习收获的痕迹，更是他们成长、成才的依托。犹如新课标所倡导的：以学生为主体，以探究为核心，突出探究与实践是基础课程的最终成长理念。所以，让学生经历有效的探究过程就是充分体现学生的主动性，发挥他们在参与学习探究活动的能动性，自主提出问题，设计解决问题的方案，多渠道搜集各种资料，开展调查与研究甚至实践体验，进一步整理信息，得出解释或结论，完成研究报告，并且愿意在团队中进行表达和交流。只有这样，学生才能在学到知识的同时，习得开展探究的方法，提高思考研究的能力，培养严谨的做事态度与科学价值观，也将探究过程的有效性凸显。

1. 创设问题情境引发探究兴趣

孔子说："知之者不如好之者，好之者不如乐之者。"显然，学习之初调动学生的活力与热情会真正让他们体验到"转轴拨弦三两声，未成曲调先有情"的意境，进而也呈现出一个温馨、愉悦、和谐的良好开端。

为了起到画龙点睛的作用，我们教学中往往根据学生的年龄特征、知识储备以及该课的教学目标、教学重点来巧妙设计创设问题情境。常见的演绎形式无非是低年段的设疑问想主题，设简笔构画面，讲故事探结局；中年段引名句悟成长，巧谈话情境，歌曲感知细品味和高年级的悬念建构法以及多角度品评激趣法。当然，基于形式为内容服务的这一哲学核心理念，我们也可以将其主旨剖析为：水到渠成的问题情境、水火不容的问题碰撞、一石激起千层浪的问题意境、以及大江东去浪淘尽的问题效应。

（1）水到渠成的问题情境

所谓水到渠成的问题情境，就是指课堂教学中我们创设出一以贯之的核心问题情境或步步为营的连环问题情境，让学生在不断地前进攀登中收获水到渠成的成长体验与知识积淀，从而成就愉悦、轻松的教学氛围，激发学生进一步积极的学习情感。正如车尔尼雪夫斯基说过："美的事物在人心中唤起的那种感觉，是类似我们当着亲爱的人的面前时，洋溢于我们心中的喜悦。"于是，学习效果也水到渠成。

显然，如此开门见山步入主题对充满理性学科的学习格外重要。以数学学习为例，新课伊始，借助主题图或教学课件来创设生动有趣的学习情境，把抽象的数学知识与生活实际联系起来。主题图或教学课件上的信息在一定意义上是为学生思维提供线索的。当学生汇报后，教师再引导学生将收集的信息进行整理，找出要解决的问题。通过观察汇报也能为解决问题提供认知的基础，激发学生的求知欲望，焕发学生的主体意识，为学生自主探索、解决问题营造氛围。同样，在科学课的教学时，教师也喜欢创设这样的情境："你听说过×××动物吗？这种生活在草原的小动物，有许多难解的谜团。几个世纪以来，科学家绞尽脑汁，却始终解不开它们的奥秘，你们想帮他们解开这个谜吗？"学生强烈的求知欲望油然而生，在愉悦轻松积极的心境中翻开了课本，实现了由"被动接受"到"主动接受"的情感转变。

而语文学科的学习则是运用步步为营的连环问最多的学科，似乎这也是为了更好地迎合作者的巧妙构思。如我们学习故事性的文章《老人与海鸥》会探究

"海鸥为老人送别的画面"后思考其中的原因与故事，继而走进"老人喂海鸥的画面"，感受人鸥情，更通过广阔的课外阅读体会这种人与动物的深情厚谊；再如我们学习经典篇目《圆明园的毁灭》会探究其毁灭后回想它的辉煌，把握他的满目疮痍的原因，如此让学习稳扎稳打走向教材深处；而我们学习纪实性的文本《开国大典》则会更关注场面描写的特质，点面结合的运用以及同类文章表达的不同之处，恰恰这些问题都环环相扣为中心服务，让学生的阅读更加丰厚。

（2）水火不容的问题碰撞

水火不容的问题碰撞情境则与上面的问题情境刚刚相反，这是一种在批判中构建知识结构的好方法，相悖的思想火花更有利于形成学生思考的深刻记忆。例如教学《大瀑布的葬礼》，我们将大瀑布的前后画面及描述作以对比，遥远的过去是牛马成群、绿林环绕、河流清澈的生命绿洲，而后又播放今日的一片死寂的荒漠，胡杨林成片死亡、寸草不生、不见飞鸟、令人恐怖的画面，从而很自然地引入文章主题的思考："造成这种悲剧的根源是什么"，学生自然而然地产生了阅读兴趣，课文主题迎刃而解。再如学生心目中根深蒂固地是应该做一个诚信的人，可是当我们将《唯一的听众》中的画面呈现在学生眼前时，他们对善意的谎言又是那么的期待，于是，教学变成一场不仅仅是对课文的解读，更多是对人生的思考，让水火共融，探究意识、批判意识油然而生。

（3）一石激起千层浪的问题意境

一石激起千层浪的问题意境则更有跨度感，在瞬间让学生的思维跨越到更多的层面。如在进行"三角形的内角和"的时候，可以进行如下问题的引导："要证明三角形内角和为180°，哪位同学可以采用最直观的方法呢？"很多学生在问题的激发下，就产生了强烈的动手操作欲望。很多学生都用了不同的方法，其中，有位同学将用纸做的三角形三个角都折到了底边上，拼成了一个与底边相重合的平角，从而给大家证明了三角形内角和等于180度。这个证明方法，给大家留下了十分深刻的印象。很多同学一起讨论，并进行推演以后，一起用理论进行证明，学生在问题激发下经过亲自实践，对设计的问题进行了有效的验证，能够最大可能地调动学生的探索欲望。通过设计有效的问题，不仅能够让学生牢固地掌握知识，而且还可以有效地锻炼学生的动手操作能力，具有很强的实用性。

（4）大江东去浪淘尽的问题效应

创设问题情境中最具智慧的无疑是峰回路转的问题策略即大江东去浪淘尽

的问题效应。往往美术学科的教学更善于给人意料之外的惊喜，如在教学《色彩的冷与暖》一课，教者引导问："从色轮上如何区分冷色与暖色，它们各自都有什么特点？在表现寒冷的作品中，能够使用暖色吗？"学生经过思考，迫不及待地端出否定的答案。进而师者呈现生动的作品典范后问："你欣赏了画家的作品和小朋友的作品后，有何感想？""能说说你对色彩的冷与暖给自己带来了什么样的感受或联想？"实践中，学生发现色彩反差让画面更生动，于是，这种特别的生活美感会让孩子感同身受。

"学起于思，思源于疑"，疑是学生学习的"催化剂"。创设问题情境，可以有效地引发学生认知矛盾的冲突，使学生产生"心求通而未得，口欲言而不能"的情形，从而让学生积极参与到"探究——发现——解决问题"的过程之中。

2. 围绕核心问题展开探究研讨

"核心问题"是阅读教学中立意高远的有质量的课堂教学问题，在整体阅读教学中能起主导作用、支撑作用。它能从整体上承载学生思考、讨论、理解、品析、创造的重要提问，它能带动整体阅读并深化学习活动，整合现行教学中学习的关键内容，贯穿整节课的客观问题或客观任务。它是一节课或某一个板块环节中"牵一发而动全身"的中心问题。

从学习的内容品评"核心问题"有几个较为明显的特征：高度的概括性；强烈的可探究性；对于理解课文内容有着内在的牵引力；课堂中派生出的其他问题都与之存在相关的逻辑关系。因此，它贯穿了整个课堂教学，具有提纲挈领性质的核心问题给了学生深入文本、咬文嚼字、细心体会、比较选择、自由表达的广阔空间。仅以语文学科的教材知识体系结构为例，梳理"核心问题"的方法就如下：

（1）以文章标题为切入口的"核心问题"

众所周知，课题是文眼，往往高度概括了文章的内容、中心，并凝聚了作者的情感，根据标题设计"核心问题"，能引导学生快速进入文章重点内容的阅读与探究，使学生能准确把握文章重点，而且在内容理解上也能达到较高的深度。因此，课题往往可以成为设计核心问题的切入口。比如在《山中访友》这篇课文时，可设计这样的核心问题："朋友"指谁？作者如何访问的这些朋友？如此不仅了解文章的内容，也对文章的写作手法有更多的了解。

（2）抓文中关键句、段，巧妙设计"核心问题"

文章都有一定的主旨，这些主旨有的是蕴含在文章的字里行间，有的则突出地表现在一些关键词句中，我们要用一双慧眼去发现。比如在《詹天佑》一文教学中，抓住第一句："詹天佑是我国杰出的爱国工程师"，中心词是"杰出""爱国"。这样就可以让学生边读边思考：詹天佑怎样"杰出"？怎样"爱国"？轻而易举地读懂文章。又比如《乡下人家》这篇课文的最后一个自然段："乡下人家，不论什么时候，不论什么季节，都有一道独特、迷人的风景。"是文章的总结句，教学时我们就可抓住这一关键句设计一个核心问题：课文哪些画面能让我们感受到乡下人家风景的独特、迷人？

（3）以"人物"为切入点，以"人物形象"为突破口，来设计"核心问题"

此类设计显然在小学高年学段有更多的运用空间，学习尝试通过事件来了解人物，因此，通过《少年闰土》感知鲁迅的童年生活；借助《我的伯父鲁迅先生》明确鲁迅的性格特点；同时，《有的人》与《一面》又从不同的侧面对人物形象进一步丰满，可见，不仅借助一课一得，而且关注单元主题，让问题探究更全面、更有层次感，也可让人物形象分析、刻画人物的表现手法、及分析人物的描写方法等齐头并进。

（4）在矛盾对比中设计"核心问题"

挑起"矛盾"，激活全课。由于学生认知上的不足，一些文章中蕴含的现象、观点、结论往往会引发学生认知上的冲突，从而形成"矛盾"。对此，可根据学生与课文的"矛盾"设计评论性核心问题，引导学生在激烈的争论过程中表达自己的观点。学生在说服对方的过程中，不断跟文本"亲密接触"，寻求根据。这种评论性核心问题可以很好地启发学生思维，有利于在更高程度上提高学生的认识。比如《穷人》一文的教学，可设计这样一些问题：穷人他们穷在哪里？你认为的穷与富的标准又是什么？能为故事设计一个结尾吗？以激发学生的主动意识和探究精神，更好地提高学生阅读课堂学习的效率。

当然，一切方法、策略都是为学生的学习服务的，因此，问题设计应结合学生认知的实际，同时，不同的教学阶段，也要相应提出不同层次的问题，还要明确记叙性、说明性课文及诗歌的基本特征和教学重点，教师的智慧就在于当机立断改变自己的设计，及时顺应课堂上的"节外生枝"，根据学生的问题展开教学。这就要求教师心中有"核心问题"意识去面对学生课堂不断变化的鲜活学情生成教学智慧。这是以"生"为本、以"学"为重、以"导"为助的新课堂的要求，这样"核心问题"才更有核心力，同样，其他学科也是如此。

3. 收获特殊体验进行探究实践

英国教育家洛克说："每一个人的心灵都像他们的脸一样各不相同。正是他们无时无刻地表现自己的个性，才使得今天这个世界如此多彩。""读是学生的个性化行为，不应以教师的分析来代替学生的阅读实践，应尊重学生在学习过程中的独特体验。"(《语文课程标准》)新课程改革，特别倡导多元解读，尊重学生多样化的解读，尊重学生的阅读体验。可见，特殊的探究实践体验对学生的成长格外重要，就像人们耳熟能详的"艺术来源于生活，更高于生活"，学生的实践经历也是这样。

（1）关注多彩的学习生活

"生活即学校，社会即生活"，学习体验虽然不同于日常生活，但又不能与日常生活完全割裂开来，唯有充分挖掘生活的资源为课堂所用才是正道。如在学习"可爱的家乡"一组内容时，为让学生更好地关注自己的生活环境，设计故地重游，不断补充历史，更结合童年的记忆、照片找寻它们昔日的风采。那不够绚丽的霓虹；那不够刚劲的苍松；还有那不够富丽的家园却是给了我们最多最好回忆的家园。而今看到它绿草茵茵、鲜花朵朵、加上碧空如洗、云淡风轻，别有一番滋味在心头。回到课堂后，无论是绘画还是歌唱，以及吟咏课文都不由自主地将感性的认识与抽象的文字联系在一起，将具体形象的事物与生动丰富的语言融为了一体，并将血脉相连映在了脑海里。《爱护环境 保护家园》的语文实践活动，教者鼓励学生人人参与调查活动，号召学生走上街头，公园和广场。对这些地方的环境进行了调查研究，并加以整理。汇报交流后，学生们不仅懂得了语文学习应与社会沟通，更懂得了今后在学校和生活中要养成不乱扔垃圾，不乱写乱画保护环境的好习惯。

针对孩子们天性喜欢热闹、喜庆的特点，无疑特殊的节假日活动会让他们印象深刻。如《设计节日饰品》的综合性学习活动，活动前，让学生走向社会，去参观访问，到小饰品店去看一看，问一问，了解丰富多彩的饰品制作形式，还可以问问长辈有关春节的一些习俗。活动中，先让学生充分交流自己的设想，在交流中互相启迪，开阔思路。给足时间让学生制作饰品。指导学生写出简洁的设计说明，写清设计的饰品名称、制作方式、象征意义。活动后，更给予学生充分交流空间，让学生说清楚自己的设计。最后，用丰富多彩的饰品装饰教室，迎接新年。整个活动过程井然有序，充满乐趣，学生的实践经历也积少成多。

（2）创设多姿的体验环境

小学课程体系安排力求全面发展学生的兴趣爱好，因此，动手动脑的学科比比皆是。如美术课《树叶都是绿色的吗》，孩子们到大自然中采撷树叶，欣赏树叶，真正认识到了树叶的颜色和形状，也体会到了大自然的变化与神奇，更值得一提的是，那种欢呼雀跃的表现让思维完全处于兴奋和放松的状态，没有丝毫的拘束感，于是让学习如鱼得水。而在关于"月"的综合性学习活动中，学生针对"月"不仅了解它变化的科学原理，更感受了中国文人对"月"的喜爱之情。大量搜集有关"月"的诗词，并在"古诗苑漫步"的学习活动中，把查阅到的相关古诗辑录到一起，编成专题诗集，还为自己编辑的诗集设计出新颖别致的题目，编好后，更用多种形式展示出自己的学习收获，从而产生成功的快乐。

语文教学中的表演是对课文内容的深刻理解和升华。在教学活动中，可将内容贴近生活、生动有趣的课文学完之后，将其编成课本剧或小品，以加深对课文内容的理解和认识，也可以更有效地丰厚学生的生活体验，这也是最受学生欢迎的补充阅历的方式之一。就像心理学研究表明：每一个人的心灵深处都有一种心理需要——希望自己是成功者、胜利者。文章内容的再现，就是激发学生积极参与，让学生体验成功的快乐的最佳捷径。如学习了《将相和》这篇课文，学生读了许多类似的历史成语故事，如《三顾茅庐》《草船借箭》《完璧归赵》……于是，挑选喜欢的成语、制作道具、设计表演，在汇报展示中，独立解说，生动演绎，课本剧活灵活现，无疑会举一反三地收获知识。这样的成长经历必将增加学生阅读的兴趣。再如在《俗世奇人》的教学中，让学生自读后自己改编课本剧，表现"刷子李""泥人张"的手艺高超，再现人物形象，从而让学生在表演中学课文、析人物、品主题。

（3）参与多角度体验研讨

教育家赞可夫说："教学法一旦触及学生的情绪和意志领域，触及学生的精神需求，这种教学法就能发挥高度有效的作用。"课堂讨论正是这样的教学法，在这个过程中学生的思维呈开放的状态，不同的见解、不同的思路在讨论中碰撞、反馈，可以激发学生的想象力，促进学生思维的有序发展，提高思维活动的有效性，从而收到多角度的体验感悟。显而易见，借助小组讨论与全班讨论将会更好地将师生、生生、生本的交流落入实处，学生的体验也呈现多角度增长。比如在《北京》一文的教学中，学生理解了"庄严"一词的基本意思后，教者引导思考："你在生活中曾经体会到庄重、严肃的气氛吗？"学生随即展开讨论：有的同学谈到了参加升旗仪式；有的同学谈到了观看国庆阅兵；有的同学谈到了旁听法院审判……这样，学生与学生之间互相启发，互相补充，充分体现出了生生讨论的好处。在《圆明园的毁灭》的教学中，学生针对"圆明园是否可以重建"这个论题进行分组辩论时，教师参与到弱势的一方中引发争辩，学生自然热情高涨。显然，通过激烈的辩论，全班同学都会"圆明园的毁灭"这一中华民族的屈辱事件中受到了深刻的教育。

其次，根据学习内容我们还可以体会中心式讨论与版块式讨论。中心式讨论是引导所有学生围绕一个中心议题进行的讨论。这种讨论适用于内容比较集中、主旨比较突出的课文的教学。组织这种讨论，可以在学生初读课文、粗晓大意的基础上，穿针引线、直奔中心来形成一个议题。如教学《我们家的猫》这一课，教师在引导学生感知了大猫的"古怪"和小猫的"淘气"之后，自然而然地抛出一个议题：对于这些古怪、淘气的猫，作者是喜欢还是讨厌，请结合课文最精彩的一个小片段谈谈理由。围绕这个议题，学生稍做准备之后，就能在讨论中滔滔不绝、各抒己见。而板块式讨论则是教师引导学生针对课文内容的不同整合版块进行的讨论。这种讨论适用的课文一般具有以下特点：内容要么具有并列性，要么具有对比性。前者如《桂林山水》（山与水并列讲述）、《再见了，亲人》（大娘、小金花、大嫂分别描述）；后者如《鸟的天堂》（树的静态与鸟的动态形成对比）、《卖火柴的小女孩》（现实的悲惨与幻象的美妙形成对比）。对于这些课文，教师可以引导学生将课文切割成相对集中而又独立的若干"结构板块"，然后针对不同板块组织学生进行讨论。这种讨论不仅可以把学生的理解引向深入，还可以节约时间，提高效率。不过，讨论之后，要把"板块"有机地整合起来进行还原，以便加深理解、全面理解。

同时，补充性讨论与碰撞性讨论也是学生学习的巨大助力。根据讨论的性质，语文创新教学的课堂讨论一般可以划分为补充性讨论和碰撞性讨论。补充性讨论是引导学生围绕一个议题所进行的以互相补充为特征的相容性讨论。这种讨论在课堂讨论中所占的分量比较重。比如，学生自学《昨天，这儿是一座村庄》这首诗后，围绕自己的收获，你谈你的，我说我的，总的意思是"改革开放给腾飞的深圳插上了翅膀"。这种讨论，能够启发学生把问题理解得全面而比较深入，在初读课文和深入研究课文的时候都可以运用。碰撞性讨论是引导学生围绕一个议题所进行的以互相辩驳为特征的对抗性讨论。辩论是这种讨论的典型形式。随着创新教学的深入研究，这种讨论在课堂讨论当中所占的分量正在逐渐加重。因为学生针对同一问题的不同观点在碰撞的过程中，可以迸发智慧的火光。这火光可以成为课堂的亮点，照亮学生分析问题与解决问题的求异、求优之路。或者，这种讨论能够在引导学生保持独立思考的同时，加深对问题的理解。比如，在《只有一个地球》的教学中，学生针对"人类能否移居别的星球"这个话题进行了辩论。通过辩论，学生深刻地认识到"人类指望破坏地球之后移居到其他星球"是不现实的，是错误的。见解之外还丰富了他们课外的天文地理知识。

此外，示范性讨论与练习性讨论也是学生积累成长体验的有效方法。示范性讨论即引导讨论水平较高的学生在其他学生面前所进行的以示范为主要目的的讨论。语文课堂教学的讨论，要培养学生以创新思维为核心的听说读写能力，要不断提高学生的讨论水平。在经常性的辩驳中，学生可以提高自己的理性分析能力与口语表述能力。进一步体会怎样才叫互相补充，怎样才是观点碰撞，彼此必须讲究的礼仪又是什么，听与说的关系又怎样处理？形成示范性的研讨。练习性讨论是相对于示范性讨论提出的概念。这种讨论往往是在示范性讨论之后进行，主要是通过讨论实践来巩固和提高自己的讨论水平。在《草原》一课的教学中，学生上台交流讨论了自己欣赏草原静态美的收获，其他同学点评他们的讨论技巧和方法。随即，欣赏草原动态的美，全班学生就按照前面两位同学的方法与技巧，进行自由组合式的双人讨论，收效斐然。可见，研讨探究活动是学生展示自我的一个平台，是学生真实的体验。它不仅为学生创设良好的学习空间，还培养了学生观察和实践能力，充分调动学生求知的欲望，激发了学生的学习兴趣。

4.科学点拨方法尝试探究反思

我国著名物理学家严济慈先生说过："做习题可以加深理解，融会贯通，锻炼思考问题和解决问题的能力。"可见，融会贯通是对知识不断地整理、不断地反思的结果，而根据学生的学习规律，在复习的阶段探究反思格外有价值。小学语文学科的知识涉猎范围较为广博，显然，如果能把握小语学法的特性，整合教学材料、梳理学习内容将更有利于科学点拨方法的体现。

（1）指导整合内容、把握内在联系

复习不是简单地重复旧知识，阅读复习更是如此。因此，我们在积极引导学生注意发现学材之间纵向和横向的联系的同时，通过对比，将孤立与分散的知识点串成线、连成片、结成网、形成树。从而进一步理出层次，归类出学习方法。例如，每学期我们会将学习过的文章按照写人、记事、状物进行分类，并根据不同文章体裁特点选择不同的复习方法：或同类文章探寻异同，或异类文章追溯技法相同的地方，从而积累学法，丰富学法，达到学以致用的目的。更为巧合的是，这与单元重点内容的梳理不谋而合，于是，复习的时候更多地把几个单元加以整合，这样清晰的知识框架便跃然于纸上，学生在对比梳理中也收获得更为系统全面。俗语说："多深地基筑多高墙""根深才能叶茂"，地基坚实才能盖起万丈高楼。借助这样的复习方式，初步的知识树也就生根发芽了。

此外，写作方法上的归类复习也是帮助学生添枝加叶的好方法。如对比梳理文章中的细节刻画的方法，如将《一夜的工作》中对于周总理的工作的精笔细描部分，《草原》的美景勾勒部分，《地震中的父与子》的场景展示部分，《难忘的一课》中的画面透视部分加以对比，体会细节刻画的精妙，并在反复提炼总结中，提高学生的理解能力和写作方面的技法。再如教状物文章，学习《新型玻璃》时，学生总结出"描形状、抓特点，感悟用途"的学法，而在《蟋蟀的住宅》中又对比出"围绕一个主题从几个方面抓住特点讲述"的写法。可见，年龄提升、智力提高的同时，孩子们的总结能力也越发凸显出层次的变化，进而总结、运用学法就更加可圈可点，再去学习状物文章也就更加得心应手了。

（2）引导对比学材、提升感悟能力

孔子说："温故而知新。"苏联教育家乌申斯基打比方说："复习不是为了修补倒塌了的建筑物，而是为了加固原来的结构，并且添建一层新的楼房。"这两位教育家精辟的话语中都提到了一个"新"字。可见，复习不是单纯机械地练习旧知识，而是一次更主动、更认真、更深刻、更系统地理解和掌握知识能力的学习过程，这样才会让学习更有的放矢。

因此，我们在复习同一类文章的写法或是同一学材的归类时，纵向整合教材突出呈现对比就显得格外有意义。如人教版六年级下的第二组"民风民俗"主题中呈现了四篇不同写作手法的典型文章，围绕这四篇文章，我们梳理出四到六年级写作手法相类似的课文，从而在对比整合中加以深入理解学习。如下表：

课题课例	四到六年写法类似课文	方法梳理
《北京的春节》	《观潮》《记金华的双龙洞》《七月的天山》《草原》《山中访友》《草虫的村落》	跨度大，内容多；每部分都围绕总起句或中心句。
《藏戏》	《鸟的天堂》《山雨》《只有一个地球》《飞向蓝天的恐龙》《牧场之国》《与象共舞》	总分总；有点有面、有详有略
《各具特色的民居》	《蟋蟀的住宅》《爬山虎的脚》《长城》《颐和园》《秦兵马俑》《鲸》《新型玻璃》《威尼斯小艇》	说明方法运用准确、生动。
《和田的维吾尔》	《索溪峪的"野"》《彩色的非洲》《雅鲁藏布大峡谷》《桂林山水》《生命生命》《白鹅》《猫》《这片土地是神圣的》《假如没有灰尘》	条理清楚；层次分明；结构严谨。

如此不仅让孩子们站在提纲挈领的高度了解作者创作同类文章的技法所在，也更深刻地感受到语文复习的方法所在，深刻地体会到学习不能"就事论事"、单纯地设计一个单元的教材内容，让知识割裂，而要根据新课标中的阶段教学的目标，从宏观与微观的结合上把握教材、驾驶教材，找到同类学材的共同特征，选择相应的学习方法将会更好地实现横、纵向的联系，特别是让全套教材的整合更显示出科学性与规律性，也为孩子的行文成长积淀丰厚的知识储备为语文素养的形成积淀丰厚的土壤。

当然，正如事物都具有两面性，教材中的课文给予孩子们相同的层次感的同时，也会在更多独具匠心处妙笔生花。于是，抓住这些内容对比感悟，孩子们对文章的内容就有更深刻的理解的同时也会对创作、语言有更多的感悟，对学习梳理有更大的帮助。如五年级下册教材第七组课文《人物描写一组》《刷子李》《金钱的魔力》中如果能结合词句探究人物的鲜明的个性的同时，对比《小嘎子和胖墩儿比赛摔跤》中的连续动作描写与《临死前的严监生》中的典型动作描写，以及将《金钱的魔力》中的正面描写与《刷子李》的侧面描写加以对比，会让学习呈现环环相扣的横向脉络联系，让学生的学习更加得心应手。再如：人教版小学语文六年下册教材第一单元五篇课文《文言文两则》《匆匆》《桃花心木》《顶碗少年》《手指》都围绕"人生感悟"这一主题而展开。因此，在复习时应首先找出其中的"共性"，然后再根据每篇课文的侧重点不同选出其中的一个重要知识点来突破。如《匆匆》作者的大量修辞手法的运用，《桃花心木》借物喻人手法的体现，从而立足知识点进行整合学习。再在此基础上去发挥、创造，体会几篇文章的表达角度、书写技巧、情感定位，让学生从"学会"到"会学"，达到更高层次的感悟和发现。

（3）帮助分类设法，满足不同期望

17世纪，莱布尼茨道出了一句至理名言："世界上没有完全相同的两片树叶。"因此，我们也完全有理由说：学习掌握的方法一定会因人而异。于是，尊重学生的读书习惯，帮助他们找到适合自己的复习方法就显得更加一劳永逸。

当然，其间最简单的就是在学材上下功夫。如可以按照小语编者编排三类课文的意图分层推进进行拓展。即由讲读课文中梳理出学习和写作的方法并运用到略读课文和选读课文；或从先理解字词句，接下来理解段落，最后梳理全篇；抑或从理解内容，感悟情感到体会中心，从感知、理解课文内容之中把握学法。当然，在复习越发深入地过程中我们也看到小学语文课本中呈现更多的科学规律与方法，不仅是由简单到复杂，更多的是围绕中心，凸显主题，多角度、多方面的学习。因此，在复习中要把握这其中的内在规律有效地夯实基础。

在实践中发现，分层学习不仅在对待学材上，对待学生更是这样，因为这是"让每一个孩子得到发展"的有效策略，因此，把握学生特点，因材施教就显得更加重要。如掌握了解句、段的方法有：插图联想法、连词解句法、层层剥笋法、对比感悟法、抓住句眼法、联系上下文法、课外拓展法、脉络梳理法等，掌握这些方法后理解内容就更加得心应手。再比如，梳理文章的主要内容的方法有：题目拓展法、提炼中心法、归结小标题、感悟重点句等多种方法；而在研读文段也可以让学生根据自己的特点采用逐字逐句的段读法；详读和略读相间的遍读法；以及直奔中心的快读法，让学生更多更快找到自己的擅长所在，进而利用这些方法拓展阅读训练，进一步帮助学生学以致用。

再如，按照文章的题目分类梳理；依照文章的作者和时代背景概况总结；对比文章的中心内容同其他内容的关系进行进一步的整合，都会让学生对语文教材的学习拥有更广阔的视野与高度。由此拓展至生活中，从一篇文章拓展到一本书，由一本书推演至一部作品，由一部作品了解一个作家，由一个作家波及一个时代，由一个时代感悟一种创作方法。进而对作家作品有更深厚的了解，如此让学生的读书更有的放矢。几年中，学生结合教材对充满智慧的林海音，充满幻想的沈石溪以及德高望重的季羡林的作品有更多的理解，同时对文学也拥有了更多的热爱。于是，拓展了解也从诗词的综合实践拓展到现代文学到当代作家、漫画家、诗人，让语文学习拥有了热爱的内动因子，让他们在拥有更多榜样的同时也拥有更多的探求、前进欲望，真正让语文学习走向学生的生活。

万变不离其宗，正像苏联教育家巴班斯基所说："当代学校教学过程的最优化，就是指所选的教学教育过程的方法，可以使师生耗费最少的必要时间和精力，而收到最佳效果。"阅读复习就可以更多给予孩子们成长的捷径，然而俗语说得好，"阅读收益课内却功在课外"。也就是说，学生的学习之中课外的补给也是让阅读得法的必要组成部分，因此，调动学生的读书积极性，让他们真正投身到自己喜爱的作家的作品的情境之中，很多的收获就会水到渠成。

5. 有的放矢拓展迁移探究延伸

探险者总是希望在旅行中经险滩、涉奇谷，好奇的孩子们在科学探究的旅途中也是这样的，特别是高年级的学生，高年级的学生开始对一些问题进行具有挑战性的思考，似乎总是在内心期待着更多的启示和发现，而这种渴求就是一种发自内心的创新精神，这也是一种内发的深入探究的动力。学生有了深入探究的想法，对于教师来说就有些力不从心了，毕竟一堂课只有四十分钟。于是，"拓展延伸"这一部分，可能就只能成为一节课的结束语"请同学们课后自己继续研究"。

那么，如何有的放矢地拓展延伸呢？其实，教学拓展延伸的途径数不胜数。从时间上说，有课前的拓展延伸。比如预习新课时，查阅相关资料，搜寻有关信息，了解作者的生平、思想、作品等；有课中的拓展延伸，即在课堂上进行的拓展延伸；有课后的拓展延伸。比如课文讲完后，布置学生根据课文内容，在课外进行的拓展延伸练习。从方式上说，语文教学的拓展延伸有阅读（包括诵读）、有讲述（比如讲述故事见闻）、有讨论（比如探讨对某个问题的看法）、有写作、有表演等。从思维角度上说，有纵向延伸（比如对课文本身的深入挖掘）、有横向拓展（比如通过类比、对比，联系与课文相似或相对的内容）、有发散状拓展延伸。

那么，如何把"拓展延伸"落到实处呢，围绕学习内容将从拓展到课内和课外两个方面加以体现。

首先，拓展延伸到课文内。

课文是语文学科最重要的课程资源，开发与利用课程资源不能忽视课文。向课文拓展延伸，就是对课文的背景、内容、主题、写作方法等进行纵向横向的挖掘勾连，寻求其中最有利于提高学生语文素养的基因予以应用。

人物	原因	第一回合	第二回合	第三回合	结果
楚王	想乘机侮辱晏子，显显楚国的威风。	狗洞	没有人	齐国风气不正	从这以后，楚王不敢不尊重晏子了。
晏子		狗国	知人善用	水土不同	

（1）向课文的背景（包括内容背景和写作背景）拓展延伸

例如教学《晏子使楚》，在文章读通读顺后，引导学生把本文故事的起因、三次反驳的经过及结果梳理成表格形式，直观的表述让学生发现赵王对人的侮辱是层层深入的，由对晏子个人的侮辱到人才的侮辱，以及风气不正的侮辱，而晏子的反驳也是兵来将挡，水来土掩。这种运用假言推理、三段论、类比推理的语言更机智巧妙。这就是语言的艺术！同时，学以致用让语用观成为学习的核心所在，因此，借故事的结果评价楚王与晏子，也让学生投入到更多的相关历史故事的阅读之中，让课堂生花。

同样，《将相和》学习之后，对同为上卿的廉颇和蔺相如的职位高低的介绍以及蔺相如历史中从未称过丞相的史实的补充，也让学习更加深入。

（2）向课文的内容情节拓展延伸

比如教学《冬年·童年·骆驼队》，讲完课文后要求学生想象，就像作者在城南旧事中描述到的："不能忘怀的北平！那里我住得太久了，像树生了根一样。童年，少女，而妇人，一生的一半生命都在那里度过。快乐与悲哀，欢笑和哭泣，那个古城曾倾泻我所有的感情，春来秋往，我是如何熟悉那里的季节啊！"于是，更多的《城南旧事》的故事走进课文的留白之中。

（3）向课文的主题思想拓展延伸

如学习过《伯牙绝弦》，学生搜集众多的古今交友的名言名句"有朋自远方来，不亦乐乎""四海之内，皆兄弟也""君子之交淡如水""莫逆之交""士为知己者死""管（仲）鲍（叔牙）之交""刎颈之交""海内存知己，天涯若比邻""忘年之交""患难之交""人生得一知己足矣，斯世当以同怀视之""酒逢知己千杯少"等。进而围绕这些语句展开了解，学生对于"知己"这一主题的体会恰到好处。

（4）向课文的写作方法拓展延伸

《走一步，再走一步》课程教学结束后，对照小学的类似课文《钓鱼的启示》和《通往广场的路只有一条》更透彻地把握这类文章的共性，即抓住典型事例，讲述成长道理。这里除了要有亲身的经历外，还要有若干年后自己成长的见证，而时间无异于最好的证明，同时，我们也看到这些道理和事例都比较司空见惯或者说比较"小"，呈现的是以小见大的效果，学生从中也受益匪浅。再如学习《白杨》《落花生》，学生对于借物喻人的手法有更多的了解，于是拓展延伸也更进一步。

此外，还有向课外语言材料拓展延伸。

课外诗、文、故事、传说、格言、警句等语言材料，是语文课程资源的重要组成部分。向课外语言材料拓展延伸，可以开阔学生视野，锻炼学生思维，丰富语言积累，培养语感，增强学生在各种场合学语文、用语文的意识，多方面提高学生的语文素养。

（1）联系与课文有关的诗文、故事、传说、格言、警句、对联等

如执教《用心灵去倾听》，先引导学生阅读、解读课文，然后分三步进行拓展延伸。一是要求学生根据自己的积累，讲一讲跟课文主题相似的故事，以加深了学生对课文主题的理解。二是用屏幕演示了一则寓言：有一个年轻人跋涉在漫长的人生路上，到了一个渡口的时候，他已经拥有了"健康""美貌""诚信""机敏""才学""金钱""荣誉"七个背囊。渡船出发时风平浪静，说不清过了多久，风起浪涌，上下颠簸，险象环生。艄公说："船小负载重，客官需丢弃一个背囊，方可安渡难关。"年轻人哪一个也舍不得丢，艄公说："有弃有取，有失有得。"年轻人思索了一会儿，把"诚信"抛弃到水里。这时候老师提问："想一下，如果你是那个年轻人，你会丢掉哪一个呢？为什么？"这一部分模拟中央电视台《实话实说》节目的形式，进行迁移训练，自然地渗透了情感价值观的教育。三是要求学生说一句有关诚信的格言，丰富了学生的语言积累。同时，进行拓展训练把握叙述特点：条理清楚、层次分明、结构严谨。

当然，这种拓展不只在阅读中，针对高年阅读训练也十分有效。如学习《和田的维吾尔》后，回顾学过例文：《索溪峪的"野"》《彩色的非洲》《雅鲁藏布大峡谷》《桂林山水》《生命 生命》《白鹅》《猫》《这片土地是神圣的》《假如没有灰尘》。继而完成阅读训练：《台湾岛》让学习效果更加明朗化。课后，让学生再次整体感知课文，理解中心句和作者是怎样向我们介绍地域风情和民族风俗的，学习作者的表达方法，为学生的学习形成清晰的条理。

（2）迁移阅读

这是一种最常见的形式。学完某篇文章后，找一篇与之有某种联系的诗文进行阅读训练。如，关于圆明园你还想知道什么？在思考后让问题更具价值，让接下来的学习更有深度。进而推荐相关书籍，引导下节继续交流。《名家眼中的圆明园》《昔日的夏宫——圆明园》《圆明园的史话》《圆明园流散文物》就成为学生的良师益友。

（3）向生活拓展延伸

语文的外延与生活的外延相等。生活中处处都是语文学习的资源，时时都有学习语文的机会。语文教学向生活（包括现实生活、历史生活、科技生活和大自然）拓展延伸，可以把有字之书与无字之书联系起来，不仅能缩短课本知识与实际生活的距离，而且能开阔学生的视野，激发学生的学习兴趣，让学生体验到生活和生命的意义和乐趣，有助于形成正确的世界观和人生观，更能养成观察、体验、思考、表达生活的习惯和能力，最终达到形成和发展语文素养的目的。如联系社会生活实际，我们在学习《鲁滨孙漂流记》后，设计了这样的拓展延伸题：如果你是主人公怎么面对当时的生活？你在生活中有没有独立面对困难的时候，你是如何解决的？联系科学真理，在学习《真理诞生于一百个问号之后》，思考你有过发现问题、解决问题的经验吗？尝试一下文中的实践经验；再如联系科技、自然，在学习《千年梦圆在今朝》时，向学生介绍一些有关人类航天事业的发展概貌和我国"神舟九号""嫦娥一号"以及太空之旅的资料说说你的飞天梦。联系历史知识就更加常见了，我们学了《长城》一文，学生对我国古代劳动人民的智慧赞叹不已。于是，让学生阅读课外书籍，到网上搜集资料，开一次"神奇伟大的古代建筑"介绍交流会。学生搜集的资料从国内到国外：有的介绍了"阿房宫"，谈到了秦始皇的残暴；有的介绍了"圆明园"，谈到了八国联军的罪恶；还有的谈到了埃及的"金字塔"，法国的"艾菲尔铁塔"……学生在独立寻找资料、选择资料、分析资料和独立阅读思考的过程中，融合进了自己独特的情感体验，产生了个性化的理解，不仅开阔了眼界，也提高了搜集和处理信息的能力。

（4）向其他学科拓展延伸

《语文课程标准》（实验稿）明确提出："应拓宽语文学习和运用的领域，注重跨学科的学习和现代科技手段的运用，使学生在不同内容和方法的相互交叉、渗透和整合中开阔视野，提高学习效率，初步获得现代社会所需要的语文实践能力。"比如，学习《只有一个地球》和《这片土地是神圣的》，可结合天文地理知识讲解；再如体会补充阅读《社戏》"夏夜行船"一段中"淡黑的起伏的连山仿佛是踊跃的铁的兽脊似的，都远远地向船尾跑去了，但我还以为船慢"一句，可以渗透物理有关参照物的知识来理解；而学习"肯定句和否定句"时，可以用数学上"负负得正"的法则来帮助学生把握；在教读《送元二使安西》一诗时，为了把学生带入诗人那个特定的历史背景，把握全诗的内容及诗中所蕴含的深沉的思想感情，将音乐、美术引入课堂，通过自读、听读、视图三个环节，借助音乐和美术的感染力，让学生置身于一个充满离愁别绪的气氛中，为新课的学习创设最佳的氛围。

总之，日新月异的时代告诉我们一个事实：知识本身的获得已经不是最重要的了，重要的是如何获得知识，这就是探究过程，所以，探究过程是一门艺术，一门科学，其最大意义就在于培养和形成了学生的问题意识，而有了问题意识，才会激发学生强烈的求知欲，以及学生敢于探索，勇于创造和追求真理的科学精神。

正因为有了探究式学习的实践、感受、领悟和理解，才能真正达到一个完整的学习过程，而探究的学习过程能有效保持学生对自然的好奇心，激发他们的求知欲，使他们体验探究过程的喜悦和艰辛；探究的学习过程能促进学生主动建构具有个体意义的科学知识和技能，习得正确的思维方式、方法和能力；还有利于学生更多地接触生活和社会，从而领悟科学、技术与社会的互动关系。所有这些都说明，探究式的学习活动，有利于科学知识、技能、方法、能力、态度、情感在学生自身人格中内化，使学生的综合素养得以全面提升。所以，教师的教学艺术也应在探究式的过程中进行。

第四节　组织有效的合作方式

合作，就是指个人与个人、群体与群体之间为了达到共同目的，彼此相互配合的一种联合行动、方式。在学习过程中，学生为了完成共同的任务，有明确分工的互助性学习即为合作学习。有效的合作即在合作过程中，互相取长补短，共同完成学习任务，各自实现最大的发展。《课程标准》对教学活动中的合作探究明确提出："各学科课程必须根据学生身心发展和学科特点出发，爱护学生的好奇心、求知欲，鼓励学生自主阅读、自由表达，充分激发他们的问题意识和进取精神，关注个体差异和不同的学习需求，积极倡导自主、合作、探究的学习方式。"无论哪个学科，教学内容的确定、教学方法的选择、评价方式的设计，都应有助于这种学习方式的形成。

1. 合作分组的建立科学合理

小学生受年龄、认知水平等能力制约，在有效合作上缺少直接经验，这就需要课堂上教师的协助。目前，我国小学课堂上，教师往往习惯按照前后座位划分小组，这无疑给有效合作的效果增添了难度，那么，教师分组就要考虑到发挥组内每个成员的优势。合作小组的人员搭配一定要遵循"组内异质、组间同质"的原则，教师应尽量按照学生的知识基础、学习能力、兴趣爱好、性格特征、性别等差异进行分组，让不同特质，不同层次的学生优化组合，使每个小组都有高、中、低三个层次的学生。由于每个小组成员都是异质的，所以，就连带产生了全班各小组间的同质性，这就充分体现了"组内异质、组间同质"原则。在同一小组内，根据每个学生的不同特长，设定安排不同学科的带头人，特别强调在小组活动中明确学生个体的角色和职责，进而合理安排各小组成员的任务，让不同的小组成员担任不同的角色，如组长、记录员、资料员、汇报员等等，通过资源分配来明确成员的个人任务共同完成合作探究。

因此，我们可以说合作分组的建立科学合理，是各学科课堂上学生合作探究学习顺利进行的基础，特别是以动手操作合作探究活动为主的学科。科学学科课堂上就要明确分工，动手操作能力较强的同学担任组长，在小组合作探究活动中起到引领和帮助其他同学的作用。同时，动手能力较弱的进行观察和记录，更倾向于思考、总结、归纳，也就是记录员。而数学学科的合作探究活动中，思维活跃的同学更胜任组长的工作，在理性探索研究过程中更能给组员以思考的启发，思考过程较慢的同学则应更注重于记录和归纳的工作，及时记录下其他组员的意见并进行整理归纳共同讨论。

语文学科的分组原则要符合学科的特点。如学习课文《钓鱼的启示》，围绕"作者为什么不舍得放了大鲈鱼？"这一问题展开合作探究学习。课前组内共同商讨按照组员的不同特点分配各自的角色和任务，并明确合作探究过程的基本程序。当教师宣布活动开始，每组中的组长同学立即重复教师刚刚提出的问题，并安排合作学习的步骤，其他组员按照各自的分工和职责开始有序地进行合作探究性学习。除组长和记录员外，语文学科还需要善于搜集资料的同学做资料员，在每一次的分组探究活动中进行相关资料的汇报和补充。每组中相对善于朗读的同学为全组朗读课文相关语段，其他同学边听边画出关键词句，然后依次在组内交流。最后组长统一意见，与组员讨论后在全班交流环节代表本组进行汇报。

2. 合作探究的目的简要明确

合作探究是学生在自主学习过程中一种重要的学习方式，也是如今课堂上必不可少的学习活动。在合作探究过程中，学生受到年龄、智力发育、认知水平等多方面的制约，导致学生无法同时完成一个复杂的或多个问题，因此，教师提出的问题要简要明确，否则学生无法抓住问题重点导致合作探究的失败。这就需要教师在提出问题时，准确把握问题的精准性以及难易程度，使学生在合作探究中能真正通过合作共同探究，运用学法得到学习经验，达到学习目标。

往往数学课堂上的合作探究活动能够做到目的的简要明确。比如，在学习《三角形的内角和》中，先让学生算出每块三角尺三个内角的和是180°，引发学生的猜想并明确研究目的：其他三角形的内角和也是180°吗？接着，引导学生小组合作，任意画出不同类型的三角形，用通过量一量、算一算，得出三角形的内角和是180°。在学习《小数乘法》中，教师只明确提出一个研究目的：学了小数乘法后你有什么发现？像这样提出合作探究的目的，有利于学生在整个活动中注意力的集中，更能让学生直奔探究目的并解决问题。

语文课堂是学生提出问题较多的课堂，所以，在语文课堂上进行合作探究学习就更要求教师做到合作探究目的的简要明确。如《地震中的父与子》一课，教师按照教学目标的设定引导学生体会这对父子的了不起，明确提出问题："文中有好多描写体现出了这对父子了不起，找到这些句子并说说你的体会。"问题的巧妙转换和提出，既简要明确，又有学习方向和方法的引导，因此，学生很快就能融进合作探究学习中了。

3. 合作探究的过程有效引导

学生合作探究的自主学习的过程，并不是自由学习过程，每一次的合作探究都应该针对所要解决问题的特点进行不同方式的学习。在合作探究学习的过程中，学生一定会遇到这样或那样的问题，因为探究中不仅仅是从文本中寻找答案，更多的需要学生结合资料和联系生活实际展开想象共同思考。教师应参与其中，整体把握每一个小组的学习情况，针对个别小组出现的个别问题共同讨论并给予有效的引导，开拓学生思路，辅助合作探究的顺利完成。当遇到小组中的典型问题，教师要适时给予全班引导，避免学生走学习上的弯路、岔路。值得注意的是，教师要积极参与学生的活动中并把握好自己的非主体地位，要以普通一员参与其中，在实现"师生互动"的同时，针对学生探究合作所遇到的困难给予引导。

低年段语文课堂上主要以识字和写字为主，在识字教学中就经常会出现简单的合作探究学习，比如，出示一组认读生字"直、值、植"，学生分组讨论如何记忆区分这三个字。教师深入各个小组，先倾听学生们的讨论，再根据每组不同的特点给予提示和引导："可以先给它们组词，看看词语的意思上有什么不同；它们虽然读音相同，但是偏旁相同吗？意思相同吗？"再如高年段语文课堂上《钓鱼的启示》一课中学生就问题"父亲是否舍得放了大鲈鱼？为什么？"展开合作探究学习，教师在巡视各小组活动时发现个别小组抓住"不容争辩"这个词偏颇地认为父亲舍得放了大鲈鱼。教师走进小组后，适当提示："父亲作这个决定的时候就真的这么果断吗？联系前面的课文再好好读一读，看你们有什么发现。"经过教师的有效引导后，学生很快找到了相关的词句，重新思考。

其实，数学学科的合作探究过程更需要教师的有效引导。在学习《植树问题》时，同学们就"圆形花坛种花"问题展开合作探究学习，组内意见多样，教师深入组内听取同学们意见，并适时给予帮助和提示："如果把圆形变换成直线会不会更好计算呢？"由此提示学生有时候把研究的问题转换一下会有助于解决。

4. 合作结果的评价客观全面

评价对于学生来说是教师给予肯定，学生树立自信、寻找自我的有效途径，整个学习活动中教师客观全面的评价能有效引导学生的学习积极性和主动性。由于受课堂上内容的限制，每次的合作探究时间有限，导致部分教师忽略了对学生合作结果的评价，有的教师只是给予"好、不错"或是简单的评价，这就导致了学生没有了成功的体验，久而久之便失去了竞争意识甚至合作探究的兴趣。针对以上情况，合作结果的评价大体可以分为个体评价和整体评价。个体评价即在合作探究过程中，对一个同学积极的评价，恰当的引导性评价在班级中会起到有"抛砖引玉"的效果。整体评价是对一个小组或全班的评价，教师要从学生合作探究的过程、方法、合作、有效等方面进行评价，这种评价方式把每一个学生的个体行为与小组联系在一起进行评价，可以有效增强小组成员的责任感和集体荣誉感，使小组合作成为真正意义上的"情感合作"和"认知合作"。

如语文课堂上合作探究后分小组汇报环节，汇报员代表小组汇报后教师进行评价："感谢你们小组的汇报，老师看到刚刚的讨论中你们小组组员参与积极性特别高，有计划有分工合作高效，在交流意见的时候谦让并善于倾听，希望其他小组能够向你们学习。"教师就一组同学的表现进行评价，在给予肯定的同时也在做合作探究过程方法上的引导，使整个小组的合作意识增强，合作探究的兴趣也大大提高。当然，个体评价也必不可少，如数学课堂上教师总结评价："我发现某某小组中计算员的计算非常准确，给这个小组的讨论结果提供了强有力的结论依据。"只有教师做评价是不够的，所以，科学课上教师就经常在课程即将结束的几分钟里，给各组组长机会来评价自己的组员合作探究的效果如何。

第五节　捕捉有效的生成资源

教学过程中生成的课程资源是在教学过程中形成的对教学起支持作用或具有潜在教育价值的事件。此种课程资源常常是一些不起眼的小事，比如，在课堂上学生突然抢话说；学生的质疑、兴奋；学生出现的错误、学生的心理、学生的差异或者学生有时的固执己见、教师的失误等。语文课程的生成性资源是师生互动生成的，是能进一步推动知识意义有效生成的"动力资源"。

1. 营造氛围，生成资源

（1）优化学习的硬环境，如多媒体课件创建的媒体情境。

多媒体创建的媒体情境一位老师在教学三角形的内角和时利用白板设计了这样的导入环节：

同学们，老师给大家带来一个老朋友（师画一个三角形），回忆关于三角形学过哪些知识？【使用白板智能笔功能】（屏幕出示三角形）引导观察，看谁能最快猜出是什么三角形？【使用白板幕布遮挡功能】最后出示有两个直角的图形，由学生回答，引出课题（板书课题）组织学生画出学具三角形的内角。这样设计则充分考虑到学生的已有知识基础，在询问哪些同学已经知道时，还顺势进行了学情调查。为生成资源打下了坚实的基础。

　　在接下来的设法验证这一环节，老师继续运用白板让学生自主探索三角形的内角和是多少度。教学设计如下：

　　①尝试验证：选用一种方法进行验证，三角形的内角和是否真的是180°。

　　②组织在组内交流自己的验证方法和结果。

　　③全班交流：谁愿意给大家介绍你是用什么方法来验证的？结果怎样？

　　预设方法：

　　①量一量：学生演示→学生白板演示→计算三个内角和→教师追问反例及原因→强调测量准确【使用白板量角器、书写功能】

　　②拼一拼：学生演示→学生白板演示→教师借用 Flash →学生 Flash 面板任意分割【使用白板拖放、旋转功能，借用 Flash 面板，任意分割】转化、不用测量。

　　③折一折：学生演示→教师使用 Flash 演示不同折法→说明结论【使用Flash 变形功能】

　　④借助三角板：追问三角板各角的度数→计算内角和

　　⑤长方形或正方形分析：对角折→得到每个三角形的内角和

　　学生自己想办法，验证这个结论是正确，这无疑对学生是个挑战，充分激发了学生学习数学的热情。在验证活动中，学生通过量、拼、折、分等多种方式确定三角形内角和的度数。验证的过程真正将课堂还给了学生，使他们成为课堂教学中重要的参与者与创造者。验证时，学生方法各异。有的方法在老师的预设之外。全班交流时，老师充分应用了信息化教学的优势。白板的拖动、旋转、幕布、聚光灯这些常规功能使验证过程更加清楚直观；学科工具里的智能笔、量角器方便了作图及测量；漫游、鸟瞰功能则更易使学生发现规律。此外，还应用了几何画板和 Flash 辅导验证：几何画板能动态展示出三角形，并实时测算内角和，直观呈现三角形形状变化而内角和不变的性质；Flash 设计面板中，可以随意分割三角形，这更使学生体会到了任意三角形的内角和是180°中的"任意"二字。白板这一多媒体的运用为课堂上的资源生成不但提供了良好的氛围，而且提供了强劲的动力。

　　（2）优化学习的软环境，如心理环境，营造民主、和谐、积极、向上的课堂教学氛围。

心理学研究告诉我们，当一个人出于放松状态，心里感到安全自由时，就会思维活跃，可以充分发展自己的思维火花。可见，适度宽松的环境，有利于学习潜能的最大限度发挥，教师在课堂上要创设一种民主、和谐、自由的学习环境，使学生体验到的是民主、尊重、信任、亲情与关爱，得到的是激励、鼓舞、感化和指导，使学生内心的想法尽情地表达。在这种情境下，学生产生和释放的"能量"将是超常和无法预测的，精彩的课堂生成资源才可能随时生成。活泼、和谐、自由的课堂氛围是充满活力的，所以，课程资源的开发更明显地存在于教学过程之中、教学现场之中、教学情境和此时此刻的师生互动、生生互动之中。教师要有灵活机智的教学品质，激发生成的灵感，促进学生更好地发展。

那么，如何创造活泼、和谐的课堂氛围呢？这就要求教师必须放下架子，做到与学生平等对话，尊重学生的现实思考。新课程改革强调人与人之间心灵的沟通，强调教学应在师生平等对话的过程中进行。这就要求我们教师要平等对待每一个学生，学会"蹲下身子倾听"，使学生敢于发表意见。语文课堂中氛围的营造尤为重要，只有在良好的环境中才能唤起学生的思维。一位二年级的语文老师这样设计了《称赞》一课的导入环节：

师：同学们，看看屏幕上的句子，会读吗？大声地读读！课件出示句子：你真棒！你真能干！你真会观察！读得流利极了！你的声音太好听了！你的字写得非常漂亮！

生：看大屏幕读句子，越读声音越大，越读越高兴。

师：你们发现了什么？

生：每个句子都有感叹号。

生：都是老师表扬我们的话。

师：说得对。谁愿意来读读这些夸奖你们的句子？

生：读句子。

师：（逐一称赞读句子的学生）你读句子流利、顺畅，听起来就舒服。你读句子字音准确，声音洪亮，很自信啊！你的声音好听极了，再读一遍让教师们欣赏欣赏。称赞别人的长处，读的多真诚啊！夸奖别人的点滴进步，你读得真心实意。

师：对你们的夸奖，表扬也叫作"称赞"。（板书课题：称赞）这节课我们就来学习18课，齐读课题。

这节课精心设计的导入环节，让学生们充满自信地读着一句更甚一句的称赞话语，孩子们感受着称赞带来的快乐，"自信心"在读句子中被激励、唤醒，为生成资源提供了良好的环境。

2. 抓住契机，开发资源

（1）重视有差异的学生

不同的人有着不同的智力倾向和思维方式。由于每个学生所处的环境及生活背景等的不同，他们的知识面有宽有窄，学习水平有高有低，认知能力有强有弱。因此，不同的学生在学习同一内容时，常常会以自己的理解和感情出发，表达不同的见解，产生意见的分歧，这就是差异。在课堂教学时，教师要承认并尊重学生之间的这种差异，把差异作为一种教学资源去珍惜、去开发，使每一个学生都得到充分的发展。例如，教学《圆的认识》，课伊始，教师要求学生利用身边的工具想办法在纸上画一个圆，有的学生是利用圆形物体沿着边缘画圆（如用硬币，圆形瓶盖等）；有的学生则能熟练地转动圆规画圆；还有部分学生虽用了圆规，但只能借助转动纸张来画圆……这时教师及时地抓住学生画圆时所用的方法上的差异，让学生展开讨论：你们的画圆方法有什么不同？画出的圆又有什么不同？最后让学生在讨论中悟出半径、直径、圆心等有关圆的知识。因此，教师在教学过程中要善于把学生个性化的思维方式、多样化的探索策略作为教学资源，这样既有助于实现学生间的资源共享，而且还有利于学生生成个体性的知识，发展学生的思维。

授课教师以善感的心灵敏锐地发现学生回答问题的过程中出现的动态教学资源，并及时营造宽松平等的教学环境，因势利导、创造性地组织起适合学生参与自主创新的教学活动，既让学生学到了新的知识，更保护了学生的自尊心和积极性，培养了学生敢于提问的精神，使原本尴尬的课堂又焕发出勃勃生机，收到了意想不到的精彩。

（2）积极进行课堂观察

《现代汉语词典》中这样解释"观察"一词：仔细察看（事物或现象）。为更全面地了解被观察的对象，需要调动多种感官观察，用眼睛看、用耳朵听、用手触摸、用心灵感受，这样的观察才能达到预期的效果。我们常常要求学生学会倾听，然而却忽视了教师自己学会倾听。新课程要求为师者在课堂教学中不仅要教会学生学会倾听，同时，自己也要俯下身子，学会倾听。倾听学生的发言，思考他们为什么这样提问、为什么这样回答？教师要由"说话的强者"转变为"积极的倾听者"。倾听不只是学生的义务，教师更应该学会倾听，要重视学生对各种现象的理解，敏锐地洞察这些现象的由来，鼓励学生之间相互交流和质疑，了解彼此的想法。

一位教师在教学《文言文两则》一课的《学弈》时，在学生初读和教师范读之后，教师让学生采用按照序号简单标记注释的方法再读课文，一边读一边想这些词、句的意思。这一次教师给了学生较长的时间阅读理解。在确认学生对短文的内容有了比较清楚的认识之后，教师开始提问了，目的就是要了解学生对词句的理解程度。

教师问的第一个问题就是："谁来解释一下'弈秋'？"有很多同学把手举了起来。第一个同学回答弈秋是一个人的名字。教师接着问谁还有补充说明。其实，教师是希望接下来的人能回答出弈秋是全国的下棋高手。没想到第二个孩子是接着第一个孩子的介绍补充说明的，他说："弈秋不姓弈，秋是人名，我们国家习惯把在某一领域里技艺高超，达到登峰造极这种水平的人，用他所在的行业称呼他，表示对他的一种尊重。就像泥人张，是因为他的泥人捏得好所以大家叫他泥人张，弈秋因为他善于下棋，所以，人们称他为弈秋。"他解释得很精彩，书下的注解是：秋，人名，因他善于下棋，所以称为弈秋。这个孩子没有简单地把注解拿来读一遍，而是根据自己的知识储备对这个词有了更为形象更为充分地理解。特别可贵的是他在理解这个词语的时候运用了学习任何一门学科都应当时常运用的方法，那就是通过联系分析理解问题。多可贵的思考结果呀，可是当时授课教师显然并没有用心地倾听学生的发言，所以，在学生发言后只是轻描淡写地说了一句："他的解释让我们对弈秋这个词的由来有了更清楚的认识。"教师接下来还是锲而不舍地追问："文中对弈秋还有哪些介绍？"其实，还是想让学生用自己的话说出弈秋是"通国之善弈者也"。细想想如果教师能够倾听学生的发言，并用心揣摩，完全可以在孩子那么透彻地解释之后，顺水推舟地追问一下："文中哪句话说的是弈秋棋艺非凡？"就一定会抓住孩子发言背后隐藏的精彩。然而就是教师忽略了倾听，便错过了课堂生成的精彩。

3. 善于倾听，再生资源

（1）预设充分，随时调节课堂设计

教师课前有充分的预设，但在与文本对话、师生思维碰撞的过程中随时都有出乎教师预料的信息生成，面对生成教师要及时捕捉、准确辨别、有效调控，变生成资源为教学资源，使课堂闪烁智慧、富有灵性。在语文课堂上，一切的生成都是为了学生更好地感受语文、体会语文，其他超过了语文范畴的生成，无论多精彩，教师都应该巧妙地将学生的视角再引回语文上来，让课堂因教师对生成的及时、有效的调控而精彩。

师：同学们喜欢画画吗？你们都会画些什么？

生：我会画可爱的小白兔。

生：我会画漂亮的房子。

生：教师还会画各式各样的水果。

师：你们会画的这些事物都是看得见、摸得着的，那些看不见、摸不着的事物你会画吗？比如风？

生：（思考）会！

师：谁能用这个句式完整的说说，你想怎么画风？

〔出示句式练习：教师要画（　　），因为有风，所以（　　　）。〕

生：教师要画胸前飘动的红领巾，因为有风，所以红领巾飘起来了。

生：教师要画在空中飘动的风筝，因为有风，所以风筝飘起来了。

生：教师要画在空中跳舞的树叶，因为有风，所以树叶在空中飘动。

师：你们真有办法，想出这么多的好点子。有三位小朋友像你们一样聪明，他们也动脑筋、想办法画出了风，想认识他们吗？今天，教师们就来学习15课《画风》。（板书课题）

生：齐读课题

创造在于换个角度思考问题。我们的学生在学习的过程中不但应该有接收信息的本领，更应该有改变信息为我们所用的能力，在这种改变中实现创新能力的培养。风是无形的事物，画出它的样子是不可能的事情，但它作用在有形的事物上，就使它的样子成了一种有形。上课伊始，教师没有直接触及课文，而是给孩子建构了一个特别的思考平台，让孩子们自己琢磨画风的方法，使孩子充分调动已有的经验，在发散思维中学着思考问题。

学贵于思，学起于问。教学艺术在于放手让孩子提出问题，鼓励孩子质疑，从博问中多识，从多识中博问，发展思维能力。

（2）密切关注学生的学习动态

学生的学习过程是一个不断地发展变化，同时又充满未知的过程。敏锐地观察学生在学习过程中的变化，不断发现，抓住重点，就会将课堂上随机的生成变为突破难点的契机。

《杨氏之子》是小学阶段第一篇文言文，在教学中，应当充分让学生读，在读中学，读中悟。让孩子们能够读通、读顺、读懂文章，培养孩子的语感，对孩子进行读懂文言文的方法策略指导是课堂教学的重点。这是孩子们第一次学习文言文，所以能够读通文言文是一个重点。

教师先放手让孩子自己读文，在学生充分朗读之后，请同学朗读，对朗读中出现的问题进行指导。然后是朗读的停顿，"孔／指以／示儿／曰""未闻／孔雀／是夫子家／禽"对于这些在朗读中不易掌握的停顿，教师先让同学朗读比较，并给孩子进行示范朗读，让他们发现异同，然后自己发现。特别是"家禽""家／禽"，因为古文中的家禽和现代意义的家禽理解不同，但学生对此却没有这方面的知识积累，所以不能理解，于是，教师范读，学生练读，教师明显地感受到读得越好了，理解也就加深了。

在读通读顺课文的基础上，让孩子再读课文，引导孩子发现文言文与现代文在表述上的不同。

（3）课堂提问注意开放性

有效提问需要使问题保持一定的开放性。开放性提问是指教师提出的问题，不能要求学生只用简单的"是"或"不是"来回答，而是激发学生在自主的思维活动中盟发创新思维。在回答开放性问题的过程中，教师与学生的实时互动是非常重要的。

请看下面这位教师在课堂拓展这一环节提出的一个开放性问题，真正起到了一石激起千层浪的效果。

教师在和学生品读完《桃花心木》后，在课堂上向学生推荐了林清玄的另外一篇文章：《不南飞的大雁》。学生读过《不南飞的大雁》的内容之后，教师问："如果你就是生活在温哥华的大雁，在冬天可以不为食物发愁，你会选择南飞吗？"提出问题后教师给了学生充分的思考时间，接下来让他们先自由地说给旁边的同学听。然后，教师请选择南飞的"大雁"把手高高地举起来，有些人举起手来，有相当一部分学生没举手。教师故意说："能不能请不愿南飞的大雁说说自己的理由？"一时竟然没有人说，教师接着说："其实，生活中有一些人真的是这么想的，我们有些同学也有这种想法。只不过不好意思说，害怕被人笑话，说自己太懒惰，对吗？"教师说到这的时候，有几个学生一边点头，一边不好意思地笑了。有几个选择不南飞的同学把手举起来了。他们的理由归纳起来就是：有人不时来喂食，冷了可以待在空房子里，总比长途飞行，饱尝艰辛强呀！有现成的饭吃，谁不愿意享受呀，谁愿意千里迢迢地奔波受罪呀！在这部分学生发言后教师总结说："有这种想法很真实，人各有志嘛，每个人都有权利选择自己的生活方式，所以，文中说不断有大雁在冬天来临时选择留在温哥华，不再南飞。说到这儿，我特别想知道选择南飞的大雁心里的想法。"话音刚落，有几名学生迫不及待地把手高高地举了起来。一位同学说："我选择南飞，如果我冬天留在温哥华，这样下去，我会有依赖性，慢慢地会忘记飞行的要领，变得不会飞了。不过，偶尔我会有一两次选择留在温哥华，我就是想尝试一下另一种生活，体验一下在温哥华过冬天的滋味。"教师接着他的话说："我们听明白了，你这只大雁不想失去飞行的本领，因为你觉得在生活中有自己的本领是非常重要的。不过，不一样的生活很吸引你，所以，你喜欢偶尔体验一下不一样的生活，但是你始终不会放弃自己南飞的选择，对吗？"听了老师的话，发言的学生使劲点了点头。另外一名学生接着站起来说："我选择南飞，因为在温哥华的冬天里，虽然天天有人喂食，但是这样的生活每天都一样，太平淡、太枯燥了，没有什么意思。南飞虽然很累，但是在路上却可以看见不同的风景，我喜欢这样的生活。"教师欣赏地评价他的发言："我想，你喜欢的是飞行的过程，因为在这个过程中你可以领略无限的风光，可以发现自然的神奇和美丽，也就是说你追求的生活是在实际体验的过程中让自己拥有丰富多彩的精神世界。这种生活很令人羡慕。"刚刚发过言的这名学生看着教师郑重地点点头，他的目光中有一份坚定。又有一个孩子站起来说："要是有一天人类突然翻脸，想尝尝大雁这种美味，文中那些吃得比白鹅胖好几倍的大雁肯定逃脱不了，因为他们胖得都飞不起来了。我要是大雁，我选择南飞，一旦遇到上面说的那种情况，我可以飞起来，人们想捉住我就不容易了。我肯定比那些吃得肥肥的，不再南飞的大雁容易逃脱。"教师露出了会心的微笑，说："总结你的发言就是一句话，人不要丢掉让自己生存的本事，要给别人一个允许你自由地选择生活方式的理由，这样你才会享受生活的快乐。"这句话教师是对这个孩子说的，也是对全班说的。

教师提出的"如果你就是生活在温哥华的大雁,在冬天可以不为食物发愁,你会选择南飞吗"?这一问题虽然没有明确的对与错的答案,但是这一开放性问题却真正引发了学生深入的思考。从富有个性的发言中我们看到了学生丰富的内心世界,在这一连串的发言中,教师的点拨真正起到了穿针引线的作用,让学生的思维尽情驰骋,让学生的表达异彩纷呈。

4. 学会取舍,提炼资源

(1)对生成性资源进行选择

对生成性资源进行选择。教师可以在课堂上零星的、片面的、模糊的动态资源中,根据学科及本节课的教学目标、学生的学习规律和生活实际进行选择,回应"不同的声音",及时引导和点拨。

一位老师在教学《地震中的父与子》时,课前布置学生查找相关资料。在课堂上学生在汇报资料时,一名学生汇报说通过查资料发现真正的洛杉矶大地震发生在凌晨,与课文内容表述不符,提出了课文真实的疑问。查找的资料真实度更可靠一些,的确课文中总会出现与事实不符的现象。学生已经能够理性地提出质疑,敢于向权威挑战,非常可贵。学生能够根据自己的理由不惧怕权威,勇敢地提出来,这是很不容易的。美国作家马克·汉林的《地震中的父与子》借助洛杉矶大地震为背景创作了一个感人的故事。老师很高兴地肯定这名学生。在理解课文后,教师补充了汶川地震中的真实故事,目的是让学生体会到,即使课文中的故事是虚构的,但是文章表达的父亲对儿子的爱却是真的!

(2)对生成性资源进行拓展和延伸

除了让学生积极参与、主动探究、合作交流外,教师还必须适当地将教材进行拓展、延伸,给学生一片新的天地,促进预设与生成的融合,使课堂教学向着纵深方向发展。下面是一位教师在教学《匆匆》一课时对教材进行的拓展和延伸。

在《匆匆》一课中朱自清先生用生活中最平凡的例子将无影无踪,无声无息,看不见也摸不着的时间生动鲜活地呈现在读者面前。读着他的文字,仿佛真的可以看见时间轻轻地从我们身上跨过去,悄悄地从我们身边溜走了。学生在理解课文的过程中已经完成了仿写文中句子的练习:( )时候,时间从( )。怎么让学生更真切地认识这种写法,而且在实践中运用这种写法简单地写一写呢?教学《匆匆》一课,学完课文之后这位教师和孩子们共同阅读了一本图画书——《勇气》。当教师在实物投影上开始翻动书页的时候，教室里很安静。教师用最平淡的语气读着书中的文字，但是丝毫没有影响孩子们继续看下去的兴趣。书中写道："勇气，是你有两块糖，却能留下一块到第二天；勇气，是读侦探小说时不先翻到最后几页，偷看'到底是谁干的'；勇气，是在别人都特别严肃的时候，你突然想起一个好傻的笑话；勇气，是小草从冰雪下破土而出；勇气，是你知道个打秘密，却答应对谁也不说；勇气，是努力藏起你小气、嫉妒的一面……"最后书中说："勇气，是我们相互给予的东西。"伴着孩子们不时发出的笑声，教师读完了这本书。接着，教师让孩子们以幸福为题，用生活中平凡的事物来说明什么是幸福。孩子们在纸条上写下了自己眼中的幸福：幸福是可以买每一期的《漫画》杂志；幸福是有人和我说话；幸福是帮助别人叠衣服并装进袋子里；幸福是和同学们死磕；幸福是自己做饭；幸福无处不在；幸福是夏天里一个甜美的冰激凌；幸福是将来的工作是我喜欢的，而且还可以维持生活；幸福是让我昨晚21点听到的话是真的吧；幸福是我上课发言之后，老师给了我一个满意的笑脸；幸福是当我孤单时有人和我说话；幸福是和爸妈打扑克时，我抓到了两个王；幸福是在你睡觉的时候，你的父母对你说声晚安；幸福是你摔倒的时候，有人把你扶起来，问你摔疼了没有；幸福是可以和爸爸妈妈共进晚餐；幸福无处不在。

孩子的发言让课堂生成的内容如此精彩，这份精彩就源于对教材有效地拓展和延伸。

（3）对生成性资源进行整合和提炼

教师要对众多学生的发言内容进行简要归纳，已形成共识，对于一些极有价值的创新信息，师生应该再度提升为深层次、高质量的资源，使学生的健康人格、创新意识、实践能力得到和谐统一的发展，也可以及时地把它转化为全体同学共同的精神财富。

一位任教综合学科的教师在教学《食品添加剂调查》时提到"我们如何调查添加剂"这个问题时，学生提出了好几个方法，比如：看书、上网、调查访问、收集实物等等。老师引导学生就每个方法进行举例深入进去。追问查什么书？我们有吗？有个同学竟然回答出查菜谱，菜谱里能写锅包肉里面放多少山梨酸钾吗？老师告诉学生其实查书挺困难。再追问上网这种方法，问上什么网，学生能说出来百度，在百度中搜索什么，学生说搜索食品添加剂。老师告诉学生在百度中搜索食品添加剂，得到的都是生产食品添加剂的厂子，没有什么有用的信息。怎么办？学生有的说在百度知道中搜索，更多的学生只知道百度，查资料就是把要找的内容放到百度搜索里，然后回车。学生的回答都是基于本身的生活经验在课堂上相机产生的，面对这样的生成老师必须加以提炼和整理。

这位老师交流的过程中告诉学生查找书籍时要有针对性，比如《食品真相大揭秘》这类书有助于我们对添加剂的了解。上网查找相关资料时请注意百度里还有一个百度百科，里面的知识比较权威，要有目的地去搜索。运用访问这一方法进行调查时要讲究技巧，有针对性地询问相关人员，这样才能更接近问题最真实的一面。

第六节　运用有效的评价机制

有效评价是教育评价的重要内容。它在整个课堂教学活动中发挥着重要的不可替代的作用。法国教育家第斯多惠曾说过："教学艺术的本质不在于传授，而在于激励、唤醒和鼓舞。"教师如何遵循教学活动的客观规律，以尽量少的时间、精力和物力投入，实现教学目标和学生的个性培养与全面发展，取得尽可能多的激励性的教学效果。有效评价在语文课堂教学中发挥了不可估量的作用。那么，如何运用有效的评价机制使语文课堂教学焕发生机与活力呢？

课堂教学评价既然是课程实施的一个非常重要的环节，因此，它必须与教学过程融为一体，必须以教学的改善为目的，必须基于专业思考、基于平等对话。课堂教学评价体系的重构，包括两方面：一是关于评价内容，根据研究内容、研究目标构建不同功能的评价量表；二是关于评价方式，以发展性为指向，建立以教师自评为主，同行、学生共同参与的评价机制。

1.科学地制定富有实效的评价量表

课堂教学评价是促进学生成长、教师专业发展和提高课堂教学质量的重要手段。随着教育课程改革的持续深入推进，引发了对原有的以"评价教师为主""评价认知任务达成度为主"的课堂教学评价的重新思考与定位。量表（课堂教学评价表）评价作为课堂教学评价中最常采用。那么，什么是量表评价呢？具体地说，量表评价是事先确定好需要进行评价的指标，并给出评价的等级。在评价过程中，评价者对照课堂教学的实际状况，逐项给出相应的等级评定。从课堂教学要素来进行评价，主要可以从以下几个方面来进行：

（1）教学目标。首先，从目标制订来看，要看是否全面、具体、适宜。全面指能从知识、能力、思想情感等几个方面确定；具体指知识目标要有量化要求，能力、思想情感目标要有明确要求，体现学科特点；适宜指以新课标为指导，符合学生年龄实际和认知规律，难易适度。其次，从目标达成来看，要看教学目标是不是明确地体现在每一个教学环节中，教学手段是否都紧密地围绕目标，为实现目标服务。

（2）教材处理。在处理教材上，是否突出了重点，突破了难点，抓住了关键。评价一节课时，既要看评价对象在知识传授时是否准确科学，更要注意分析教师在教材处理和教法选择上是否突出了重点、突破了难点、抓住了关键。

（3）教学程序。首先是看教学思路设计。教学思路是教师上课的脉络和主线，它是根据教学内容和学生水平两个方面的实际情况设计出来的。在课堂中直接表现为一系列教学措施怎样编排组合、怎样衔接过渡、怎样安排详略、怎样安排讲练等。评价教学思路设计要注意以下几个方面：一是要看教学思路设计符不符合教学内容实际，符不符合学生实际；二是要看教学思路设计是不是有一定的独创性，给学生以新鲜的感受；三是要看教学思路的层次、脉络是不是清晰；四是要看教师在课堂上实际运作教学思路的效果。其次是看课堂结构安排。课堂结构安排是指一节课的教学过程各部分的确立，以及它们之间的联系、顺序和时间分配。课堂结构也称为教学环节或步骤。这需要考虑以下几个方面：一是计算教学环节的时间分配，看教学环节时间分配和衔接是否恰当，有无前松后紧（前面时间安排多，内容松散，后面时间少，内容密度大）或前紧后松现象（前面时间短，教学密度大，后面时间多，内容松散），看讲与练的时间搭配是否合理等；二是计算教师活动与学生活动时间的分配，看是否与教学目的和要求一致，有无教师占用时间过多、学生活动时间过少现象；三是计算学生的个人活动时间与集体活动时间的分配，看学生个人活动、小组活动和全班活动时间分配是否合理，有无集体活动过多，学生个人自学、独立思考、独立完成作业时间太少的现象；四是计算优等生和后进生的活动时间，看优、中、后进生活动时间分配是否合理，有无优等生占用时间过多、后进生占用时间太少的现象；五是计算非教学时间，看教师课堂上有无脱离教学内容、做别的事情、浪费宝贵的课堂时间的现象。

（4）教学方法和手段。它包括教师教学的活动方式，还包括学生在教师指导下学习的方式，是"教"的方法与"学"的方法的统一。这需要注意以下几个方面：一看是不是量体裁衣，优选活用。一种好的教学方法总是相对而言的，它总是因课程、因学生、因教师自身特点而相应变化的，也就是说教学方法的选择要量体裁衣，灵活运用。二看教学方法的多样化。教学方法忌单调死板，教学活动的复杂性也决定了教学方法的多样性，所以，评课既要看教师是否能够面向实际恰当地选择教学方法，同时，还要看教师能否在教学方法多样性上下一番功夫，使课堂教学超凡脱俗、常教常新、富有艺术性。三看现代化教学手段的运用，即看教师是否适时、适当用了投影仪、录音机、计算机、电视、电影、电脑等现代化教学手段。

（5）教师教学基本功。这里主要注意以下几个方面：一是板书，首先，好的板书应该设计得科学合理；其次，言简意赅，有艺术性；再次，条理性强，字迹工整美观，板画娴熟。二是教态，好的教态应该明朗、快活、庄重、富有感染力，仪表端庄，举止从容，态度热情，师生有良好的情感交融。三是语言，教师的教学语言应准确清楚、精当简练、生动形象、富有启发性。此外，还要注意语调高低适宜，快慢适度，抑扬顿挫，富于变化。四是教法，即运用教具，熟练操作投影仪、录音机、微机等。

（6）教学效果。课堂教学效果评析包括以下几个方面：一是教学效率高，学生思维活跃，气氛热烈；二是学生受益面大，不同程度的学生在原有基础上都有进步，知识、能力、思想情感目标达成；三是有效利用课堂教学时间，学生学得轻松愉快，积极性高，当堂问题当堂解决，学生负担合理。

2. 恰当地运用切实可行的评价方式

课堂教学的评价方式是以发展性为指向，建立以教师自评为主，同行、学生、家长共同参与的评价机制。

量表评价法主要由评价者和上课的教师来进行，通常可以将上课教师的自我评价和评价者的评价结合起来，再根据相应的教学条件、教学设计、教学实施等方面的情况，做出相应的等级评定。在评价时，最好能够再写出简要的、有针对性的评语。

附：北台小学课堂教学评价表

北台小学课堂教学评价标准

教者：　　　课题：　　　评价者：　　　日期：　年　月　日

项目	权重	评价要点	分数	得分
目标	10%	1. 目标明确，符合"课标"年段要求。	5	
		2. 认知、情感、行为目标符合学生实际，注重新旧知识的联系与衔接，训练点明确。	5	
内容	10%	3. 按"课标"要求和学生实际处理教材，注重新旧知识的联系与衔接，训练点明确。	5	
		4. 注重基础知识与能力的训练和培养。	5	
技能	15%	5. 普通话教学，语气适当；语言清晰、准确，富有启发性、趣味性。	5	
		6. 及时矫正反馈，评价适当，应变能力强。	5	
		7. 教学用具操作自如，多媒体及板书设计科学、合理。	5	
过程	30%	8. 教学环节设计合理，突破重点、难点。	5	
		9. 基础训练扎实、深度和广度适当。	5	
		10. 教学思路清晰、方法灵活，课堂气氛民主、和谐，学生参与面宽。	5	
		11. 创新点切入及时，学习习惯培养及德育点渗透到位。	5	
		12. 及时进行目标调控。	5	
		13. 体现出基础知识的汲取和将知识转化为能力的过程。	5	
方法	15%	14. 注意方法、规律和典型的教学。	5	
		15. 因材施教、适当点拨、及时调控。	5	
		16. 恰当、灵活地选用教学方法和直观教具。	5	
效果	20%	17. 完成教学目标，当堂理解，当堂吸收。	5	
		18. 绝大多数学生的知识与能力有明显的获得和提高。	5	
		19. 基础知识掌握得牢固。	5	
		20. 课堂效率高。	5	
综合评议	优点鉴赏			
	共同商榷			

量表评价法的实施要注意以下几个方面：

评价前。评价者对评价指标体系和操作要点的理解直接关系到评价的效果。因此，评价者应该认真阅读评价方案表，熟悉评价要点，必要时应该对评价者进行相应的培训。

评价中。评价者应该根据评价要点做好听课记录，评价时往往需要根据评价要点，并结合听课笔记，听课过程中随时对照课堂教学的实际情况分析出评价指标的实际情况。

评价后。课堂教学评价的目的并不仅仅是为了简单地对课堂教学做出一个等级评定，其主要目的是促进课堂教学，因此，在评价等级的判断过程中，需要综合考虑课堂教学中的各种因素，特别是需要考虑教学中教师和学生的相应意见，能够跟上课教师进行相应的讨论，从课堂教学的目标、教学设计、实施过程、教学效果等各方面进行评价。

（2）随堂听课评价法

随堂听课评价法是评价者通过对被评价教师的课堂教学的直接观察，获取有关该教师的教学行为、过程、特点以及所展现出来的教学能力等第一手信息，从而能够有效地进行课堂教学评价，并相应地提出建设性的意见，以此提高教师课堂教学能力和课堂教学效率的方法。

①课前准备

随堂听课评价应该收集、了解与即将要评价的课有关的资料和信息，在条件许可的情况下，可以考虑召开预备会议，向被评价者介绍评价的目的、内容，了解教师教学的实际情况，为评价活动的实施奠定基础。具体而言，听课前应做好如下几个方面的准备：

熟悉教学目标、充分把握教学内容。课堂教学评价应该有针对性，而这个针对性来源于对教学目标和教学大纲的理解和把握，应明确这节课教学的三维目标；了解教材编排体系，弄清新旧知识的内在联系，熟知教学内容的重点、难点。

了解被评价课的教学设计。听课评课之前，应该充分了解这节课的教学设计，粗线条勾勒大体的教学框架，为评课提供一个参照。此外，还应该充分了解评价对象的教学设计，以便在随堂听课和课后的讨论中进行相应的评价，使得听课和评价时做到有的放矢。

确定听课方式。随堂听课评课中，评价者可以选择充当旁观者和参与者，交叉使用这两种听课方式。当评价对象进行课堂讲解时，评价者是对整个课堂教学进行观察；当开展小组活动时，评价者可以观察小组活动或者参加小组活动，必要时还可向小组提供帮助。

②课中观察与记录

听课是复杂的脑力劳动，需要评价者多种感官积极参与。同时，评价者要想获得理想的听课效果，要集中精力，全身心地投入到听课中去。

a. 细观察。由于课堂教学成功与否不仅在于教师讲了多少，更在于学生学会了多少。所以，听课应从单一听教师的"讲"变为同时看学生的"学"，做到听看结合。因而，在某种程度上，听课也是看课。

听课。首先，听教师的教学过程和教学语言，仔细思考评价对象是否讲到点子上了，重点是否突出，详略是否得当；其次，是听评价对象讲得是否清楚明白、学生能否听懂、教学语言是否简洁清晰；再次，听评价对象的提问和教学启发是否得当；然后听学生的讨论和师生之间的交流是否恰当、富有创造性；最后听课后学生的反馈。

看课。首先是看评价对象的精神是否饱满，教态是否自然亲切，板书是否合理，运用教具是否熟练，教法的选择是否得当，学法指导是否得法，实验的安排及操作是否合理，对课堂教学中出现的各种问题的处理是否巧妙……其次是看学生，观察整个课堂气氛，学生是否情绪饱满、精神振奋；观察学生参与教学活动是否积极、思维是否活跃；看各类学生特别是后进生的积极性是否调动起来；看学生与教师情感是否交融；看学生分析问题、解决问题的能力如何……

b. 详记录。听课记录是重要的教学资料，是教学指导与评价的依据，应全面、具体、详细。总的来说，听课记录主要包括两个方面的内容：一是课堂教学实录；二是课堂教学评点。

课堂教学实录有三种记录方式：一是简录，简要记录教学步骤、方法、板书等；二是详录，比较详细地把教学步骤都记下来；三是实录，即把教师开始讲课、师生活动，直到下课的所有情况都记录下来。首先记录的是教学的基本信息，包括听课的时间、学科、班级、评价对象、第几课时等；其次是教学过程，包括教学环节和教学内容；第三是板书内容；第四是各个教学环节的时间安排；第五是学生活动情况；第六是教学效果。

（3）课后点评

课堂评点是评价者（听课者）对本节课教学的优缺点的初步分析与评估，

以及据此提出的相应建议。包括以下几方面：教材处理与教学思路、目标；教学重点、难点、关键点；课堂结构设计；教学方法的选择；教学手段的运用；教学基本功；教学思想等。课堂评点往往是在听课过程中的及时点评，而不是听课完成之后的回顾式点评。

3. 注重评价主体的多元性与互动性

课堂评价应注意将教师的评价、学生的自我评价及学生之间的相互评价相结合，加强学生的自我评价和相互评价，促进学生主动学习，自我反思。评价要理解和尊重学生的自我评价与相互评价。要尊重学生的个体差异，有利于每个学生的健康发展。有时会根据需要，可让学生家长、社区、专业人员等适当参与评价活动，争取社会对学生语文学习的更多关注和支持。

第四篇　有效作业

　　作业是学生为达到学习目标，完成既定任务而开展的学习活动。对有效作业的理解，可以从质量和过程两个基本视角进行考察。从质量视角看，有效作业就是有效果与有效率的作业。所谓有效果是指达成预期的目标，而有效率就是以少的投入取得高的产出，达成或超过预期目标，是能够实现期望目标的增值的教学。有效作业是一个动态的转化过程：从有效的"理想"转化为有效的思维，再转化为一种有效的"实践"。从过程视角看，有效作业是在特定教学环境与条件下，师生之间有效教与有效学的交流和互动，以实现预期学习目标的实践活动。

　　北台小学坚持十年之久的有效作业改革从评价和测量入手，以逆思维角度推动课堂教学改革。他们将作业设计和教师集体教研紧密结合起来，把设计作业作为教师集体备课的主要内容，将学生的学和教师的教同步进行研究，通过作业设计反推课堂教学环节，在尊重学生认知规律的基础上，形成具有普遍意义的，可操作性强的"以学导教"课堂教学模式，找到了一条切实可行的减轻学生负担，提高教学效率的途径。

第一章 从有效作业入手构建 "以学导教"课堂模式

在新课程改革中，营造以"学的活动"为基点的课堂教学是课程改革的主导理念。王荣生教授提出"先学后教，以学定教"的教学思想，郭思乐教授提倡"教育走向生本"的理念，有利推动了当前课堂教学形态的变革，也促使课堂教学模式从注重"教"转向注重"学"的模式革新。

目前，课堂教学中存在着两种倾向：一种是受传统教学的影响，注重教师教的作用，以"教"代"学"，学生处于被动地位，妨碍了学生积极性的发挥；另一种倾向是让学生自己学习或探究，教师不能及时地启发和指导，没有发挥好"教"的作用。这两种片面做法，都严重影响了课堂教学效果。

北台小学教师遵循现代教学理念，坚守教师是设计者、组织者、引导者和协作者，是"教"的主体；学生是学习者、探索者、创造者和自我身心发展的参与者，是"学"的主体。课堂是双边互动，不能用一个主体代替另一个主体，尤其是小学生的探究能力还不够强，需要教师的启发和指导。教师和学生是教学中交互的"双主体"，每个主体都有自己的视界，通过观点交流和思想碰撞，各主体之间实现"视界融合"，达成相互理解和认同。

第一节 对有效学习的两点思考

一、管理学视觉下的教育思考

华东师范大学教授余文森畅谈有效教学时，曾引用过企业有效管理的一个比喻：企业之间的竞争好比同时穿越一块玉米地。第一比速度，从起点到终点谁第一个到达目的地；第二比收益，谁掰的玉米多；第三比在到达目的地时谁身上被玉米叶刮破的伤口最少，甚至没有伤口，这在企业看来是安全的指标。从这三个维度来考察企业竞争的有效性，企业称之为综合效应。由此想到我们的课堂，教学的有效性不也应该从这三个维度来考量吗？第一是学习速度，学生学习同样内容所花费的时间越少，说明学习效率越高；第二是学生通过学习获得的进步，取得的成绩，这是有效教学的核心指标。第三是学习体验，学习过程当中，学生是其乐融融的，还是苦大仇深的，这个内隐性指标看不见，却是我们新课程非常非常关注的一个指标。一个孩子无论学习成绩多么好，如果在学习过程中始终是痛苦的，这个孩子的成绩只能是短暂的，他的发展可以肯定地说是有限的。这绝不是真正的有效教学。

目前，我国的中小学教学有一个非常突出的问题，那就是教师很辛苦，学生很痛苦，然而我们的学生却没有得到应有的发展。这是新一轮基础教育课程改革必须面对的一个问题，而且还需要提供多种问题解决的方案。其中一种方案就是如何使得我们的教师拥有有效教学的理念，掌握有效教学的策略或技术。

二、透析第一名的教育得失

亚太地区曾经进行过一次初中数学水平测试，在参加测试的二十来个国家当中。中国平均分第一，韩国第二。看了这个成绩，所有中国人都很自豪，当看到附加的一个调查时，中国教育者们就高兴不起来了，因为中国初中学生花在课外的学习时间是韩国人的三倍，韩国学生一天只用半个小时做数学作业，我们大概一个半小时，这个学习成果值得我们所有中国人反思。

2009年，上海学生首次参加国际 PISA 测试获得了全球第一。一贯被西方人看作只会死读书的中国学生居然能在一次国际性的素质能力测试中取得最佳成绩，这让全世界震惊。PISA2009测试结果的公布，再次引发了全社会对学生综合素养问题的关注。测试结果分析表明，学生刻苦、老师严管、家长监督，这些都是上海学生在国际比拼中胜出的原因。虽然上海学生在学习策略运用测试中，概括、理解和记忆策略普遍高于世界平均值，但是自我调控策略低于平均值。这说明学生还不善于自己选择、判断、反思学习材料的重点、难点，自主学习能力还和世界发达国家的学生存在差距。中国的学生在具有创新和决策水平的综合素养高段竞争力上并没有很大优势。

第二节　北台小学有效作业改革的三项益处

一、减轻学生过重的课业负担

有人说，我国中小学生课业负担过重是个"顽疾"，教育部门的减负行动屡战屡败。究其原因，是教育者没有认清基础教育的根本任务——发掘人的个体潜能，提升人的生命价值，促进受教育者全面、充分、有个性、可持续地发展。所以，我们教师应当坚决摒弃教学质量等同于文化课成绩的错误思想，杜绝滥发练习题、盲目布置作业、反复考试等现象。要秉承"以学生发展为本"的教育信念，寻找一种科学的作业方式，提高学生综合素养，减少学生无益的劳苦。

二、关注学生情感体验，促进和谐发展

研究表明，认知与情感是紧密联系的，作为非智力因素的情感在学习活动中承担着学习的定向、维持和调节等任务，积极的情感体验能够对学习产生积极的影响。去除传统作业中的枯燥演算和程式化练习，加大学生作业过程中的情感体验，有助于激发学习兴趣，保持持久的学习热情，促进学生身心和谐发展。

三、构建有效课堂教学模式

《新课标》指出："有效的学习活动不能单纯地依赖模仿和记忆，动手实践、自主探究与合作交流应该成为学习的主要方式。"作业是课堂教学的延伸和补充，是学生消化和巩固课堂所学知识的最好形式。它应该与课堂一样是一个生动主动、活泼并富有个性的学习过程。从评价和测量入手，以作业设计为切入点，从逆向思维角度研究有效的课堂教学，以学定教，顺学而导，充分发挥学生的主体作用，使学生能够自主选择和运用适合自己的方式，愉快高效地完成学习任务。

第三节　北台小学"以学导教"课堂模式实施步骤与环节

步骤一、准确制定教学目标、重难点

1.依据年段目标和单元目标，确定课堂教学目标

教学目标在教学活动中处于核心位置，它决定着教学行为，不仅是教学的出发点而且是教学的归属，同时，还是教学评价的依据，它既有定向功能又有调控功能。北台小学每一次常规集体教研的第一个环节，便是准确制定教学目标。

如果将"课标"中的年段目标看作"经"，那么，我们就可以将《教师用书》中的单元目标看作"纬"，教师应该经纬结合来制定课时目标。如语文学科五年级下册"人物描写一组"，编者通过《教师用书》中的单元导读告诉我们：学习本组课文，引导学生感受作家笔下鲜活的人物形象，体会作家描写人物的方法，并在习作中运用。有了导读的指引，我们无论研究《小嘎子和胖墩儿比赛摔跤》，还是研究《临死前的严监生》《"凤辣子"初见林黛玉》，教学都要在如何引导学生感受人物形象上下功夫，要在引导学生体会描写人物方法上下功夫，作为拓展延伸或者读写结合，教师要引导学生把描写人物方法学以致用，这些都是要教师要落实的目标。

2.依据学生已有知识经验，确定教学重难点

确定好重难点，这是实现有效教学的前提。教师只有了解学生原有的知识和技能的状况，了解他们的兴趣、需要，了解他们的学习方法和学习习惯，才能预见学生在接受新知识时的困难、产生的问题，避免教学中的主观主义和盲目性。如《彩色的翅膀》这篇课文，通过自读感悟，体会边防战士在艰苦的条件下热爱海岛、热爱祖国的情感，对即将小学毕业的学生来说较容易。对为什么以"彩色的翅膀"为题，彩色的翅膀与边防战士有什么联系等等问题，学生理解起来有难度，需要老师合理利用资源、巧妙设计、层层深入，突破难点。针对这样的学情分析，教学重点就确定为"通过典型事例，从细节中体会海岛战士扎根边疆、建设祖国的爱国情怀"。教学难点确定为理解句子"我就不相信，这些小精灵会不爱我们祖国的海岛，会不愿在这里安居乐业"的意思；领悟"我忽然发现窗玻璃上停着一只蝴蝶，.正对着朝阳，扇动着它那对彩色的翅膀"。的含义。

"咬定青山不放松"，教学设计的形成，教学方式的选择都要充分体现以学生为本，紧紧围绕教学重点、难点，以效益为核心。唯有如此，实现有效教学才不会成为一句空话。

步骤二、将有效作业贯穿课堂教学全过程

作业是教学中的重要环节，作业设计存在于学习的全过程中，也贯穿于整个教学过程。不同的学习环节，需要不同功能的作业支持和促进学生的学习。如何以作业形式的改革促进课堂教学模式的革新，经过九年探索，北台小学初步构建了"以学导教"的课堂教学框架，形成了具有北台特色的课堂教学风格。以《圆明园的毁灭》为例。

课堂环节一：前置学习

前置学习是生本教育理念的一个重要表现形式，是教师引导学生课前根据自己的知识水平和生活经验所进行的尝试性学习。这一环节呈现学生独立学习所能达到的基础水平和差异情况，为有效教学做好充分的准备。前置作业的类型通常分为两类：一类是常规型作业，一类是实践型作业。

1. 常规型预习作业

《圆明园的毁灭》这篇课文比较难读的字有_____。比较难写的字有_____。容易混淆的字有：____和____、____和____。比较难理解的词语是_____。我通过查字典理解了它的意思：_____。

2. 实践型预习作业

熟读课文《圆明园的毁灭》，收集圆明园相关图片和资料。通过资料整理，我了解到圆明园的地理位置是在_____。八国联军是_____。

课堂环节二：质疑问难

学起于思，思源于疑。课堂上，透过前置学习，教师基本掌握了学生对新知理解的程度，除此之外，还要激发学生敢于质疑，探寻未知世界，尝试自己解决问题。质疑问难环节分为两个板块：一是针对课题提出问题；二是针对预习中自己无法独立解决的未知领域提出问题，如教学《圆明园的毁灭》一课，学生根据课题大胆提出新问题，如：圆明园昔日的辉煌是什么样的？圆明园为什么会被毁灭？毁灭后是什么样？根据文本提出问题质疑，当时的清政府在做什么？现在我们国家富强了，为什么不重新修建这座皇家园林？据史料记载，圆明园损失累计600万英镑，为什么课文说圆明园的毁灭是不可估量的损失？

课堂时间有限，面对学生提出的问题，教师要快速理出头绪，哪些问题可以立即解决，哪些问题需要慢慢探讨，哪些问题有价值等，进而对不同的问题采取不同的解决方法。但是，要对每个孩子的问题饱含热情，绝不能置之不理。只有这样，才能逐渐培养孩子爱问、会问，使学生在知识的自我建构过程中，提升自主学习能力。

课堂环节三：合作探究

会质疑还要会解疑。对于一些比较简单的问题教师可以让学生代为解答，或者引导提问的学生自己找答案。对于涉及教学重、难点的问题，教师要充分利用手中的作业单，组织学生自主、合作、探究学习，引导和帮助学生在探究中获取新知。语文学科一般程序如下：感知语段——抓重点词句——拓展补充——文本对话——情感升华。

如《圆明园的毁灭》一课，教学重点是借助资料展开想象，体会圆明园昔日的辉煌，激发学生对圆明园的热爱和对英法联军的痛恨。教学难点是理解"圆明园的毁灭是中国文化史上不可估量的损失，也是世界文化史上不可估量的损失"。教者这样设计探究性课堂作业：

◆阅读课文中描写圆明园昔日辉煌的第2、3、4自然段，小组合作讨论填写下面的表格。

课文从哪些方面写出圆明园昔日的辉煌？（感知语段）	写出体现圆明园特点的重点词句。（抓重点词句）	圆明园还有哪些是文中没有介绍的？（拓展补充）	漫步其中，你仿佛听到？看到？想到？（文本对话）	写出你的感受？（升华情感）
面积广阔				
建筑艺术瑰宝				
园林艺术奇葩				
奇珍异宝最多				

对于课堂上不能马上解决的问题，教师还可以引申到课外，布置长期的作业引导学生到生活中去发现、去探索。可以引导学生通过阅读历史书籍和查找课外资料慢慢探讨。

课堂环节四：整理反馈

作业有诊断、反馈、巩固功能，根据这一功能，课堂教学的巩固环节就要梳理教学内容，形成清晰的脉络，在整理知识和方法的过程中，引导学生采取不同方式构建完整的知识体系，如设计板书、制作表格、知识树、流程图等，并迁移运用解决生活实际中的问题。

如《圆明园的毁灭》一课这样设计课堂练习：

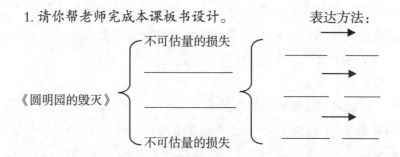

2. 圆明园里的景物有的是仿照各地名胜建造的，有的是根据古代诗人的诗情画意建造的，不仅有民族建筑，还有西洋景观。发挥你的想象，写一段描写当年圆明园美丽景色的话。

_____

_____

回归教学的整体，在整理反馈中及时诊断学情，促进理解消化，并在习得中学会迁移运用，多种整理反馈作业形式的设计，培养学生综合能力。

课堂环节五：课外延伸

课后延伸指的是在课内学习的基础上，通过科学合理的布置课后作业使知识得以进一步拓展，能力得以进一步发挥，体验得到进一步延续，习惯得以进一步培养。这部分的作业要注重实践性，充分利用学校、家庭及社会资源开展综合性学习。例如《圆明园的毁灭》课外延伸作业设计：

致巴特莱的信（节选）
（法）雨果

有一天，两个强盗闯进了圆明园。一个强盗洗劫，另一个强盗放火。似乎得胜之后，便可以动手行窃了。他们对圆明园进行了大规模的劫掠，赃物由两个胜利者均分。我们看到，这整个事件还与额尔金的名字有关，这名字又使人不能不忆起巴特农神庙。从前对巴特农神庙怎么干，现在对圆明园也怎么干，只是更彻底，更漂亮，以至于荡然无存。我们所有大教堂的财宝加在一起，也许还抵不上东方这座了不起的富丽堂皇的博物馆。那儿不仅仅有艺术珍品，还有大堆的金银制品。丰功伟绩！收获巨大！两个胜利者，一个塞满了腰包，这是看得见的，另一个装满了箱箧。他们手挽手，笑嘻嘻地回到欧洲。这就是这两个强盗的故事。将受到历史制裁的这两个强盗，一个叫法兰西，另一个叫英吉利。

1. 选择答案。

雨果对英法联军火烧圆明园的态度是（　）。

A. 大加赞赏　　B. 愤怒斥责　　C. 有时赞赏有时批评

2. 雨果在信中所说的"两个强盗"是指（　）和（　）。

3. 为什么说这两个强盗"将受到历史的制裁"？

_____

4. 请到图书馆或网络中查找雨果写给致法国总统巴特莱的书信原文，阅读后，你会对雨果说什么？

_____

重难点突出、形式灵活多样的课内外作业，充分发挥了作业的多项功能，极大调动了学生的学习兴趣，转变了教学方式，促进了传统课堂教学模式的变革，真正体现了以学生为本的新课改理念。

第四节　让作业设计成为提升学生综合素养的有效载体

多年的教育实践让我们看到了传统作业的弊端：一是重作业数量，轻优化设计；二是重单一训练，轻综合性学习；三是重统一要求，轻个性化选择；四是重检测巩固，轻反馈提高。这些弊端导致了学生厌烦作业，进而丧失了学习兴趣和主动性。

一、作业设计，激发学习兴趣

学生学习的好坏除了智商外，还受情商的影响，即情绪、心态的影响，当学生情绪活跃，积极投入时，思维才能被充分调动，甚至超水平发挥，使学习达到最佳效果。教师在作业设计时，一定要紧密联系学生身心发展的年龄特征，拓宽作业形式，将新颖活泼、学生喜闻乐见的训练内容引进课堂中，激发学习兴趣。如：一年级数学"位置"一课，在孩子们初步理解了教学重点——上、下、左、右这些位置概念后，教师设计了这样一道习题，充分调动学生手、耳、眼、口，启发孩子想象力。

画一幅你喜欢的画，向小朋友介绍你的作品。这幅图的左上角是（　　），右上角是（　　），上半部分的中间是（　　），下面是（　　），左边还有（　　），右边还有（　　）

学生一边随心所欲地画，一边巩固所学知识，兴趣十足。

再如:《小池》一课教学目标之一是体会古诗所描绘的意境，作业设计题:

请你将左边的画涂上颜色，看谁能把《小池》中作者所描绘出的意境用画笔展现出来。

这些图文并茂、激发孩子求知欲的练习题是对教学目标和重难点的深化，这是以往传统作业无法能及的。

二、作业设计，启迪学习方法

十几年的学校生活中，学到的知识不过是沧海一粟，而学习方法的掌握会使人受用终身。北台小学的活页作业设计在学习方法的启迪上下了一番功夫。例如：六年级毕业班学生复习16个整体认读音节时，由于间隔时间久远，学生已经淡忘，又由于知识本身比较抽象，学生背起来有一定困难。在教学时，教师改变以往那种直接让学生背写出16个整体认读音节的教学方式，而是从方法角度稍加变化，从而突破了教学难点。我们这样设计课堂练习:

16个整体认读音节很难记住，小组讨论一下，有什么好方法记住它们? 请写在横线上。

经过讨论后，孩子们把除了好记的7个舌尖前音外的9个难记的音节编了一句非常有趣的话：因一夜雨，无云影圆月（yin yi ye yu，wu yun ying yuan yue）。这个方法在全年部推广后深受学生们的喜爱。现在学生们一遇到死记硬背的题时就会想方设法把它编成口诀或儿歌。

再如一年级的数学作业：

9+6=15，你是用下列哪种方法计算出来的。如果你有更好的计算方法，请讲给家长听，然后让家长帮你写在括号里。

①摆小棒法。②（凑十法）③（数数法）④（联想法）⑤（　　　　）

你觉得上面的方法哪个更适合你，请你用这种方法再计算下面几道题。

9+4=　　　　8+7=　　　　6+5=　　　　3+8=

《学记》中讲："善学者，师逸而功倍，又从而庸之；不善学者，师勤而功半，又从而怨之。"课堂上教师太勤快，什么都要讲，越俎代庖，不注重方法的引导，培养出来的只能是高分低能的学生。

三、作业设计，培养创新能力

苏霍姆林斯基说过，在人的心灵深处都有一种根深蒂固的需要，这就是希望自己是个发现者、研究者、探索者，在儿童世界里这种需要特别强烈。创造力是一个人生命发展的核心与灵魂，儿童最具创新潜质，活页作业设计责无旁贷地要为每个孩子创新能力的形成搭建平台。

①设计开放型作业题。这样的题往往没有唯一答案，是靠学生的想象力来完成的。想象是创新的源泉，开放题型的设计给学生拓宽了想象的空间。为培养学生的创新能力奠定了基础。例如数学学完体积一课后老师设计这样一道习题：

你能准确计算出不规则物体（土豆、茄子……）的体积吗？写出你的计算过程和方法。

②设计实践型作业题。学生在具体情境中学习，心情激动，思维活跃，又有群体合作，创新火花自然迸发。如一年级学完《元角分》后，老师设计了这

样一个作业：

请每位同学准备5元钱，4人一组，也就是20元，双休日时去买文具或食品。要商量好如何买才比较合理又称心。买的过程中一要注意算好总价，二要注意数量是四人能均分，三要注意品种。买完后请把每名学生购买商品的单价和数量写在下面的横线上。（最好有家长陪同，过马路注意安全。）

_____

开放性和实践性作业题的设计，学生在自由参与多种活动的过程中，实现了课内外联系，校内外沟通以及学科间融合。在潜移默化中转变了学习方式、发展了思维、培养了创新能力。

四、作业设计，体现因材施教

魏书生在谈减负时曾经说过，减负的关键是因材施教。十个指头有长有短，这是一个众所周知的道理。但在教学时，我们的老师却很容易忽视这个道理，总是把学生放在一个起跑线上，以致后进生经过多次失败，信心殆尽，优等生因经常吃不饱，棱角磨平，风采全无。直木做梁，曲木做犁，只有因势利导、因材施教才能大幅度提高教学质量。因此，北台小学活页作业设计强调分层性。

如：四年级语文活页作业分为三个板块：

A. 基础知识达标，主要是学生应掌握的生字词等。

B. 重难点过关，是根据本课所学阅读方法或写作方法进行课内外阅读训练。

C. 能力大比拼，是一些语文技能的实际应用。如：

做一次关于学习生活中热门话题的小采访。采访前收集好资料；采访中大胆地与被采访人交谈，做好记录；采访后整理材料，把采访过程写下来。

_____

基础知识作业，全班同学必须一一掌握；重难点过关则稍有难度，鼓励后进生通过小组合作研讨，查询资料基本掌握；能力大比拼则要求优等生独立完成，中等生在优等生帮助下完成，后进生则在教师辅导下有选择地完成。

再如数学作业中的"趣味天地"和语文作业中的"培优训练"都是稍有难度的附加题，采用选做方式，做对的加以鼓励，做错或不做绝不批评。激励学生敢于向未知挑战。

五、作业设计，注重人文关怀

和谐的学校教育应该是在一种祥和的人文关怀下，滋长幸福生活的过程。这种人文关怀孕育在学校生活的每一细节中。课外作业篇的设计，教师可采撷一些人文气息比较浓郁的导行语来装点，让一张白纸也充满无限生机。

数学老师的悄悄话："认真审题、用心思考、书写工整，相信你一定能做到。""老师提醒你，整理数据要仔细，分析问题有根据，解决问题讲科学。"

语文老师的小提示："可别忘了，提笔就是练字时呦！""相信自己，然后别人才会相信你。"

除此之外，作业的评价方式也充满人文性，作业正确率的评价用三个形象的卡通戳表示，全做对的是一位喜笑颜开的小男孩说："你真棒！"错一点的是皱着眉头的大南瓜说："加油加油加油啊！"错的多的是正在思考的机器猫说："还要努力呀！"教师对学生的尊重与关怀、爱护与引导体现在活页作业设计的点点滴滴中。

第五节　有效作业改革让北台小学焕发生机活力

一、课堂教学呈现了一片崭新的境界

"一棵树摇动另一棵树，一朵云推动另一朵云，一个灵魂唤醒另一个灵魂。"经历了争论、比较、筛选、修改这些环节后，每一道作业题的设计不仅凸显知识点、重难点，还体现着思维的层次和梯度，达到举一反三、精讲精练的效果。这一篇篇作业既是学生学习的学案，又是老师教学的教案，课堂上凸显出教师与学生的双主体地位，真正达到了教与学的和谐统一。

九年来，北台教师深刻感受到，活页作业改革不仅切实减轻了学生过重的课业负担，更促进教师不断地反思课改课堂中出现的"虚假繁荣"的现象。在北台小学的课堂，弄虚作假的教学思想得到制止，哗众取宠的教学手段得到摒弃，可有可无的教学步骤得到删减。远离"作秀课"，北台小学建构了具有北台特色的"以学导教"的五步课堂教学模式——前置学习、质疑问难、合作探究、整理反馈、课外延伸，还形成了北台小学特有的"常态课"教学风格——重基础、启思维、悟方法、养习惯、融生活、扬个性，北台教师称之为"魅力课堂"。

二、学生的综合素质不断提升

在教学过程中，教师给学生充分质疑的时间和空间，为学生营造了自主学习的环境，作业设计又为学生提供了丰富多彩的可供选择的学习资源和认知工具，让"自主"学习得到了落实。孩子们不再把学习当作一种负担，而是充满激情和兴趣，他们热衷于把所学知识迁移运用到生活中。最让人兴奋的是课堂上、校园里出现了我们期待的新气象：大部分孩子有选择参加了学校合唱队、管弦乐队、舞蹈队、健美操队、足球队、篮球队、国画小组、书法小组等兴趣小组的学习，以及小蓓蕾广播站和小蓓蕾电视台的采编活动，仅2013年一年，就有二百余名学生在市、区级以上艺术、体育、科技、演讲、征文等竞赛活动中获奖。

三、教师的专业技能得到发展

夯实了以作业设计为主线的集体教研，北台教师的业务素质得到大幅度提高。刚刚来到"十二五"初期，就有8人被推荐为辽宁省教学骨干。十年间，六十余人曾获得过市、区级骨干教师称号。三十余人次获得过省级以上优秀课，百余人次获得过市、区级优秀课，6位老师在全国首届新课程案例大赛上获奖。三十余位老师的教育教学论文发表在国家级刊物上，学校先后培养出7位抚顺市学科教学状元，9位新抚区学科教学状元。

四、学校的办学效益不断扩大

改革给学校带来生机。2013年初，记录北台小学近五年来养成教育逐步提升过程的第三本书《好习惯自主养成》由光明日报出版社发行。该书为基础教育阶段养成教育研究提供了有价值的模式和参考。2013年教师节前夕，《中国教育报》以八千字一整版篇幅介绍了北台小学养成教育发展历程，北台经验在全国传播。2010年，学校再次保持了"辽宁省文明单位"殊荣。2009年至今，学校先后获得"国家级语言文字规范化示范校""辽宁省科技教育示范校""辽宁省绿色学校""辽宁省工人先锋号""抚顺市和谐校园""抚顺市三八红旗集体""抚顺市优秀实验学校"等十多项荣誉称号。

九年来，活页作业不断演绎着课堂教学改革带来的潜能的开发、精神的唤醒、思想的碰撞、情愫的放飞。历经课改洗礼的北台小学将与时代同步，转变观念，坚定信心，不断开拓进取，行走在自主养成教育的道路上，成长在课程改革的诗篇里。

第二章　有效作业与教案范例

2011年9月17日，美国《波士顿环球报》刊登了一篇文章《该不该留家庭作业》，文章说，跟校车和午间休息一样，家庭作业是美国教育必不可少的一个环节。对家庭作业，孩子们有多怕，家长们就有多爱。即将发表在《教育经济评论》上的一项新研究对被教师和家长视为教育"必需品"的作业提出疑问，两名研究者对2.5万名八年级学生的学习进行了考察，发现学生每周多学75分钟数学，该学科成绩平均可提高3%，但其他学科的成绩没有任何改善。研究指出：美国孩子做了至少150年的家庭作业，可家庭作业到底对孩子有什么帮助仍是一团迷雾。文章最后说，教师不应该只是为了让孩子有事情可做而布置缺乏针对性的作业。我想，我们很缺乏这种研究。（摘自陶西平《呼唤"有效作业"》）

2004年至今，新抚区北台小学一直致力于"有效作业"的研究。他们拒绝使用社会上编写的各种练习册，语文、数学12个教研组以"学习的有效性"为原则，反复研讨，精编练习，目前，已出版了语、数两套12册自编作业，并在继续进行着研究，常改常新。十年来，他们坚持"精讲多练"，将教学目标分解到课堂教学的全过程，让教师的讲与学生的练有机结合，从而改变"课上讲、课下练"的传统方式。

第一节 语文学科作业及教案范例

1.《秋天的雨》教案及作业设计

课题	《秋天的雨》	课型	精读
教者	陈颖	课时	第1课时
教学目标	1. 会认8个生字，会写12个生字。正确读写"清凉、留意、炎热"等词语。 2. 正确、流利、有感情地朗读课文，读出对秋天的喜爱和赞美之情，背诵自己喜欢的部分。读懂课文内容，感受秋天的美好。 3. 积累好词佳句。		
教学重点	通过课文生动的描写，使学生体会秋天的美好，感受课文的语言美。		
教学难点	课文使用了多种修辞手法，或把秋雨人格化，或把秋雨比喻成生活中常见的东西和事物，或很含蓄地抒发感情，这些被艺术化了的语言，会给学生造成理解上的困难，是教学上的一个难点。		
教学程序	教师活动		学生活动
质疑问难	导入课文： 1. 同学们，你喜欢什么样的雨？还学过哪些关于雨的课文？ 2. 大地经过春雨的滋润，夏雨的洗礼，秋雨姑娘像把钥匙，悄悄地打开了秋天的大门……今天，我们一起来走近秋天，走近秋天的雨。（板书课题） 3. 读了课题你想知道什么？		1. 结合生活实际回答、如春雨、雷雨、暴雨…… 2. 齐读课题。 3. 读课题想问题，提出问题。
前置学习	1. 初读课文： （1）自由轻声读课文，注意读准生字字音，把课文读正确； （2）标出自然段序号。 2. 检查生字词语认读情况： （1）正音，尤其注意：趁—赵、衔—街、喇—刺、裳—常； （2）多音字：扇； （3）多种形式抽读词语：菠萝、凉爽、衣裳（轻声）、喇叭（轻声）、橘子（轻声）、松柏、频频点头、五彩缤纷、橙红色、扇子、钥匙（轻声）邮票。 3. 指导书写： 重点指导"爽"字，第一笔横，第十笔是撇，十一笔是捺。		1. 轻声读课文，边读边画出带有生字的词语，标出自然段序号。 2. 跟同桌读一读这些词语，根据上下文或借助工具理解词语的意思。并区分形近字，以及注意轻声字的读法。 3. 书写生字。

	1. 再读课文。想一想：课文从哪几个方面写了秋天的雨？
	（1）秋天的雨，是一把钥匙。
	（2）秋天的雨，有一盒五彩缤纷的颜料。
	（3）秋天的雨，藏着非常好闻的气味。
	（4）秋天的雨，吹起了金色的小喇叭，它告诉大家，冬天快要来了。
	（5）秋天的雨，带给大地的是一曲丰收的歌，带给小朋友的是一首欢乐的歌。
	预设：引导学生抓每个自然段的第一句话来回答。
	2. 抓"钥匙"，悟秋意：
	（1）课件出示：第一自然段，齐读。每一把钥匙都可以打开一扇门，有人说"书是一把钥匙，它打开了知识的大门。"
	（2）为什么说秋天的雨是一把钥匙呢？
	    秋天的雨轻轻柔柔地来了，几场秋雨过后，天气凉了，树叶开始落了，果实快要成熟了，意味着秋天来了。所以说，秋天的雨像一把钥匙。
	    秋雨不像夏雨那样又猛又热，也不像冬雨那样又刺又冷，而像一位柔美的小姑娘，当我们还在为那炎炎夏日忧愁、烦恼的时候，她已悄然地为我们送来了清凉，打开了通向秋天的、通往丰收的大门。多么善解人意的秋雨呀！让我们一起用朗读来表达内心对它的那份谢意！指导朗读。
	3. 抓"五彩缤纷"，赏秋色：
	（1）出示句子："秋天的雨，有一盒五彩缤纷的颜料。""五彩缤纷"是什么样子的？
	它把黄色给了银杏树，红色给了枫树，金黄色给了田野，橙红色给了果树。"五彩缤纷"就只有这些颜色吗？还有哪些呢？
	出示课件：它把___色给了____，_____。理解"五彩缤纷"所包含的颜色的丰富、色彩的绚丽、形状的多姿。
		1. 再读课文，抓每个自然段的第一句话来回答。
		
		2.（1）读第 1 自然段。
		
		（2）理解是秋雨把秋的大门打开。有感情地朗读课文。
		
		3. 读第二段。勾画表示颜色的词语
		（1）交流，朗读带有表示颜色的词的句子。
		展开想象填句子。
		理解"五彩缤纷。"并有感情地读比喻句。

合作探究		

合作探究	（2）品读： ①"你看，它把黄色给了银杏树，黄黄的叶子像一把把小扇子，扇哪扇哪，扇走了夏天的炎热。"（比喻句）如果我把"扇哪扇哪"去掉，行吗？为什么？ ②"它把红色给了枫树，红红的枫叶像一枚枚邮票，飘哇飘哇，邮来了秋天的凉爽。" 　A．为什么把"飘啊飘啊"读得那么轻那么慢？ 　B．想象画面，读着读着，你好像看见了什么？ ③"橙红色是给果树的，橘子、柿（shì）子你挤我碰，争着要人们去摘、想象"你挤我碰""争"（有趣儿、顽皮、多、迫不及待、争先恐后）。 ④"菊花仙子得到的颜色就更多了，紫红的、淡黄的、雪白的……美丽的菊花在秋雨里频频点头。"体验：你就是一位美丽的菊花仙子，请摆好你喜欢的姿势随音乐起舞。 配乐讲述：秋风轻轻地吹，秋雨细细地下，一群美丽的菊花仙子在秋雨中翩翩起舞，有的正在微笑，有的含羞低头……千姿百态，漂亮极了。 4.抓"气味"，品秋香： （1）出示句子："秋天的雨，藏着非常好闻的气味。"你闻到了什么好闻的气味？ （2）同学们，假如此时你就在果树下、花丛中，最想做的事是什么？ （3）指导学生感情朗读。这么多诱人的气味儿！难怪小朋友的脚都被那香味勾住了，舍不得离开呢！让我们把这份丰收的喜悦读出来吧！ （4）仿写：出示例句：秋天的雨，把红色给了苹果，红红的苹果像小姑娘的笑脸，露出深深的酒窝，笑啊笑啊，盛满了秋天的美酒。你们仿照这个例子来说一说其他的水果行吗？ 5.抓"小喇叭"，听秋声： （1）出示句子： "秋天的雨，吹起了金色的小喇叭，它告诉大家，冬天快要来了。"同学们，我们也来帮帮秋雨的忙，做个"小喇叭"到处去广播吧。	（2）①在教师引导下，知道去掉"扇哪扇哪"，就没有扇的动作，怎么能扇走夏天的炎热呢？有了"扇哪扇哪"就说明在不断地扇，很有动态感。黄黄的银杏叶多像一把小扇子呀，秋风婆婆轻轻一吹，它们就左右摇晃着，像在扇凉呢！ ②齐读"它把红色给了枫树，红红的枫叶像一枚枚邮票，飘哇飘哇，邮来了秋天的凉爽。"（慢、轻、柔） 4.（1）仿照例句，想象仿说句子。齐读这段。 （2）想象说话。 （3）有感情朗读这段。 （4）练习仿写句子。如："秋天的雨，它把黄色给了香蕉，黄黄的香蕉像弯弯的月亮，摇啊摇啊，摇来了秋天的喜悦。" 5.（1）读句子，听听秋的声音。

	（2）演读课文内容（预设）	（2）在教师引导下演演课文内容。
合作探究	A．谁是小喜鹊？你造房子这么辛苦，累不累？ B．小松鼠在哪儿呢？冬天快要来了，你在干什么呢？ C．谁是小青蛙？看看你忙得满头大汗的，休息一会儿再挖不行吗？ D．松树、柏树你们在干什么？…… 是呀，听到小喇叭捎来的消息，动植物们都在热热闹闹地准备过冬呢！多么快乐的景象呀！就让我们快乐的读读吧！学习课文最后一段。 过度：秋天的雨，像一位神奇的魔术师，它为我们打开了秋天的大门，让我们看到了美丽的秋色，闻到了那诱人的芳香，还听到了那充满关爱的声音。同学们，此时，你想对秋雨说些什么呢？	有感情地读第四自然段。 在教师的引导下，赞美秋天，抒发自己的情感。 发挥丰富的想象力，赞美秋雨，赞美秋天。
整理反馈	让我们一起感谢秋天的雨，赞美秋天的雨！ （1）出示课件："秋天的雨，带给大地的是一曲丰收的歌，带给小朋友的是一首欢乐的歌。"感情朗读。 （2）出示课件："秋天的雨，还带给大地的是一首＿＿＿的歌。"	（1）有感情地朗读最后一个自然段。 （2）学生交流自己的想象。
课外延伸	总结：古往今来，秋天是一曲唱不完的歌，是一首诵不尽的诗。古人曾留下"落霞与孤鹜齐飞，秋水共长天一色。""停车坐爱枫林晚，霜叶红于二月花。""一年好景君须记，最是橙黄橘绿时。""山明水净夜来霜，数树深红出浅黄。"等千古名句，同学们，拿起我们的笔，去描绘充满诗情画意的秋天吧！ 　秋天真美，我要收集一些描写秋天的词句把它抄写下来，或者把秋天的景物画下来。	听总结，感受秋的迷人。 明确要求，寻找好词好句抄写下来，写在活页作业中。
板书设计	**11. 秋天的雨** 钥匙颜料气味小喇叭	

《秋天的雨》作业设计

一、 牛刀小试

1.这些生字我都能写正确。 看看想想再动笔，不勾不抹齐美观。

yáng shù   bō luó   jiā jǐn   yóu piào

xiāng tián   xī hóng shi   liáng shì

yì méi   xiān zǐ   bái lí   liú yì

2.选择正确的读音。

钥匙（shí　shi）　　邮票（yōu　yóu）　　趁着（chèn　cèn）
衔着（jiē　xián）　　衣裳（shang　shàng）　菠萝（bē　bō）

二、 学贵有疑

读了课题我想知道_____

三、 探本求原

结合课文，联系生活实际，回答问题。

秋天的雨，有一盒五彩缤纷的颜料。你看，它把黄色给了银杏树，黄黄的叶子像一把把小扇（shàn shān）子，扇（shàn shān）哪扇哪，扇走了夏天的炎热。它把红色给枫树，红红的枫叶像一枚枚邮票，飘哇飘哇，邮来了秋天的凉爽。金黄色的给田野的，看，田野像金色的海洋。橙红色是给果树的，橘子、柿子你挤我碰，争着要人们去摘呢！菊花仙子得到的颜色就更多了，紫红的、淡黄的、雪白的……美丽的菊花在秋雨里频频点头。

1.给短文中的多音字选择正确的读音。

2. 读读短文，再结合生活实际，填出表示颜色的词语。

（ 黄黄 ）的叶子　（　　）的枫叶　（　　）的田野

（　　）的海洋　　（　　）的果树　（　　）的菊花

（　　）的松柏　　（　　）的鸡冠花（　　）的天空

3. 查一查，填一填。

"爽"的部首是＿＿＿，共＿＿＿笔，第十笔是＿＿＿。

4. 这一段内容是围绕哪句话来写的，请用"＿＿＿"在短文中画出来。

5. 读短文，把你喜欢的句子抄下来。我抄了这句，你呢？

抄写：黄黄的叶子像一把把小扇子，扇哪扇哪，扇走了夏天的热。

抄写：＿＿＿＿＿＿＿＿＿＿＿＿＿＿＿＿＿＿＿＿＿＿＿＿＿＿＿

四、身手不凡

这篇课文作者从哪几个方面写出了秋天的雨，请在正确答案的后面画
"√"。

（1）秋天的雨，是一把钥匙。　　　（　　）

（2）秋天的雨，有一盒五彩缤纷的颜料。（　　）

（3）秋天的雨，藏着非常好闻的气味。　（　　）

（4）秋天的雨，吹起了金色的小喇叭，它告诉大家，冬天快要来了。（　　）

五、乐在其中

秋天真美，我要收集一些描写秋天的词句把它抄写下来，或者把秋天
的景物画下来。

2.《触摸春天》教案及作业设计

课题	17. 触摸春天	课型	精读
教者	崔静	课时	第 2 课时
教学目标			

课题	17. 触摸春天	课型	精读
教者	崔静	课时	第 2 课时
教学目标	1.认识7个生字,会写9个生字。正确读写新词。 2.正确、流利、有感情地朗读课文,摘录积累词佳句。 3.理解含义深刻的句子,揣摩其中蕴含的道理。 4.体会盲童对生活的热爱,感受作者对生命的关爱,懂得热爱生活,珍惜生命。		
教学重点	引导学生深入体会文中一些含义深刻的词句。体会文中蕴含的热爱生命的情感。		
教学难点	引导学生深入体会文中一些含义深刻的词句。体会文中蕴含的热爱生命的情感。		
教学程序	教师活动		学生活动
质疑 问难 有思考	1. 播放春天视频:你感受到的是什么? 能给视频片段起一个名字吗? 说说怎么感受到的?(板书:春天) 2. 你们能用一双眼睛感受到这纷繁多彩的春天,有一位盲童,她叫安静,她双眼失明了,可她却引领着我们一起完成了另一种认识春天的方法,就是——《触摸春天》(板书"触摸"——与前面的"春天"成为完整课题"触摸春天")。 3.看了课题,你能提出哪些问题?(提问的指导、评价侧重问题提出的"价值""意义")		1.观看视频,提炼信息,欣赏春天的意境,进入新课学习情境。 2. 在教师创设的情境中,书空课题,齐读课题。 3.围绕课题,尝试进行质疑问难。
前置 学习 有反馈	1. 组织学生大声练读课文: (1)课文写了一件什么事? (2)看看你的课前预习是否充分。(检查生字、新词的预习情况) ①字音特别的字。 小径一瞬间流畅缤纷悄然 ②出示所有的生字。指导学生注意把握生字在字形上有共同点。 ▲结合语言环境学习生字新词。 弧线、飞翔 此刻安静的心上,一定有一条美丽的弧线,在她八岁的人生划过一道极其优美的曲线,诉说着飞翔的概念。 权利 谁都有生活的权利。 缤纷 谁都可以创造一个属于自己的缤纷世界。		1.学生自由读文,把课文读通、读顺。 (1)总结课文主要内容。 (2)汇报课前预习的生字新词。 ①读字再读词。正确读准字音。 ②观察并总结生字左窄右宽的规律。在具体语言环境里读词语、句子,学习生字、理解新词。

前置学习有反馈	③课文很美源于有很多优美的四字词语，你发现了吗？ ※ 组织写一写"牛刀小试"基础题。	③浏览课文，积累课文中呈现的语意优美的四字词语。 书写完成作业单上的"牛刀小试"练习题。
合作探究重体验	1、本文的主人公是个盲孩子，正是这双目的失明给她带来了许多的不便、难以言说的困难，可她却做出了很多令人惊奇的事，让我们不由得要惊叹一声，你所做的事简直就是一个奇迹。 2．让我们与安静同行，感受奇迹发生的过程。默读1—4自然段，把你感到惊奇的地方画下来。 预设一：早晨，我在绿地里面的小径上做操，安静在花丛中穿梭。 她走得很流畅，没有一点儿磕磕绊绊。 （1）还有一个字很特别——畅，字理讲解，指导书写。 （2）感情朗读： 我在绿地里面的小径上做操，安静在花丛中穿梭。这真是个奇迹。 （3）她走得很流畅，没有一点儿磕磕绊绊。这真是个奇迹。 预设二：在花香的引导下，极其准确地伸向一朵沾着露珠的月季花。 （1）感情朗读：在花香的引导下，极其准确地伸向一朵沾着露珠的月季花。这真是个奇迹。 预设三：安静的手指悄然合拢，竟然拢住了那只蝴蝶，这真是一个奇迹！ （1）我读，请你闭上眼睛做出相应的动作。 （2）你的动作那样轻、那样慢，为什么？哪个词？读一读。 （3）盲童安静拢住蝴蝶，文中的"我"也觉得是个奇迹，哪个词或哪个标点表达了这个不可思议？ 竟然　感叹号（！） （4）能读出这种感觉吗？ （5）（评价："此刻你是安静"或"此刻你是作者"）换个角色，再来读一读。	1.在教师的引领下，走进文本情境，初步感知"奇迹"。 2.默读1—4自然段，把感到惊奇的地方批画下来。 以"畅"字为例，重点学习生字的字理、起源，认识左窄右宽生字的书写规律。 联系上下文、理解"穿梭、流畅"，理解相关语句，体会盲童安静热爱自然、热爱生活的美好心灵世界。 有感情朗读，深刻理解热爱生命的意义。 在教师引领下，学会抓住重点词语和标点符号理解句子含义，体会盲童安静对生活的热爱。 有感情朗读，升华情感。 在教师引领下，学生齐读"一瞬间，我深深地感动了。"

	（6）带着这样对奇迹的赞叹，让我们读一读3.4自然段。	
	3. "睁着眼睛的蝴蝶被这个盲女孩神奇的灵性抓住了。"这真是一个奇迹！由此，作者发出了由衷的感叹：一瞬间，我深深地感动了。	3. 准确认识"瞬"字的书写规律；借助寻找近义词的方法，理解"一瞬间"的意思，丰富语言积累。
	（1）哪个字最难写？（瞬）咱们一起写一写。	
	（2）课文中组的词是"一瞬间"，你能为它找几个近义词的朋友吗？与它字数一样才能做朋友。	
	近义词：一眨眼　一刹那　霎那间　弹指间	
	（3）组织写一写近义词	
	4. 安静最后选择放飞蝴蝶的时候又创造了一个奇迹：	4. 在教师的引导下，领会在文章矛盾处质疑问难的阅读方法。
	（1）她居然能仰起头来张望。对盲人而言，怎么可以"张望"？这个词语用得妥当吗？说说你的理解。	（1）发散思维，理解盲童安静因为热爱春天、热爱生活，她在用心灵张望春天的景色，感受春天的气息，触摸春天的脉搏。
合作探究重体验	（2）默读第六自然段，联系上下文想一想，这一次用双手拢住蝴蝶，安静张望到了什么？	（2）联系"此刻安静的心上，一定划过一条美丽的弧线，蝴蝶在她八岁的人生划过一道极其优美的曲线，述说着飞翔的概念。"一句，理解安静对蝴蝶的喜爱和留恋，对飞翔的向往。尽管安静什么也看不见，但追随着蝴蝶飞舞的轨迹，她丰富的内心世界里，已经感受到飞翔的快乐，人生的美好。
	（3）再看视频，发挥你的想象："整天在花香中流连"的安静每次都能用双手拢住哪些春天景物，"张望"到春天的什么特别之处？	（3）发挥想象，把安静曾经"张望"到的景色进行有顺序、抓特点的描述并写在作业单上。
	※ 组织学生完成口语训练及课堂小练笔	
	5. 盲童安静面对黑暗的世界却能创造出这样丰富迷人的春天景象，我们禁不住被她感动，借用第五自然段中作者的一句话，我们来饱含真情地抒发我们的感动吧！	5. 有感情朗读"我仿佛看见了她多姿多彩的内心世界。一瞬间，我深深地感动了。"
	6. 因为对生活的热爱，盲童安静能用双手触摸春天创造奇迹，想想还会有哪些人能同安静一样用特别的方法认识生活，创造出这样多姿多彩的世界呢？随学生自主理解，PPT出示"谁都有生活的权利，谁都可以创造一个属于自己的缤纷世界。"	6. 组合作探究学习，深入思考并总结：每一个人都拥有生活的权利，无论你是否拥有健全的体魄，只要热爱生活、热爱生命，就一定能够创造出一个属于自己的春天，编织出属于自己的五彩斑斓的世界。

整理反馈有收获	1.学习了这篇课文,你有了哪些收获?只要有对生活的热爱,对生命的善待,不论你是谁,不论你有没有健康的体魄,你都会创造出一个自己的春天,编制出属于自己的缤纷世界。 2.这节课我们采用联系上下文的方法深入理解了课文内容,运用这个方法进行课外篇《海伦·凯勒》品读。	1.围绕文章内容、主题、写作方法谈收获。 听教师总结全文,整体把握"谁都有生活的权利,谁都可以创造一个属于自己的缤纷世界"。 2.用联系上下文的方法阅读《海伦·凯勒》。
拓展延伸求发展	1、完成作业单4、5题。 2.阅读《假如给我三天光明》。	明确作业要求,课后完成作业。
板书设计	**触摸春天** 理解句子含义: ┌ 穿梭 爱春天 联系上下文 奇迹 ┤ 流畅 爱生活 联系生活实际 └ 拢住 爱生命	

《触摸春天》作业设计

一、牛刀小试

1.海伦·凯勒是（　　）世纪（　　）国盲聋女作家、教育家、慈善家、社会活动家。她以自强不息的顽强毅力,完成的著作有《　　》《　　》《　　》等。

2.这篇课文有读音特别的生字,你能用"√"为这几个字选出正确读音吗?

流畅（càng chàng）　一瞬间（shùn sùn）　悄然（qiǎo qiāo）

清香袅袅（niǎo miǎo）　小径（jīng jìng）　缤纷（bīn bīng）

3.课文里要求会写的生字都是左右结构的,书写时都是___窄___宽,这就要"笔画穿插不分家,左右谦让才美观"。观察后为它们组词,再工工整整地写下来。

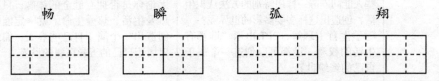

畅　　　　　　瞬　　　　　　弧　　　　　　翔

4. 为"一瞬间"选几个意思相近的小伙伴吧。

_____ _____ _____

5. 文中出现了不少优美的四字词语，读起来很美，你能试着写一些吗？

二、 学贵有疑

课题耐人寻味，你能围绕课题提一个问题吗？

_____

学习了课文，你得到这个问题的答案了吗？写一写吧。

_____

三、 探本求原

1. 安静让我们感受到了奇迹的发生。你在文中1—4自然段的哪些语句中读出这是一个奇迹？写出一句，来为安静喝彩。

_____

2. "安静仰起头来张望"，她能"张望"到我们所看到的一切吗？为什么？

_____

四、 身手不凡

安静是一个怎样的孩子？正确的理解是（   ）
A. 失明的女孩 B. 热爱春天的女孩 C. 热爱生活的女孩

五、 乐在其中

1. 安静"多姿多彩的内心世界"里是怎样的美丽，能用你自己的话写一写吗？

_____

_____

2.仔细读一读课后的"阅读链接"，尝试着说说自己的理解。

我是个盲人，但是我光凭触觉就能发现数以百计的有趣的东西。我能摸出树叶的精巧的对称图形。我的手带着深情抚摸银桦的光润的细皮，或者松树的粗糙的凹凸不平的硬皮。在春天，我怀着希望抚摸树木的枝条，我感觉到花朵的美妙的丝绒般的质地，发现它惊人的螺旋形的排列——我又探索到大自然的一种奇妙之处。如果我幸运的话，在我把手轻轻地放在小树时，还能偶然感到小鸟在枝头讴歌时所引起的颤动。小溪的清凉的水从我撒开的手指间流过，使我欣慰。春夏秋冬——在我身边展开，这对我是一出无穷无尽的惊人的戏剧。这戏的动作是在我的指头上流过的。

（海伦·凯勒）

（1）作者在树林里发现了：

（2）结合学过的《触摸春天》一文，想一想，作者为什么会有这样的发现？

_____

求学的三个条件是：多观察、多吃苦、多研究。　　——加菲劳

3.《童年·冬阳·骆驼队》教案及作业设计

课题	《冬阳·童年·骆驼队》	课 型	精读课
教者	抚顺市新抚区北台小学王秋菊	课 时	第1课时
教学目标	1. 学会3个生字，会写9个生字，正确读写相关词语。 2. 正确、流利、有感情地朗读课文，能够背诵自己喜欢的段落，积累语言。引导学生运用多种方法理解课文重点词句，体会作者留恋童年的复杂情感。 3. 揣摩作者表情达意的方法，初步了解作品的语言特点。		
教学重点	读中体会童年的美好，感受作者对童年的思念。		
教学难点	领悟围绕"骆驼队"的回忆来表现童年生活的表达方式，感知语言特点。		
教学具	投影仪、视频、工具书		
教学流程	教师活动	学生活动	
质疑问难 有思考	1. 激发思考，由"童年"引发回忆。今天台湾著名作家林海音将为我们讲述怎样的童年故事呢？一起进入第六课《冬阳·童年·骆驼队》。 2. 板书课题。 要求带着理解齐读课题。 3. 引导思考这个题目和我们以前学习过的文章的题目有什么不同？ （1）引导学生学习间隔号。 （2）学贵有疑，引导学生思考：预习之中围绕课题和课文提出了哪些问题？ （3）总结评价有价值的问题，并且引导学生思考进一步解决问题的方法。 4. 小结：老师知道大家还有许多问题，有的问题我们可以通过学习文章获取答案，可是有的问题就要大家通过更广阔的生活与课外阅读才能解开疑惑。	1. 激发学习热情，重温二单元主题。 2. 与老师共同书写课题。 齐读课题。 3. 思考这个题目和我们以前接触过的题目有什么不同？ （1）借助工具书学习间隔号的用法。 （2）围绕课题和课文内容提出问题。 （3）明确什么是有价值的问题，什么是有延展性的问题，初步了解不同问题的不同解决办法。 4. 跟随教师的讲解，激发进一步深入了解、学习的兴趣。	
前置学习 有反馈	1. 交流预习收获： （1）引导学生汇报作者以及相关的背景资料。 点拨理解：①自传体 ②序言 （2）检查字词学习情况。 毡帽 卸煤 咀嚼 沙漠 寂寞 棉袄 袍子 傻事 （3）强调多音字"嚼"。	1. 交流预习收获： （1）学生依据常规学习介绍背景资料；作者简历及代表作品；并且补充资料袋学习收获的内容。 （2）轻声练习读词语，并且分小组开火车带领全班读。 注意"嚼、毡、寞、袄、傻"等字的读音。 （3）会运用多音字"嚼"的不同读音组词。	

前置学习有反馈	（4）检查预习，反馈活页篇练习题牛刀小试部分。 强调多音字"倒"的用法。 （5）字理小屋学习："卸"和"傻"。 "卸"篆文中把他拆为三个部分。午、止、人，单耳刀表示人。说一个人让牛停下来然后卸掉货物。 "傻"的右上角是囟，头盖骨未完全闭合时叫囟门，所以说一个人傻，指他拥有婴儿一样的思考能力。	（4）在老师指导下书写完成练习篇中的习题。 （5）了解"卸"和"傻"的字源。跟随老师的讲解、猜测、识记相应的汉字，并了解其运用的语境，从而达到进一步激发对汉字的喜爱以及提高精准的文字运用能力。
合作探究重体验	1. 读文思考：围绕骆驼队讲了童年的哪些趣事？ （出示作业篇训练题） 2. 这些都是林海音最难忘的回忆，接下来，对那一部分感兴趣，就用圈点批注的方法详细读一读，再和小组同学交流一下。 3. 引导交流汇报。 预设一：谈驼铃 （1）指名读原文，交流爸爸怎么说；我又是怎么说的。 （2）思考：你更喜欢谁的想法，为什么？ （3）求同存异：你还有什么想法？ （4）同桌互相演一演这组对话。 预设二：学咀嚼 （1）引导学生读原文，谈理解。 （2）引导思考：你发现骆驼咀嚼的特点了吗？作者又是用什么方法描述的？ （3）引导对比这里的"呆"字的含义。 （4）总结文章内容：你从中学到了什么？ （5）指导感情朗读：你能读出好奇和喜爱吗，自己练习读一读。 （6）引导观看播放的视频材料后再感悟文本，并且体会朗读。	1. 开火车读课文，并且梳理文章的脉络（借助练习篇） （课文围绕着骆驼队，从 ____、____、____和____四个方面来描写童年趣事的，其中我对第____件事最感兴趣，因为____。） 2. 围绕自己觉得最有趣的地方运用圈点批注的方法进一步感悟。 自学后和小组同学交流。 3. 读课文相应的段落，说说喜欢这部分的原因，其他有同感的同学作补充。 预设一：谈驼铃 （1）边听边圈画"谈驼铃"中人物的对话部分。 （2）结合文章的语句谈自己的感受。 （3）求同存异，补充汇报。 （4）同桌互读、互演。 预设二：学咀嚼 （1）读原文，结合具体词句谈理解。 （2）边读文边感知画面。理解交错，想象磨来磨去。 （3）感受和平时的呆不一样的地方，尝试谈体会，并结合生活和插图对比理解。 （4）总结语段学习中内容与情感以及方法上的收获。 （5）学习带着理解有感情地朗读课文。 （6）在真实视频的感召下产生共鸣，进行有感情地朗读.

整理反馈 有收获	1. 写作方法指导：其实像这样细致的观察、有趣的描写，我们以前也学过。回忆一下，这是《白鹅》一课，记得哪里最有趣吗？《城南旧事》的"惠安馆"中也有一些十分有趣的故事，谁来讲讲？至于生活中的例子就更多了（观看图片）你也来仿写一下吧！ 2. 写之前引导学生思考：你有什么要提醒大家的？ ①动作描写 ②抓住特点（板书） 3. 指导如何结合同学的仿写进行有针对性地点评。 4. 整体回读课文，交流阅读感受。	1. 对比学过的文章《白鹅》以及《城南旧事》中的片段，构建：基本掌握抓住特点，用儿童语言描绘的写作方法。 进一步丰富头脑中的图片，感知生活中的各种各样的有趣的吃食画面，调动记忆感官。 2. 描写之前尝试梳理写作对象的特点。 强调写作方法的积累。 3. 交流评价。体会同学语段的表达。 4. 回读全文，进一步交流感受，感悟作者描写的方法。
拓展延伸 求发展	就像作者在城南旧事中描述到的不能忘怀的北平！那里我住得太久了，像树生了根一样。童年，少女，而妇人，一生的一半生命都在那里度过。快乐与悲哀，欢笑和哭泣，那个古城曾倾泻我所有的感情，春来秋往，我是如何熟悉那里的季节啊！ 《苦恋北平》推荐给大家。	配乐诵读《城南旧事》（片段）过程中，进一步了解作者林海音对北京、对童年的深厚感情，进一步体会作者的创作初衷，激发更多了解作者，了解《城南旧事》，了解同类作品的欲望。
板书设计	冬阳·童年·骆驼队 主题：美好童年 重点：留心观察 用心感受	学咀嚼　　　　傻　卸 谈驼铃 剪驼毛　　　动作描写 寻驼踪　　　抓住特点

《冬阳·童年·骆驼队》作业设计

一、学贵有疑

围绕课题或课文你有哪些问题？

_____

二、 牛刀小试

1.本文是小说 ＿＿＿＿＿＿ 的序言，作者是 ＿＿＿＿＿。我们还学过她的作品 ＿＿＿＿＿，此外，我还知道 ＿＿＿＿＿＿＿＿＿＿＿＿＿＿＿＿＿＿＿。

2.给下面句子中的多音字注音。

（1）骆驼倒嚼（　　），把胃里的食物倒出来重新咀嚼（　　　　　）。

（2）伯伯在磨（　　　　）坊磨（　　　　）刀。

3."卸下"的"卸"字按部首查字法应查部首（　　），再查（　　）画，它在字典中的解释：①把运输的东西从运输工具上搬下来；②把牲口身上拾的套解开取下来；③把加在人身上的东西取下来或去掉④把零件从机器上拆下来；⑤解除、推卸。请选择"卸"字在下列词语中的意思。A.卸装（　　）B.卸货（　　）

4.用心观察这几个字"卸""傻""毡""咀嚼"，它们比较难写，观察后为它们组词，再工工整整地写下来。

卸　　　　　傻　　　　　毡　　　　　咀嚼

三、 探求本原

1.课文围绕着骆驼队，从 ＿＿＿＿＿、＿＿＿＿＿、＿＿＿＿＿和 ＿＿＿＿ 四个方面来描写童年趣事的，其中我对第 ＿＿＿＿ 件事最感兴趣，因为 ＿＿＿＿＿＿。

2.根据课文内容填空，并回答问题。

我站在骆驼的面前，看它们咀嚼的样子：那样丑的脸，那样长的牙，那样安静的态度。它们咀嚼的时候，上牙和下牙交错地磨来磨去，大鼻孔里冒着热气，白沫子沾在胡须上。我看呆了，自己的牙齿也动起来。老师教给我，要学骆驼，沉得住气。看它从不着急，慢慢地走，总会到的；慢慢地嚼，总会吃饱的。

（1）你发现骆驼咀嚼的特点了吗，作者又是运用什么方法描述的呢?

（2）你也来仿造创作一下吧！

_____

四、 身手不凡

1."夏天过去，秋天过去，冬天又来了"，说明_____"童年却一去不还了"是说_____　_____

2."童年重临于我的心头"这句话你是如何理解的？

_____

_____

五、 乐在其中

1.20世纪20年代，小女孩_____随着爸爸妈妈从_____漂洋过海来到_____，她的童年就在这种无忧无虑的氛围中度过。

2.《城南旧事》小说共分成__个部分，哪个故事你的印象最深刻，讲一讲吧！如果没有阅读过，现在就开始吧！

_____

_____

作者言：走人生的路程就像爬山一样，看起来走了许多冤枉的路，崎岖的路，但终于到达山顶。（林海音）

第二节　数学学科作业及教案范例

1.《年月日》教案及作业设计

课题	《年月日》	年级	三年级
教者	李蓉	课型	新 授 课
教学目标	3 1.让学生借助年历卡，通过收集整理数据，认识时间单位年、月、日及相互关系；知道大月、小月、平年、闰年；会初步判断某一年是平年还是闰年。 2.在经历探索年月日之间关系的过程中，初步学会选择有用的信息进行分类、整理，渗透简单的归纳思想，培养学生提出问题和解决问题的能力。 3.激发学生学习兴趣，学会吸取他人学习经验，体会数学的条理性和简洁美。
教学重点	掌握年、月、日之间的关系，理解闰年的含义。		
教学难点	理解闰年的含义，能正确判断平、闰年。		
教学具	课件、年历卡		
教学程序	教 师 活 动		学 生 活 动
前置学习 质疑问难 合作探究	1.导入：今天对于李老师和我班孩子来说是个非常难忘的日子，谁知道今天是哪一年的几月几日？ 2.（出示图片）生活中像这样难忘的日子还有很多，这是1949年10月1日中华人民共和国成立的日子；这是第29届北京奥运会开幕的日子，发现了吗，记录这些日子都用到了年、月、日？ 3.揭示课题（板书课题：年月日） 1.年月日都是表示时间长短的时间单位，我们以前还学习了哪些时间单位？ 2.关于年月日你都知道什么？你还想知道什么？ 3.感受整理的必要性，借助年历卡引导学生分类整理。 （1）刚才同学们说的这些对不对？这些内容呈现出来，大家觉得怎么样？ （2）感觉乱，怎么办？借助什么来梳理？ （3）引导学生观察年历卡，整理记录信息。 （4）引导学生评价分析三种记录方式。对比三种记录方式，你认为哪种好，好在哪里？		情感交流，说出今天的日期——2013年4月9日 仔细倾听，了解有纪念意义的日子，感性认识年月日，建立时间单位：年、月、日的概念。 明确本课内容。 1.回顾时间单位时分秒，建立新旧知识体系。 2.思考已有学习经验，介绍对年月日的了解并提出问题。 3.产生质疑，解决问题。 （1）发表想法，达成共识，需要整理。 （2）提出借助年历卡整理的方法。 （3）观察，独立尝试整理记录年月日的相关知识。 （4）展示评价，明确每种方法的优点或不足，感悟分类思想，积累分类方法。

	对比三种记录方式，你认为哪种好，好在哪里？ 3. 梳理并掌握年月日之间的关系。 （1）出示 2000 年年历，组织学生分别汇报大、小月份及 2 月的天数，板书。小结：无论是哪一年的年历，每个月的天数都有这样的规律：大月总是 1、3.5.7、8、10、12；小月总是 4、6、9、11；二月是 28 天或 29 天。 （2）引导学生用自己喜欢的方法记忆大、小月的天数。 （3）游戏：判断大小月。老师说月份数，是大月的男生起立，小月的女生起立。 （6、3.7、8、11、2 月） 4. 教学平、闰年。 （1）介绍：二月 28 天那一年是平年，二月是 29 天那一年是闰年。 （2）引发学生思考：为什么二月份的天数会不同呢？	3. 掌握年月日之间的关系。 （1）与老师共同呈现年月日的关系，进一步明确大月、小月及二月的天数；明确一年中有哪些大月、哪些小月？ （2）介绍拳头和口诀记忆法并记忆。 （3）男生判断大月，女生判断小月。理解除大月小月外还有 2 月，而且很特殊。 4. 学习平、闰年。 （1）提出问题：为什么 2 月份很特殊？ （2）知道平、闰年是通过二月份的天数来确定的。
巩固提升 课外延伸	（3）学生汇报闰年的年份数，教师随汇报将年份数写到黑板上引导学生观察。 （4）引导学生将年份数按顺序排列，观察发现规律，每 4 年就有一个是闰年。 （5）引导学生根据规律推理 1992 年前一个闰年和 2012 年的后一个闰年分别是哪一年。判断 2050 年是平年还是闰年？引发学生猜测闰年的年份数与 4 是否成倍数关系。 （6）出示表格引导学生观察连续年份的二月份天数及年份数除以 4 的结果。得出结论。 （7）出示年份数及除以 4 的计算结果，引导学生判断平、闰年。由 2100 年引发认知冲突。 （8）课件介绍平、闰年的来历，明确平、闰年天数。 平年一年（ ）天 闰年一年（ ）天 60 个月 =（ ）年 48 时 =（ ）天 3 天 =（ ）时 3 年零 4 个月 =（ ）月 1. 这节课有哪些收获？ 2. 我国记载时间的历法渊源深远，感兴趣的同学可以通过上网，查相关资料来进一步丰富对年、月、日的认识。布置"我挑战"作业。	（3）判断自己手中年历卡是平年还是闰年？汇报闰年的年份数。 （4）通过观察连续的闰年年份发现规律：每 4 年就有一个是闰年。 （5）运用知识判断 205 年，并产生质疑，只用加 4 的方法来判断不太容易，进而猜测闰年的年份数应该与 4 有关系，是 4 的倍数。 （6）观察表格得出结论：年份数能被 4 整除的是闰年，反之是平年。 （7）运用知识判断平、闰年。质疑：2100 年为什么是平年？ （8）观看课件了解来历。 运用知识解决问题，独立完成"我实践"。 集体汇报，订正错误。 从知识、能力和学习过程等几方面总结本节课收获。 明确作业。

板书设计	**年　月　日** 一年有 12 个月　大月（31 天）：1、3、5、7、8、10、12 小月（30 天）：4、6、9、11 二月：28 天　平年 365 天 　　　29 天　闰年 366 天

《年 月 日》作业设计

我准备

1.年月日是表示（　　）的单位，以前我们学习的时间单位有（　　　　）
（　　）（　　　）。

2.1 时 =（　　）分　1 分 =（　　）秒　3 分 =（　　　　）秒　120 分 =（　　）时

我提问

关于年月日我想知道＿＿＿＿＿＿＿＿＿＿＿＿＿＿＿＿

我探究

1.我国现行的通用历法是（　　）和（　　），其中（　　）是世界通用的。

2.关于"年月日"我想知道（　　　　　　）需要借助（　　）来研究。

3.（1）一年有（　　）个月，有 31 天的月份分别是（　　　　　　　　），
它们叫作（　　）月；有 30 天的月份分别是（　　　　　　　），
它们叫作（　　）月；二月有的时候是（　　）天，有的时候是（　　）天。
二月是（　　）天的那一年是（　　）年，是（　　）天的那一年是（　　）年。

（2）我手中的年历卡中是闰年的年份有（　　　　　　），我发现闰年
的特点是（　　　　　　　　）。

我实践

1.根据计算结果判断平闰年

1949 年　　　　　　　（　　）　　1949 ÷ 4 = 487……1

1928 年　　　　　　　（　　）　　1928 ÷ 4 = 482

2009 年　　　　　（　　　）　2009 ÷ 4 = 502……1

2100 年　　　　　（　　　）　2100 ÷ 4 = 525

2. 平年一年 = （　　　　）天　　闰年一年 = （　　　　　　）天

60 个月 = （　　　　）年　　48 时 = （　　　　　）天

3 天 = （　　　）时　3 年零 4 个月 = （　　　　）个月

3. 我是（　　　）年出生的，到今年是（　　　　　）周岁。

我挑战

1. 阅读短文，判断文中的信息对吗？把错误用"——"画出来，并改正。

大家好！我是淘气，现在我正带着机灵狗去姑妈家。她去开会了，要11月31日才回来。姑妈不在家的日子里，我要照顾好我的小弟弟。我的小弟弟是2009年2月29日出生的，已经5岁了。今年的7月、8月，我一直在姑妈家，在这62天里，我和我的弟弟特别开心。今天是10月30日，明天，也就是11月1日了，正好是我的生日，我可以和小弟弟好好庆祝一下了！

2. 制作一张2015年的年历。

3. 记载时间的历法有那些，查找相关资料，讲给别人听。

2.《认识人民币》教案及作业设计

课题	《认识人民币》		年级	一年级
教者	李蓉		课型	新授课
教学目标	1.引导学生充分利用已有的生活经验，认识各种面值的人民币。了解元角分之间的关系。掌握辨别人民币的基本方法，知道1元=10角，1角=10分。 2.通过模拟购物等活动，使学生体会人民币在社会生活中的功能和作用。 3.结合教学内容对学生进行文明礼貌，勤俭节约，爱护人民币的思想教育。			
教学重点	引导学生充分利用已有的生活经验，认识各种面值的人民币。			
教学难点	辨别人民币的基本方法			
教具准备	每位学生准备一个盒子，内有人民币若干。教师准备课件。			
教学过程	教师活动		学生活动	
我准备	猜谜语　导入新课，板书课题（认识人民币）		猜谜语	
我提问	对于人民币你有什么问题吗？（引导学生提问）		学生自由提问	
我探究	一、认识人民币 1.安排小组活动 听清要求：小组长把信封里的人民币倒出来，每个小朋友把自己认识的人民币跟小组里的同学说一说，看哪位小朋友认识的多。 1.整体认识， 　课件展示，认识所有的人民币 （1）谁愿意介绍一下自己最熟悉的一张？ 教师随机补充，并把不同面值的人民币展示出来。认识人民币的单位元、角、分。 师：同学们刚才你是怎样向你的同桌介绍你认识的人民币的？ 拼音、汉字、阿拉伯数字、盲文…… （2）谁愿意把你认为最难认的人民币，拿出来考考大家。学生说，老师课件演示，提问：看哪里能认准？ （3）老师这也有几张，也要请大家帮帮忙。 （有遮住部分的，有背面的） 　从刚才你们的帮助中可以发现，认人民币可以看哪里？教师小结：认人民币的一般方法。 3.这么多的人民币怎么把它数清楚呢？ 方法一：按单位元、角、分三类进行分类。 方法二：按硬币、纸币两类进行分类。 （1）在元的单位中最大的是……接着是…… （这样分的好处是什么？ （2）每个单位面值的和分别是多少？ （3）所有单位的面值的和是多少？		学生在小组里介绍，认识不同面值的人民币，教师参与。 学生说，学生在实物投影仪上逐一介绍面值不同的人民币，认数字和单位。 学生一起猜猜看，说理由。 小组讨论，学生活动，教师参与。 一起分一分，数一数小组内互相讨论，然后说给大家听。	

	5.认识人民币单位间的进率。 （1）出示教材主题图，要求学生仔细观察。 提问：图中的小朋友想买什么？（作业本） 买作业本该付多少钱？（1元） 师：请学生汇报拿1元钱的不同方法。当出现拿一个1元的和10个1角的时候，引导学生建立"元"与"角"之间的进率关系：板书：1元=10角。10角=1元 （2）提问：同学们，我们已经知道"1元=10角"，那么你知道1角等于几分呢？ （板书：1角=10分） 5.试一试：一张1元纸币可以换几张5角的？同桌互换。说说互换的结果，以及为什么要这样换？ 6.品德培养：在每张人民币上都印有一个共同的标志——国徽。（国徽是我们祖国的象征，你们爱自己的祖国吗？也应该爱护我们的人民币。） 课件出示：显示不同面值人民币国徽图案。 爱护人民币呢就是爱祖国的表现。	边付钱边汇报。 学生从盒子里拿出1元钱，比一比谁的拿法多 学生从盒子里用不同的方法拿出1角钱，进一步建立角与分的进率关系。 完成课本填空题：1元=（ ）角 1角=（ ）分 培养爱护人民币的意识及勤俭节约的意识。
我实践	1.数一数，现在请你也用这样的方法数一数自己手上有多少钱。 2.连一连 书上题 3.写一写 书上题 4.摆一摆。 师：观察并说说图上画了些什么？每种物品的价钱是多少？学生把要买的物品和对应的人民币摆出来。 3.想一想：买8角邮票。怎样付8角钱？ 先让小朋友自己想办法拿8角钱，并在小组内交流。 这节课有什么收获？ 课外让爸爸、妈妈陪着进行一次购物活动，并把自己购物经历讲给同学听。	按要求完成题目。 思考： 用一种人民币怎么付钱？ 用二种人民币怎么付钱？ 用三种人民币怎么付钱？ 课外延伸实践。
我挑战	课外让爸爸、妈妈陪着进行一次购物活动，并把自己购物经历讲给同学听。	课外延伸实践。
板书设计	认识人民币 元　角　分 1元=10角 1角=10分	

《认识人民币》作业设计

我准备

猜谜语：购物少不了，无腿走千家。　谜底是：＿＿＿＿

我提问

对于人民币，你想知道什么知识？

我探究

1.分一分，数一数

100元有（　）张，50元有（　）张，20元有（　）张，10元有（　）张；

5元的有（　　）张，共（　　）元；1元有（　）个，共（　）元；

5角的有（　）个，是（　　）钱；1角有（　）个，共（　）角钱；

5分有（　　）枚，2分有（　　）枚，1分有（　　）枚。

2.我们在数钱的时候，按（　　）（　　）（　　）的顺序数，比较方便、准确。

我实践

1.数一数自己的学具袋有多少钱？

1张　　　　换（　　）个　　　，也可以换（　　）个　　　。

1张　　　　换（　　）个　　　，可以换（　　）个　　，也可以

换（　　）个　　　。

我挑战

在爸爸妈妈的陪伴下自己去购物，回来给小伙伴说说付钱的过程！

_____

_____

_____

_____

认真观察，仔细思考，大胆尝试，是学习数学的好方法啊！

3.《鸽巢问题》教案及作业设计

课题	鸽巢问题	学科	数学
教者	毛伟思	年级	六年级
单位	抚顺市新抚区北台小学	课型	新授
教学目标	1.初步了解"鸽巢问题"，会用"鸽巢问题"解决简单的实际问题。 2.经历"鸽巢问题"的探究过程，积累枚举、假设、画图等解决问题的方法，发展学生的迁移类推能力，渗透模型的数学思想。 3.体会数学学习的价值，养成有序考问题的好习惯。		
教学重点	经历"鸽巢问题"的探究过程，会用鸽巢问题解决简单的实际问题		
教学难点	理解"鸽巢问题"，并对一些简单实际问题加以"模型化"		
教学程序	教师活动		学生活动

前置学习	游戏：猜扑克， T: 从52张扑克牌中(大、小王除外)任意抽取5张，猜：抽出扑克牌的花色情况。 T: 老师为什么能猜中结果？ T: 对！正如大家所说，这个游戏中包涵一个有趣的数学原理。这节课我们就来一同探究这个数学原理。（板书：数学广角）	参与游戏，感受游戏包涵的数学规律。 大胆猜测 认真倾听，明确学习内容
质疑问难	关于这个数学原理，你想知道什么？ （一）活动一 1.猜一猜：4支笔放入3个盒中，有多少种摆放方法？ 2.组织汇报，讲解"枚举法"。	大胆提出数学问题 想一想，摆一摆
合作探究	3.T: 如果给这几种摆法分分类，如何分？ 追问： （1）从没有空盒的摆放情况中，你有什么发现？你能用我们学过的数学运算来表示这一分的过程吗？ （2）这个发现在其他有空盒的摆放方法中适用吗？如何完善一下你的发现？ 4.对比：枚举法和平均分，优化方法。 5.引导学生找到类似的数学问题和结论。（板书：列式） 6.完成做一做 （二）活动二 1.圈"1"倍量，质疑：你知道老师想问你什么吗？ 2.引导学生再次举例验证，组织汇报，发现"至少数"不是固定不变的。 3.提问：如何找"至少数"？ 追问：为什么+1 4.介绍：鸽巢原理 （三）介绍鸽巢原理 1.寻找生活中存在的鸽巢问题 2.游戏：扑克中的鸽巢问题	以小组为单位，完成合作探究活动，填写在活页活动（一） 尝试分类 发现：总有一盒里放2支笔。理解"平均分"列式：$4÷3=1……1$，$1+1=2$ 发现：总有一盒中至少放2支笔。 联想、举例，总结：当笔是盒数是1倍多一些时，总有1盒中至少放2支笔。 完成做一做 思考回答：当笔数是盒数2倍、3倍……多一些时，会有怎样的规律呢？完成活页活动（二） 举数验证 思考回答：至少数=商+1 运用原理解释生活中存在的现象，深化对鸽巢问题原理的理解
整理反馈	3.篮子里有苹果、橘子、梨三种水果若干个，现有20个小朋友，如果每个小朋友都从中任意拿两个水果（可以拿相同的），那么至少有多少个小朋友拿的水果是相同的？ T: 这节课有哪些收获？ 知识延伸： 一副扑克牌（除去大小王）52张中有四种花色，每种花色13张。如果要抽得1张红心，至少要抽几张牌？为什么？（可能与今天学习的知识有点区别，要注意思考、验证）	运用所学鸽巢问题解答 从知识，能力和学习过程等几方面总结本节课收获。 回家完成
课外延伸		
板书设计	**数学广角——鸽巢问题** 有序性　　　枚举法　　　平均分 方法：数形结合（举例：略）至少数＝商＋1	

《鸽巢问题》作业设计

一、我准备

游戏：猜扑克，从52张扑克牌中（大小王除外）任意抽取5张，猜：抽出扑克牌的花色情况。

二、我提问

游戏中你发现了什么？

三、我探究

1. 活动（一）

猜一猜：4支笔放入3个笔盒中，总有一个笔盒里至少放（　　）支笔？

验证猜想：	举例再证： 发现：＿＿＿＿＿＿＿

2. 活动（二）

举数验证：笔数不是盒数1倍多一些时，会有怎样的结论？

举数探究： 发现：＿＿＿＿＿＿＿＿＿＿＿＿＿＿＿＿＿

3. 求"至少数"的方法：　　　　　　　　。

四、我实践

1. 寻找生活中存在的这一数学原理。

2. 扑克中的数学原理。

（1）从54张扑克牌中抽掉2张大小王，余下的52张牌中，任意抽取3张，至少有2张同色的。＿＿＿＿＿＿＿＿＿＿＿＿＿＿＿＿＿＿＿

（2）从54张扑克牌中抽掉两张大小王，余下的52张牌中，任意抽取5张，至少有2张同花色的。＿＿＿＿＿＿＿＿＿＿＿＿＿＿＿＿＿

（3）从54张扑克牌中抽掉两张大小王，余下的52张牌中，任意抽取9张，至少有几张同花色的？＿＿＿＿＿＿＿＿＿＿＿＿＿＿

3. 篮子里有苹果、橘子、梨三种水果若干个，现有20个小朋友，如果每个小朋友都从中任意拿两个水果（可以拿相同的），那么至少有多少个小朋友拿的水果是相同的？

五、我挑战

一副扑克牌（除去大小王）52张中有四种花色，每种花色13张。如果要抽得1张红心，至少要抽几张牌？为什么？（可能与今天学习的知识有点区别，要注意思考、验证）

后　记

　　没有人能挽留时光的脚步，但是只要愿意，每个人都可以用文字这种特有的方式记录下自己探索前行的足迹。一所学校亦是如此。编写这本书是北台小学对有效教学研究的一次回望，书中真实地记录了北台小学探索有效教学的收获与思考。

　　有效教学是一个很大的课题，求真、务实、严谨、创新是北台小学在有效教学探索中始终秉持的态度。北台的老师们认同有效教学的真正价值体现在每一天平平凡凡的工作中，体现在每一节扎扎实实的常态课中，体现在每一次实实在在的活动中。真正有效的教学会把对成长有益的东西教给学生。有效教学的最终目的就是在基础教育有限的时间里帮助学生打下坚实的基础，获得真实的成长，为未来的学习和发展积蓄力量。怀着投身教育的初心，北台的老师们愿意一直从容地行进在探索有效教学的路上，因为相信走下去一定是繁花似锦、一路芬芳。

　　一所学校的发展离不开社会各界的鼎力支持和热心帮助，在此诚挚地感谢中国书籍出版社的领导和编辑们为本书的出版给予的极大支持和帮助。同时，要由衷地感谢所有为本书积极撰稿的北台小学的老师们，是她们将自己在有效教学实践中的思考和做法及时地记录下来，把自己的实践经验毫无保留地展示出来，以真诚的态度拿出来与大家分享。这些默默地耕耘在基础教育第一线的老师们是最值得尊重的，请记住他们的名字。引言部分：郑霞、张震；参与第一篇编写的老师是：栾兰、王秀杰、郑威、刘荣霞、毛伟思；参与第二篇编写的老师是：吕娜、郑霞、魏东、曲立锴、崔静、徐红梅、石艳芳、任毅、张立辉；参与第三篇编写的老师是：林清华、李蓉、崔静、王秋菊、代颖、张雪梅；参与第四篇编写的老师是：郑霞、王秋菊、毛伟思、李蓉、白妍、崔静、陈颖。

由于时间仓促，本书疏漏乃至错误之处在所难免，恳请读者给予指正。

编者

2018 年 11 月